U0695328

「一号江姐」

万馥香传

杨维忠 著

上海文化出版社

图书在版编目（CIP）数据

"一号江姐"万馥香传 / 杨维忠著. — 上海：上
海文化出版社，2022.8
ISBN 978-7-5535-2562-4

Ⅰ.①一… Ⅱ.①杨… Ⅲ.①万馥香—事迹 Ⅳ.
①K825.76

中国版本图书馆 CIP 数据核字（2022）第 130002 号

出 版 人　姜逸青
责任编辑　吴志刚
　　　　　王茹筠
装帧设计　长　岛

书　　名："一号江姐"万馥香传
著　　者：杨维忠
出　　版：上海世纪出版集团　上海文化出版社
地　　址：上海市闵行区号景路 159 弄 A 座 3 楼　201101
发　　行：上海文艺出版社发行中心
　　　　　上海市闵行区号景路 159 弄 A 座 2 楼　201101　www.ewen.co
印　　刷：苏州市越洋印刷有限公司
开　　本：710×1000　1 / 16
印　　张：18.5　插页：4
版　　次：2022 年 8 月第一版　2022 年 8 月第一次印刷
书　　号：ISBN　978-7-5535-2562-4/K·287
定　　价：68.00 元
告 读 者：如发现本书有质量问题请与印刷厂质量科联系 T：0512-68180638

23 岁的万馥香 (1964 年摄于空政文工团)

40 岁的万馥香（1981 年摄于中国音乐学院）

左起：万馥香、儿子李霖、丈夫李世纯

1974 年，万馥香与弟弟何兆钧摄于苏州太仓

左起：周凯宏（弟媳）、万馥香、何逸群（继父）、何兆钧（弟），摄于 1990 年

万馥香和侄女何洁，摄于 1990 年

我的姐姐万馥香（代序）

何兆钧

1994年11月8日，姐姐馥香因患癌症，在北京不幸病逝，永远离开了我，离开了大家。简直让人难以相信，年仅53岁，这样乐观开朗、乐于奉献、热情助人，对艺术执著追求、充满活力的姐姐竟会得此绝症。我每每忆及往事总禁不住热泪盈眶、悲痛欲绝。

姐姐比我大9岁，我刚出生时，家庭是幸福的。父亲有一份体面的工作；母亲有一手裁衣缝纫的手艺，替人做衣补贴家用，生活较宽裕。那时的姐姐天真活泼，爱唱爱跳，村里人都很喜欢她。

1950年，我还不满周岁，家庭发生重大变故，父亲离开了我们。母亲、姐姐和我，一家3口就靠母亲含辛茹苦帮人缝纫为生。特殊的家庭环境，使姐姐少年时便懂得帮助家庭生计，帮助母亲操持家务。姐姐经常一大清早就拿着镰刀、戴着草帽上山割茅柴，傍晚放学后她又将晒干的茅柴用大竹筐背回家来；没菜下饭，她就到河里摸些螺蛳炒着吃；还有洗衣服、做饭等家务活，姐姐也争着做。她常对母亲说："姆妈，我已经10多岁了，你一天做到晚太辛苦了，有些事就让我来做吧！"为了照顾好我这个小弟弟，姐姐曾休学了两年，但她却毫无怨言。夏天夜里，姐姐为了哄我玩，捉了许多萤火虫装在一只玻璃瓶里当灯笼。萤火虫一闪一闪地发着绿光，既好看又神秘，我高兴极了。1961年，母亲为了使我有个更好的读书环境，把我寄养到苏州亲戚家念书。当时国家正遭受严重的自然灾害，大家生活都很困难，我常挨饿。当时在苏州专区歌舞团工作的姐姐常半夜演出结束后，把自己那份点心省下来带给我吃，宁愿自己饿着肚子睡觉。

一次姐姐从外地演出回苏州，看到骨瘦伶仃的我，竟掉下了眼泪。那时姐姐虽然是歌舞团挑大梁的演员，收入却与其他演员一样很低，每月工资补贴给母亲生活后，实在拿不出钱来买东西给我这个弟弟吃。有一次她从衣袋里摸出两只空药瓶，对我说："你拿到医院去退了吧，押金可以买一只饼吃。"我虽年纪还小，但对姐姐点点滴滴的关怀都记在心间。

1962年，姐姐调入北京空政文工团工作，工资也不高。祖母去世后，原来抚养我的叔叔自己成家后有了负担，去信询问姐姐能否抚养我。姐姐回信说："照顾弟弟是我义不容辞的责任。"姐姐每月工资16元，还要寄5元给我苏州的姑母家，负担我的生活。姐姐不但生活上关心我，在学习上对我也严格要求，她虽远在北京，却经常写信给我的班主任朱老师，询问我的学习情况，还寄一些课外读物给我。1968年，我初中毕业插队落户到太仓，姐姐又勉励我好好劳动，多学点技术，并寄来琴弦、乐谱等资料，嘱咐我用小提琴为当地群众演出。她曾两次到我插队的地方来看望我。姐姐是那么无微不至地关心我、爱护我。为了照顾我，甚至宁愿复员回苏州当工人，后因上级领导不批准才未调动。

红梅吐馨香，回报大地恩。姐姐追求艺术兢兢业业，因而演技精湛。60年代，她曾先后主演了黄梅戏《天仙配》《女驸马》，锡剧《白蛇传》，歌剧《红霞》《红珊瑚》等，最出名的是她在歌剧《江姐》中唱的"红梅赞"，至今仍广为传唱。姐姐演《江姐》成名后，虽然远在北京，对故乡仍极为关心。1988—1989年，她先后五次回苏州和东山，筹拍专题片《吴中红梅万馥香》，想利用"名人效应"来提高吴县的知名度，促进家乡的发展。1992年，苏州昆剧团排演《江姐》，请姐姐指导，她毫无保留地言传身教，介绍自己扮演江姐的心得体会，使该剧团排演《江姐》一举成功。姐姐家里常有一些来自苏州、河南、安徽、浙江等地的求艺青年，她不但精心指导，还免费提供食宿。一次我问姐姐："你教这些学生，收入一定很可观吧？"姐姐回答说："这些青年学生，家庭都不宽裕，有的甚至还很贫寒，我怎么好意思收她们的钱呢？"

1992年11月，经医院检查，姐姐的病情须立即手术治疗，可她仍心系工作，一拖再拖，忙着手头的各项工作。曾担任全国第四届农民歌手大赛的评委；赴江西为全国钢铁企业歌手大赛担任评委；参加中央电视台《正大综艺》节目特邀嘉宾活动。姐姐是中国音乐学院的工会副主席，她带病组织师生们参加北京高校"三八"节服装表演的排演，为学院取得了荣誉……直到1993年3月26日，姐姐才住院实施手术。医生诊断她已是癌症晚期。

面对死神，姐姐没有消极悲观，而是以顽强、乐观的心态与病魔作斗争。她忍受了巨大的痛苦，积极配合医生做了11次化疗；含有黄连的中药是那么苦，可她连眉头也不皱，每天"咕嘟咕嘟"一口气把一大碗汤药喝完。她锻炼身体，以提高自身的免疫功能。

春蚕到死丝方尽。尽管病魔缠身，姐姐还加入了北京的抗癌协会，为病友们谱写歌曲《我的祝愿》，鼓励大家与疾病作斗争。在公园练气功时，她还辅导素不相识的日本青年排练文艺节目。当中央电视台采访姐姐时，她依然笑语朗朗，深情地唱起那首震撼人心的《红梅赞》。姐姐明白人生的价值在于奉献，而不是索取，应该让别人的生活因为你的存在而更加美好。姐姐就是这样一个人，我为有这样一个好姐姐感到骄傲。

2022年1月8日

目　录
contents

第三章　古城风华

第四章　《江姐》演出前后

第五章　时代风雨

第六章　重返舞台

第一章

坎坷身世

难产的孩子

1941 年 4 月 15 日凌晨，位于苏州城外的木渎镇一片沉寂，胥江水缓缓向东流去，经横塘与江南运河汇入苏州市区。昏暗的路灯下几只野狗在觅食，响起嘈杂的低吼声。突然，远处传来日本宪兵禁夜巡逻的皮靴声，早起的商铺惊恐地吹熄了灯，刚刚卸下的铺板又竖了起来。醒来欲啼的婴儿，被母亲用奶头塞住了小嘴。日军刺刀控制下的木渎古镇，使人感到阴森与恐怖。

此时，木渎翠坊桥堍严万和粮油店旁的一幢小楼里，亮着灯光，传出一个女子的呻吟声。呻吟声一阵接着一阵，听声音女子很痛苦。喊声惊动了在街上巡逻的一队日本宪兵，见屋里有灯光，不知屋中发生了什么事，叽哩哇啦说着日本话，为首的日本兵用枪托砸着门。一个中年妇女惊恐地开了门，指指床上还在呻吟的女子对为首的日军说："这户人家生孩子，所以点着灯。"日本兵在门口探身看了一下屋里床上躺着的产妇，叽哩咕噜地说着话走了。

躺在床上临产的女子名叫万莹，因她的丈夫姓李，左邻右舍都叫她李太太。万莹原住在苏州，半年前怀孕有了孩子，这才搬到木渎镇老街租房居住，说环境安静对胎儿有益。这一年，万莹 25 岁。在那个年代，乡村有"爹十四，娘十五，十八岁变成老小姐"之说。也就是说，社会普遍早婚，男孩 14 岁当父亲，姑娘 15 岁当母亲的少男少女比较多，女子到了 18 岁未婚配就成了老姑娘。万莹在这个年龄生头一个孩子，也算是晚产了。

两个小时过去了，天已大亮，街上的店铺也大多开了门，早起的行人从门口匆匆而过，听到屋里的喊声也不敢停留脚步，恐遭来麻烦。上午

木渎老街旧影

烧饭辰光（即烧中饭），万莹的婴儿还是没生下来。她痛得筋疲力尽，再也喊不出声来，只是不断地喘着粗气。汗水湿透了她额前的头发，也湿透了衬衣，连床单也渗湿了一大片。半个小时又过去了，孩子还是没有生下来，产妇无神地闭着眼睛，陷入半昏迷状态。请来接生的"老娘"叫张二婶，木渎灵岩山脚下人，50来岁，是木渎一带有名的接产婆，接生很有经验。她预感情况有点不妙，莫不是李太太怀了"莲花胎"（胎位不准，婴儿头朝上，脚朝下），这可是要出人命的。这时张二婶急了，要是婴儿再有一段时间生不出娘肚，大人小孩都将不保，得赶快通知她的家人送医院，也许还有救。李太太的家人呢？张二婶着急地问。

万莹的丈夫名李海良，是国民党忠义救国军的一名连长，就在附近吴江驻防。得知自己将要当爸爸，李海良高兴极了，新年过后他一直请假陪伴在妻子身旁，准备等孩子生下来后再归队。半月前，部队发来电报，有急事令他立即归队。李海良感到不会有啥大事，临走安慰妻子一番，去处理完事情马上就回，一定要陪她把孩子生下来。

"李太太，不能再等了，赶快去医院！"接生的张二婶焦急地催促着说。"张婶，说不定今天海良能回来，他不是那种没有责任心的人，还是等他来了再作决定。"万莹睁开无神的双眼，有气无力地说完话，又闭上了眼睛。张二婶拉着陪在万莹身边的小姐妹朱丽菊来到门外说："可不能再等了，如再不去医院剖腹产，可能大人小孩都将不保。"朱丽菊也急了，要张二婶赶快拿主意。两人回到屋内，不由分说用被单把万莹裹起来，雇人用铺板抬到门外，叫了一辆黄包车，急急赶往开设在木渎大街上的"英仙"女科（妇科）。

民国时期，木渎镇开办有张仙英、张子瑛、鞠韵岗、郁佩英4家女科，以西街张仙英开设的"英仙"妇科医术最佳，名气也最响。从翠坊桥到西街，路途不远，不到半个小时就到了。待随行人员把万莹扶下车时，黄包车坐垫上全是血。张医生经验丰富，确诊是产妇难产引起大出血。张医生说，若再晚来半个小时，肚中婴儿将窒息，产妇生命也将不保。张二婶和朱丽菊听后倒吸了一口冷气，真好险啊！张医生立即吩咐助手把产妇推进手术室，实施剖腹产手术。

万莹在医院产房病床上昏睡了一天一夜，第二天上午醒来问的第一句话就是："我的孩子呢？"见万莹醒来，在医院陪了近两天的朱丽菊抱起小床上的婴儿说："莹姐，是个千金，长得像你，很漂亮。"万莹睁眼细细一看，女儿长得很秀气，一张圆圆的小鹅蛋脸上有两个小小的酒窝。她让朱丽菊把女儿抱过来，侧过身子想亲一口她的小脸，婴儿被惊醒了，"哇"的一声哭起来。

失踪的父亲

半月后，万莹母女出院，李海良一直没来看望她们。万莹一时手头经济拮据，昂贵的住院费用是几个小姐妹凑齐后交付的。李海良去哪里了呢？怎么不来看望她们母女，会不会发生意外？一丝不安掠过万莹的心中。要给女儿起名了，李海良久久不来，不能再等了，万莹给女儿起名李姗。

李海良和万莹都是杭州人，他们相识于1937年。1939年在苏州结婚，婚后流产过一个孩子，所以万莹给女儿起名李姗，意思就是姗姗来迟的孩子。1937年，李海良在上海读书，8月13日淞沪抗战爆发后，蒋介石电令戴笠在上海成立"苏浙行动委员会",书记长为戴笠,委员有宋子文、张治中、杜月笙等10多人。1938年春,戴笠以"忠心义勇救国救民"为幌子,在江南敌占区收编扩充敌后武装,将"苏浙行动委员会"改名"忠义救国军",并号召青年人参军救国,李海良抱着一颗爱国之心报名加入忠救军。李海良有文化,参军不到两年,就升任连长。1941年,李海良所属的部队投靠汪伪政府,升编为伪和平军第一方面军,任援道任司令,下辖7个师,第三师师长是龚国梁。

万莹原名万松英,后改名万凤英,读初中时又更名万淑英、万莹。1919年5月,万莹出生在杭州城郊的一户商人之家,父亲是棉布商人,母亲是红帮裁缝。万莹为长女,有一个弟弟名万正伟、一个妹妹名万萍。万家原来是杭州城郊的一个中等人家,可在万莹读初中时,父亲染上了鸦片瘾,花光家中的积蓄,又卖房子,最后把年仅8岁的小妹卖给人家做童养媳。万莹没有读完高中就辍学了,想找份事做,挣钱供弟妹读书。

万莹和李海良是在杭州西湖"断桥"相识的,他们的相识相恋很有浪漫色彩,也极具戏剧性。万莹热爱文学,尤其喜欢诗歌,经常独自在西湖白堤上朗诵诗歌。1938年的一个秋日,万莹与几个同学一起游览西湖,见断桥四周景色如画,小姐妹们又起哄了,"万莹,快朗诵一首大家听听!"万莹也不推辞,对着湖景吟诵起匈牙利诗人裴多菲的《爱情与自由》:"生命诚可贵,爱情价更高。若为自由故,两者皆可抛。"

"好诗,朗诵得真好!"身后亭旁有人拍起手来。大家一惊,回头一看,是个身材修长穿着军官服的青年人。万莹听到赞扬声,也停止朗诵转过身来。看到吟诗女孩的面孔,青年人惊呆了,只见女孩皮肤白皙,披肩卷发下一张秀气的瓜子脸,两道柳眉下是两个深深的酒窝,合身的旗袍隐现曲线的身材美。"我叫李海良,在部队服役,是名下级军官,我们能交个朋友吗?"年轻军官大胆上前对万莹说。万莹也对青年军官的高雅气质所钟情,两人都有种一见钟情的感觉。李海良回到苏州后,两人情书不断,互诉爱慕之情。1939年初夏,李海良和万莹在苏州结婚,婚后两人在木渎租房居住。

女儿出生后，万莹通过朋友和熟人，四处打听丈夫李海良的消息，返回的消息众说纷纭，有说李海良被派去执行秘密任务了，有说李连长卷走军饷与情人私奔，有说李海良"清乡"不力被日本人关押，而万莹得到更多的消息是不知道丈夫去了哪里，李海良失踪了。万莹深信，丈夫绝不会抛弃她们母女而另找新欢，他一定还活着，只不过是军令如山，因某种特殊原因而无法来木渎看她们母女。

数月后的一天，李海良原来的副官、已升任连副的李少光带来了丈夫遇难的消息。事情的经过是这样的，这年3月上旬，日伪军出动大批兵力对苏西抗日根据地进行"清乡"，共产党领导的新四军太湖游击队进行了英勇的"反清乡"斗争，给日伪军以沉重的打击。驻扎在木渎西街一幢洋房里的日军先头部队西原大佐部，当夜遭到新四军的袭击，损失惨重，西原也差点丧命。

新四军的情报为何这样准，一定是日军内部有新四军的坐探，西原下令密查。结果查到司令部遭袭那天夜里，"和平军"七师龚国梁部三连连长李海良没有归队，日军怀疑是李海良向新四军递送的情报。李少光还向万莹讲述了李连长出事的经过，李海良召回部队后，得知西原找他，心里有点紧张，临行把手枪压满了子弹，还嘱李少光随行。来到司令部门口，哨兵下了李海良的手枪，并把副官李少光拦下，接着就听到院内一阵枪响，李连长就再也没有出来。后来，李少光听在日军司令部烧饭的王师傅说，原本西原也只是对李连长有所怀疑，用恐吓的方法想考验一下他。李连长被哨兵下掉佩枪后心里就有点紧张，走进西原办公室见里面空无一人，心里更加慌张。他见办公室北面的窗虚掩着，立即打开窗子跳了出去，埋伏在院内的日本兵向他一齐开枪。

李少光讲完李连长遇难的经过，安慰万莹说："嫂子，李连长是我的长官，平时待我们不薄，现在他出事了，你放心，我会常来看望你们母女的。"接着，又对万莹说，"嫂子还年轻，今后有何打算？"万莹从李少光与她对视的眼神中感到他好像还隐瞒了什么，她以女人特有的敏感发觉李少光"常来看望"的话语中含有某种目的。万莹向李少光表明，丈夫刚走，我要为他守孝三年，以后再考虑自己的终身之事。

女儿一天天长大，活泼可爱，天真懂事。对万莹来说，漂亮乖巧的女儿是她最大的寄托，初为人母的满足支撑着她度过了一个又一个寂寞的长夜。每当女儿姗姗问起我的爸爸呢，万莹总是对女儿说，爸爸去了一个很远很远的地方，他赚了钱来给姗姗买漂亮的新衣裳和许多好吃的东西。女儿开心地笑了。当有同伴吵嘴时说她是没爹的孩子，李姗理直气壮地回答说："我有爸爸，去了远方，他一定会回来看我和姆妈的。"可她的爸爸一直没有回来，也永远地失踪了。

因缺乏原始的文字档案，李姗（万馥香）生父李海良的死因一直是个谜。万莹在《自传》中所载当年李少光向她所讲的李海良之死事件，其真实性也值得推敲。在万莹的政审履历表上是这样记载的：1939 年，万莹与汪伪和平军第三师某连连长李海良结婚，三年后李海良因内部狗咬狗被日本鬼子打死，当时与李海良养有一个女孩，名李姗。

1961 年，万馥香随苏州歌舞团赴吴江演出，经过吴江城时，曾对同行的陆先生说："当年我的生父被日本人杀害后，人头挂在城墙头上好几天。"她还一个人对着城墙静静伫立了一会。

张二婶说媒

丈夫李海良失踪后，万莹生活上没有了经济来源，加上生女儿剖腹产时的住院费用，哺乳期的开销，原有的一点积蓄很快就花光了，生活一下变得捉襟见肘。坐吃山空，怎么办？镇上几个小姐妹家境都不错，承诺在万莹女儿断奶前的哺乳期，能接济她们母女的生活。她是位要强的女性，觉得不能靠别人的施舍过日子，要自强自立，找事做，挣钱养活自己和女儿。万莹少女时期跟母亲学过裁缝，她退掉了翠坊桥租住的小楼，在木渎镇南部最热闹的南亭街租了两间平房，收拾了一下，开设了一家"莹记"缝纫铺。另外，在镇区附近的香溪村租了住房，虽说离店铺有一段路程，但房价便宜些。万莹做的衣服针线密、线缝均匀，尤其是顾客定做的旗袍，挂在店铺里就给人一种高雅的美感，一时生意兴隆。

万莹长得非常漂亮，高挑的身段，丰满的体态，披肩长发上喜插一朵玫瑰花，穿着得体的旗袍及时髦的高跟鞋，她本人就是最好的时装模特儿。原来生活在翠坊街的小洋楼里，藏在深闺无人识，如今开店成了公众人物，被称为木渎"第一美女"。

爱美是人的共性，不少人就是不做衣服，也喜欢到店铺来看看"木渎一姐"的芳容，"莹记"店里整日门庭若市。

一天黄昏，万莹忙了一整天，正要打烊关门，抱着女儿回家，半年前替她临产接生过的张二婶笑容满面前来，万莹赶忙把她迎进屋里。"二婶，这么晚了，你还来做衣裳？"万莹知来者可能另有用意，便故意问道。"万姑娘，喜事，喜事，我是来报喜的。"张二婶神秘地说完，卖了个关子，打量着万莹不说话。万莹感到很奇怪，以前张二婶见面一直称她李太太，怎么现在叫她万姑娘，她的心里直打鼓。

"二婶，我还会有啥喜事？"万莹满不在乎地说。张二婶终于耐不住了，说出来意。原来镇里维持会的张会长去年丧妻，见万莹生得美貌，想续弦娶万莹为继室。张二婶见万莹听后没有反应，又鼓动三寸不烂之舌："这张会长是木渎镇上的大财主，又是维持会会长，有财有势，木渎一带的黄花姑娘可以抓一把挑挑，别人巴结还来不及呢。"说完，她凑近万莹耳旁，神秘地眨眨眼，意思是我帮你们母女找的是好人家。

张会长名张济，已50多岁，在木渎镇上名声也不好，是日本人的一条狗。万莹出于礼貌，对张二婶搪塞说："二婶，我家海良是死是活还不知，万一他回来呢？再说女儿还小，这时候嫁人不合适。"张二婶也是聪明人，一听万莹回绝了她的提亲，刚才还阳光明媚的脸上立即晴转阴，她话中带话地说："万姑娘，张家可得罪不起，你们孤母寡女的，可别敬酒不吃吃罚酒！请你再考虑考虑后给我答复。"张二婶说完头也不回地走了。

望着张二婶远去的背影，万莹欲哭无泪。她心里也清楚，自己要是不答应这门亲事，以后就别想再在木渎镇上开店了。她抱起女儿姗姗，含泪回到了香溪村住处。房东三男嫂见她脸色很难看，关心地问她是不是发生了什么事。万莹只是说身体有点不舒服，睡一晚上就好了，请三男嫂别牵挂。睡在床上，万莹心存侥幸地想，这张济也是木渎镇上有头有脸的人物，你走你的阳关道，我过我的独木桥，总不至于与我这个弱女子过不去吧。想到这里，万莹心里稍宽慰了些，后半夜入睡了。

第二天早上，万莹带着女儿，怀着忐忑不安的心情卸下缝纫店的栅板。刚开门，就有几个似曾相识的女子进了门。她们穿着时髦，头发上散发着香水味，坐在店铺门口的长凳上有说有笑地嗑瓜子，弄得满地全是瓜子壳。万莹问她们是来做衣裳的吗，谁先来量身？那个领头把住店门的女子说，不急，等我们嗑完瓜子再量。凡看到有人前来，她们七嘴八舌地说："我们都是来等做衣裳的，还没量身，你们改天来。"这伙人坐在店里就不走，后来张二婶来了，好像她们彼此都认识，一起出了店门。这几个捣蛋的女原来是张济雇用的，他是先来给万莹一个下马威，如果她再不就范，张济有的是手段。

秋风渐起，刮得木渎南街路旁的梧桐树叶满街乱飞。接连几天，万莹的左眼皮老是跳，心中感到有些不安。她在家时听母亲说过，女子右眼跳，财来到；左眼跳，祸难逃。万莹读过新式学校，知道眼皮跳是人的一种生理现象，能预测福祸更是无稽之谈，因她心中有担忧，就把此事联系在了一起。

半月前，三女闹店铺后，以后再也无人来店里捣蛋过。正当万莹暗自庆幸险关过去时，张二婶再次上门为张济说亲，还带来了厚重的聘礼。看来这个张会长还是心存邪念，这次万莹不客气地回绝了。

被拐骗的女童

1942 年的中秋节到了，女儿姗姗已经过了周岁，能开口叫姆妈（妈妈），也能满地跑了。漂亮可爱的女儿是万莹最大的精神寄托，她立志抚孤，把女儿抚养成人，告慰丈夫海良的在天之灵。

中午，万莹特地到木渎西街乾生元商店买了女儿爱吃的苏式月饼、枣仁麻饼和卤汁豆腐干、五香豆。下午刚过 3 点钟，她就上好店铺的栅板，早点回家，陪女儿过一个开心的八月半节。万莹租居的住宅在木渎西部的香溪村，离她开设的做衣店铺约一里路。房东夏三男在上海钱庄做事，听说还是个大先生（账房），家中有一个 3 岁的儿子，叫亮亮。三男嫂在乡下带孩子，在家不做啥农活，是个全职妈妈。万莹租住了三男嫂家的东客房，并把女儿姗姗托她一起带着看护。亮亮比姗姗大一岁，两人经常一起在门口或近处的小林子玩耍。附近没有小河浜，也没有车辆经过，更没有外人来村里。三男嫂很放心，让两个孩子在门外开心地玩"砌小人家"（苏州乡下儿童玩的一种游戏），自己一个人在家做针线活。

万莹拎着食品沿着香溪老街往家里走，心里想着要是女儿看到妈妈买了这么多好吃的东西回家，一定高兴得跳起来，要拉小伙伴亮亮一起来吃。万莹正出神地想着，迎面见三男嫂喘着粗气赶来，"李太太，姗姗不见了，不知是否被人拐走了！"三男嫂说完一屁股瘫坐在路旁的草地上，脸色煞白，不停地喘着粗气。

听到女儿被拐走的消息，万莹"啊"的一声，手里的纸盒包掉落下来，月饼、五香豆、瓜子洒落了一地。三男嫂哭丧着脸，讲述事情的经过。下午 2 点多钟，见两个孩子在门前小树林里玩"躲猫猫（捉迷藏）"，玩得很开心，她进屋煮南瓜，准备晚上同李太太母女一起分享，据说八月半吃了南瓜能交南方运。只过了一小会儿，儿子亮亮跑来说，姆妈，姗姗妹妹被一女人抱走了。三男嫂大惊，连忙放下手中的火钳赶到村口，哪里还有姗姗的影子。

夕阳下，万莹发疯般朝木渎汽车站奔去。她心里清楚，木渎地方不大，人贩子拐了姗姗一定会乘车往苏州城里去，要是追得快，也许女儿还有救。万莹狂奔到汽车站，找遍喊遍车站的角落也没有姗姗的回音。车站里一个摆摊的老好婆告诉她，上一班车，她看见一个穿长衫的男人，抱着一个约二三岁睡着的小女孩，乘上了开往苏州的末班公共汽车。万莹坐在地上号啕大哭，脑子里一片空白。她实在没办法了，在公共电话亭中拨打了小姐妹朱丽菊家的电话。

朱丽菊的丈夫姓梅，是木渎日军中队部的翻译官，在木渎与苏州一带很有些关系。丽菊曾多次对万莹说，莹姐，要是遇到啥难事，就告诉我，要是我家先生能帮忙的尽量帮忙。万莹受过中等教育，对日军在中国土地上烧杀抢掠极为忿恨，丈夫李海良失足加入汪伪"和平军"，她多次劝导丈夫改换门庭，做点对民族有益的事，可李海良说身不由己，得看准机会易帜。后来，丈夫又被日军杀害，国恨家仇交织在一起，她对日本侵略者更加憎恨。小姐妹丽菊的丈夫投靠日军当了翻译，万莹也与她疏远了来往。如今万般无奈之下，她只得求助丽菊帮助寻找被拐走的女儿。

梅翻译果然神通广大，一只电话打到苏州火车站铁路警局，把男子和女孩的相貌特征一说，那男子抱着还昏睡的姗姗上车时被查获扣下。万莹得到女儿从人贩子手中截获的讯息，悲喜交加，马上雇车赶到苏州火车站。铁路警局办公室里，被灌迷蒙药刚刚醒来的姗姗哭喊着要妈妈。万莹扑上前去，抱起女儿，面孔贴着她的小脸说："姗姗别哭，姆妈在这里，姆妈抱你回家。"万莹想看看这抱着女儿上车被扣押的男子，警局经办人员说，此人在拘留室，还没有审问，不能与外人接触。

回到住处后，惊魂未定的万莹问姗姗，可记得抱走你那个人的模样。女儿的回答使她大吃一惊，竟是张二婶骗走了女儿。张二婶哄骗她说，姗姗你娘叫我来抱你去店里吃月饼。她见四下无人，抱起姗姗就走，又给她吃了一粒糖果，姗姗就啥也不知道了。原来那个维持会的张济被万莹的美色和气质所迷倒，发誓不把这个美女弄到手绝不罢休。他想要是把万莹的宝贝女儿拐走，卖到外地，这个女人没了牵挂，也许能随他的心愿。张济出重金买通张二婶，又找了一个街上的小混混，如此这般地策划了一番。张二婶与小混混唱双簧，先让她去香溪村游转，趁三男嫂不注意把李姗骗走，用事前准备好含有迷药的糖果迷倒小女孩，交给小混混设法带到外地去卖掉。

第二天上午，从苏州火车站警局又传来消息，那个被关押的小混混早晨吃了一副有人送来的大饼油条，突然七孔流血死了。万莹闻讯吓得出了一身冷汗，显然是幕后指使人杀人灭口。接着万莹又听熟人说，张二婶一早乘火车去上海当阿娘（佣人）了，一年半载不再回来。万莹越想越怕，看来在木渎是无法生活了，得赶快离开，但无依无靠的母女俩到哪里去栖身呢。

这时，一个青年男子闯进了她的生活，接纳了她们母女，这就是万莹的第二任丈夫、李姗（万馥香）的继父何逸群，这个蹲过日本人、国民党监狱，中华人民共和国成立后被判无期徒刑，1978年吴县人民法院撤销原判的传奇式人物。

继父何逸群

万莹的第二段婚姻同样具有传奇和浪漫色彩，她与何逸群从相识、相救、相伴，前后不到半年时间，也算是"闪婚"吧。应该说这个男人，曾给她的生活带来过短暂的安稳和快乐，却也给她的人生烙上一层抹不去的阴影，以致她在48岁时就用极端的方式结束了自己年轻的生命。

木渎女儿被拐事件发生后，万莹怕女儿再遭伤害，在丈夫生前旧部李少光的介绍下，来到"中救军"吴嘉湖第一办事处孟少先部伙房做事。孟少先原是太湖沿岸的一股湖匪，后来被汪伪部队收编，自称司令，实为仅100多人的一个连队。孟少先的小老婆水仙花喜欢搓麻将，万莹在伙房烧好饭菜后无事，下午常被孟妻拉去"小来来"。两个女子年龄相仿，一来二去关系融洽，无话不谈。万莹人长得端庄，虽说是个"伙头军"，平时穿着总是很得体，说一口略带杭州口音的官话（普通话），孟妻很喜欢她。见她带着一个小女孩风里来雨里去，烧饭太辛苦，水仙花同男人孟少先一说，提拔万莹当了事务长。孟少先部驻扎在横泾附近，每天早上万莹到横泾街上买菜，挑回营地交给伙房就没事了，就是陪着孟妻谈谈家常，搓搓麻将。万莹比孟妻大一岁，水仙花叫她莹姐。见司令老婆叫莹姐，那些当兵与当差的都跟着叫莹姐。在孟少先部，漂亮随和的莹姐人缘好，大家都喜欢与她交往。

日子一久，万莹发现孟部中有一个年轻人与众不同。此青年五短身材，一张国字脸棱角分明。平时匪兵们偷鸡摸狗、欺男霸女的事他不大参加，也不大说话，一有时间就摆弄枪支，据说他的枪法很好。万莹一打听，此人名何阿四，大家都叫他四哥，是中救军太湖行动总队交通站站长，率组驻孟少先部，直属"国民政府军事委员会调查统计局"，也就是俗称的"军统"领导，原来是个军统特务。军统在民间名声太臭，万莹对此人没有好感，可不久，何阿四在东山干了一件惊天动地的大事，改变了万莹的看法，甚至以身相许。

何阿四，名逸群，生于1921年，吴县东山蔡仙乡武山村人。武山何家很有故事，何阿四的父亲名何锦旗，清末在盛宣怀轮船公司做事，在长江上经营货运，收入颇丰，在湖北汉口置有许多家业。何锦旗生有6个孩子，因长房何锦丰没有生育，遂把老四何逸群过寄给哥哥作养子。何锦丰在苏州道前街开设7家典当，5家商铺，也算是个小康之家。何逸群送到伯父家时不足周岁，起了个女孩的名字，名招弟。说也奇怪，何阿四到伯父家作养子后，多年没有生育的好娘（伯母）一连生了2男1女3个孩子，可谓四喜临门。1937年，17岁的何阿四被送到上海钱庄学生意，而他的大弟何伯良参加了新四军，中华人民共和国成立时任团长，转业上海虹桥机场工作，这是后话。

淞沪抗战爆发后，上海局势混乱，何逸群回到苏州西美巷家中，刚好苏州有支部队在招兵，报名现场拉着一条"忠心义勇，救国救民"的横幅，说是抗日打日本鬼子的，何逸群报名参军，稀里糊涂入伍进了军队。入伍后，他发现这支部队抢劫、赌钱、吸毒、嫖娼，坏事做绝，就是见了日本兵逃得比兔子还快。何逸群想退出来，可为时已晚，心里感到很苦恼。身处这样的部队里，他想洁身自好也很难，他事事约束告诫自己，少干抢夺民财之事，多杀日本兵和汉奸走狗。

1943年秋，正是东山洞庭红橘上市的季节，渡桥镇发生了一件大事。东山新任伪区长董伟，据说还是个大学生，他一到东山上任，就前往启园拜访日军司令武田，遵照武田少佐指令，在东山大肆抓壮丁，训练后补充汪伪部队，参加日军"清剿"新四军根据地。何逸群以太湖行动总队军统站的名义，告诫董伟不要为虎作伥，赶快把已抓捕的50多个壮丁释放。董伟自持有日本人撑腰，对何逸群的警告根本听不进去，为防新四军袭击，武田派了一小队日本兵，驻扎渡桥徽州会馆壮丁训练营，大

何逸群（左）与何英培等哥姐

门口日夜派兵站岗。

一天下午，一个山农衣着的年轻男子，背了一勾篮（东山一种特制的采果竹篮）刚从树上采下来新鲜橘子，脚步匆匆来到渡桥壮丁训练营门口，打着手势对站岗的日本兵说："我的，董区长朋友，来送新鲜橘子的。"说完顺从地举起双手，让日本兵全身搜查。接着，他又把一篮橘子倒在地上，拎着空篮子在日本兵面前晃了晃，示意啥也没有。此人正是何逸群，他已策划了周密的刺杀计划，要警告一下那些还在助纣为虐的大小汉奸。

"董区长，前日阿四多有得罪，今天登门赔礼来了。"何逸群背着橘子边说边跨进区长办公室。董伟与何逸群相识，前天两人为释放壮丁之事在渡桥酒馆吵过架，今见他前来送礼赔罪，董伟礼节性地转身给客人倒水泡茶。何逸群快速从篮底夹层里抽出手枪，对准董伟后脑勺连开3枪，董伟当场丧命。何逸群一个箭步窜到窗口，推窗跳入渡水港里。

听到枪声，哨兵与警卫班兵丁持枪冲进大厅，见董伟倒在血泊之中，而刺客已无踪影。兵丁们见窗外渡水港水面上有水泡，朝冒泡的水面打了一阵乱枪，港中顿时恢复了死一般的寂静。不一会，启园日军司令部闻讯开来小汽艇，武田下令，活要见人，死要见尸，一定要把刺客抓到。日本兵的汽艇在渡水港面上游曳搜索了两三个小时，除了港边漂浮着一头腐烂发臭的死猪，啥也没有发现。

天渐渐黑了，那头死猪慢慢朝岸边移动，从隆起的猪肚子里钻出一个人头来，快速爬上岸，消失在夜色中。何逸群巧妙地利用港中漂浮的死猪，逃过了日本兵的追杀。第二天清晨，"孤胆英雄何阿四，深入虎穴杀汉奸"的新闻传遍了东山。

何逸群的除奸壮举对万莹震动很大，一般来说有正义感的人，对家庭也一定有责任感。万莹觉得自己还年轻，总得找个有责任感靠得住的男人，作为她们母女庇荫的大树，后半世生活的靠山。她在心中想着何逸群的一瞬间，转念又一想，自己已27岁，还拖着一个女儿，何逸群只有25岁，没有结过婚，好像不合适，也不大可能。但接下来发生的一件大事，拉近了两人之间的距离。

孟少先与董伟是结拜兄弟，还带点亲戚关系。何逸群擅自行动，刺杀伪区长董伟，孟少先有点兔死狐悲的感觉，他要为董伟报仇。何逸群的太湖行动总队交通站没几个人，隶属孟少先部。孟少先以给何逸群除奸庆功为名，设计把他骗到太湖南岸孟部驻地，关在一间黑屋里，准备夜里把何活埋。

这天下午，万莹忙完手头事务，又来到孟先少家属所住的小楼上，陪孟妻搓麻将。无意间孟妻说起那个青年何逸群长得不错，枪法准，又有胆量，可惜夜里要归天了。听闻万莹心中一惊，但仍若无其事双手把麻将牌朝外一摊，说"和了"。不一会，她趁洗牌时说要解个手，独自下楼去了。走过关押何逸群的柴房，趁着看管的人不注意，她从小窗里扔进去一个小绢头包。何逸群感到奇怪，挪近身子用两指夹起小包，打开一看是半把剪刀，一个捏皱的小纸团，纸上写着"夜活埋，快逃"几个字。何逸群大惊，原以为孟少先只是把他关两天，惩戒一下他的违纪擅自行动，想不到竟要

何逸群除奸的渡水港桥头

置他于死地。

何逸群用半把剪刀割断手上的绑绳，扒开后窗户逃了出去。当然，从后来何逸群写的自传《我的回忆》中说，是孟先少的妻子水仙花对他有好感，想要放走他，但又不便亲自传递消息，在搓麻将时故意把此事透露给万莹，这个聪明的女人一定会想办法让何逸群逃走的。

不久，孟少先的部队调防去了浙地，何逸群招集旧部在东山一带又活跃起来。他找到万莹求婚说："莹姐，我想娶你为妻，你的女儿就是我的女儿。请相信我，婚后会使你们母女过上好日子的。"1943年农历七月七日，何逸群与万莹举行了简单的婚礼，女儿李姗改名何仪珍。全家搬回东山镇西庙渎上居住，万莹母女总算有了个安稳的家。

日本兵骚扰

1945年的春天来到了，面临灭亡的日本侵略者自知末日即将来到，除了凶残外生活更加放荡。驻在东山启园的日本兵，相隔几天就要到东山镇人口最密集的西街寻找花姑娘，有时连长得稍有姿色的中老年妇女也不放过。东山街上女子人人自危，年轻姑娘远避他乡，漂亮女人整日东躲西藏，要是家中有事必得出门，她们脸上便涂满黑色的灶膛灰，故意披头散发装成老太婆。

这一年，何仪珍已5岁。母亲万莹给她起了个学名，叫馥香，于是村里人都称她馥香姑娘，何仪珍的名字村里人反而不知道。一次，继父何逸群的一位亲戚到东山办事，查到西街殿渎里，说想看看一个叫何仪珍的小姑娘，问了村上好几个人，都说这里没有叫何仪珍的女孩，后来才弄清楚馥香小姑娘就是何仪珍。

也许是馥香遗传了母亲万莹的基因，她少年时就长得十分漂亮，白皙的肌肤，匀称的五官，鹅蛋脸上两个小酒窝更为好看，加上她爱唱爱跳，整日快乐得像个上天恩赐的小天使。馥香的小嘴更是甜，见了村上的大人，不管熟悉不熟悉，年老的叫公公（祖父）、好婆（祖母），年长的叫伯伯（伯父）、好娘（伯母）、爷叔、婶娘，惹得那些好婆、婶婶们，遇见馥香都要抱起来亲个小脸。

婚后，何逸群对万莹母女的承诺无法兑现。结婚时，他说要使她们母女俩过上好日子，让万莹风风光光地当个全职太太。可时局混乱，物价飞涨，加上兵匪横行，国民党政府苛捐杂税多如牛毛，他是心有余而力不足。婚后几年，何逸群仍在国民党太湖行动总队交通站做事，这时候的国民党政府正在准备全面发动内战，对这个所谓的太湖行动总队交通站要他们自行解决经费。交通站的人员本身就是一群太湖土匪，上面开了口子，下面大肆抢劫。何逸群不愿同流合污，加上他已接触了新四军太湖游击队，思想觉悟有了提高，凡交通站的惯匪锁定目标出门"行动"，他均借事推托，一概不参加。

何逸群经常十天半月回一次家，有时一两个月才回家一次，时常两手空空回到家中。他尴尬地对妻子说，上面的经费不到位，他又不愿随同伙们外出"打秋风"（抢掠），干那些明火执杖的勾当，所以没有钱给带她。万莹安慰丈夫说："你做得对，我们都给孩子积点德，不去做这种伤天害理的事。"万莹接着又说，"我和馥香日子过得苦一点没关系，好在我还有点手艺，开间小店，手脚勤快点，也能过日子。"何逸群感激地点点头，在家吃住几天后放心地走了。万莹又重操老本行，在响水涧口诸公井旁开了一家缝纫店，替西街一些家庭较富裕的商铺老板裁制衣裳，生意还算接济得上，应付一家人的生活开销绰绰有余。

这样平静的日子没多久，一件意想不到的事情发生了。一天下午，一群日本兵背着枪，在东山维持会汉奸席老二的唆使引路下，来到响水涧殿渎里万莹母女的住房前不断地敲门。听门内没有声音，日本兵又用枪托砸门。席老二还在门口向日本兵献殷勤，说："这家花姑娘大大的好，太君的大大喜欢，一定在屋里。"这群鬼子兵见一时砸不开门，竟朝大门放起枪来，打得地上尘土飞扬。

这天何逸群刚巧在家，听见门口鬼子兵又砸门又放枪，砸得门闩即将掉落，看来不开门是不行了。他嘱咐妻子万莹和女儿赶快藏到里屋去，不管外面发生了什么事，躲在里面不要出来。何逸群镇静地打开了大门，脸带微笑对席老二说："在后园劈柴，没有听见敲门声，有事吗？"何逸群的话中带有威胁，他也是东山一带响当当的人物，席老二不敢得罪，仗着有日本人撑腰，皮笑肉不笑地说："太君有事，到西街转转，看哪家藏有新四军太湖游击队。"

何逸群挡在门口不让进。这几个日本兵不认识他，把他朝旁边一推，嘴里嚷着"花姑娘的，大大的有，你的叫她出来"，说完就直朝里屋闯。何逸群身手不凡，身上又藏着短枪，他寻思这几个日本兵一对一打没问题，一打三他心中没把握。又一想即使能把这几个鬼子打倒制服，可跑得了和尚跑不了庙，大队鬼子来报复怎么办？何逸群的心吊到了嗓子眼上，他跟在3个日本兵后面，心想不到万不得已不能动手。

鬼子闯进里屋，室内空无一人。何逸群见万莹母女不在房内，大着胆子对日本兵说，妻子到上海帮佣去了。鬼子兵不信，又闯进后园。见万莹家后园里在觅食的鸡，追逐抓了几只，挑在枪尖上悻悻地走了。鬼子兵走后，何逸群急急来到后屋，明明是自己把妻女送进里屋的，怎么没了人影。原来庙渎里何家的房子建于清代，旧时太湖里强盗多，经常上岸入室抢劫，主人稍有反抗即遭杀害。村民建房时家家都有一扇隐蔽的后门，通往邻家院中，若一家进盗，人可从后门逃走，保住性命。何家也不例外，在房中"出一步"大床（东山明清的一种睡床）后墙有一扇小门，万莹母女正是从这扇小门中逃到邻居家躲藏起来。日本兵一定不会善罢甘休，若再来如何办，看来庙渎里家中也无法再住。

迁居上海

在何逸群一家陷入困境时，新四军太湖游击队的薛永辉司令向他们伸出了援助之手。1944年夏天，在无锡马山的新四军，通过往来于马山贩运大米的东山石井（今属莫厘村）商人夏桐生，了解到东山敌伪驻军和兵力分布情况后，太湖县县委书记薛永辉率领新四军一个主力连，夜袭并赶跑了俞坞"忠救军"部，又乘胜奔袭渡桥殿泾港伪警察局，对投降的伪警察进行爱国教育后全部释放回家。新四军这一战缴获大批武器弹药，为创建太湖东山抗日根据地打下了基础。接着，新四军在东山石井村建立抗日民主政权——新四军太湖县洞庭办事处，任命石井人张子平为中共太湖县东山区区长，其侄子张景芳为科长，对敌、伪、顽开展武装斗争。张景芳与何逸群相熟，得知何家遭日本兵骚扰后，马上把情况汇报给区长张子平。

　　夏日里的一天，根据薛永辉司令的安排，何逸群随张子平、张景芳叔侄，以"太湖参观团"的名义来到无锡马山，至宜兴山区参观新四军苏浙皖革命根据地。参观结束后，薛永辉司令亲自找何逸群谈了一次话。他严

西街殿渎里

肃地对何逸群说："你的情况我们都了解，你参加的所谓'忠救军'，是一支挂羊头卖狗肉，专门勾结敌伪，对百姓敲诈勒索的反动队伍，这些年来你干了一些不该干的事，当然也做了一些对抗日有利的工作，功过人民都记着。"见何逸群低头不语，薛永辉话锋一转又说："日本侵略者即将被赶出中国，但此时也是抗日战争最艰苦的时候，要多做对抗日，对国家，对人民有益的事，将来争取人民的宽大处理。"何逸群向薛司令表示，只要你们信得过我，我可以立即脱离"办事处"，加入新四军队伍。薛永辉赞许地点点头，他嘱何逸群留在原处暂不要暴露身份，经常与新四军联络，送些有用的情报，这样对抗日斗争更加有利。

根据新四军太湖游击队薛永辉的安排，张子平叔侄在上海胶州路开设了一家联众运输公司，由张景芳常住上海，负责业务。这家公司是新四军的一个秘密联络站，名义上是做烟草生意，实际上为太湖游击队秘密购买一批武器。张景芳不懂军事，何逸群能打双枪，身手敏捷，有丰富的作战经验，张子平把他吸收进了这家公司，身上密藏武器，协助张景芳做好保卫工作。何逸群带着妻女来到上海生活，住在胶州路张景芳家中。新四军洞庭办事处开办的这家联众公司，主要经费用于购置枪支弹药，职员薪水较低，每月所发工资仅够维持自己生活。张景芳祖上经商，家境较为宽裕，他向何逸群表示，他的妻子万莹和女儿馥香的生活由他家负担，要他安心做好联众公司的事，其他的事不用操心。

联络站有严格的纪律，负责保卫的何逸群夜里必须住在公司内，以防发生突发事件。万莹带着女儿在张家生活无虑，但她总觉得这样靠人家接济生活不是长久的办法，得自食其力。刚巧上海有家亚美麟记广播电台招收播音员，万莹的普通话讲得标准，报名到公司一面试便被录取了。拿到电台预付的酬金，万莹在胶州路租了一间房子，全家从张景芳家中搬出，过了一段相对安稳的日子。

小馥香（1951年父母离婚后才名万馥香）来到上海，看到里弄中一排排石库门房子，马路上一幢幢高楼大厦，黄浦江里一艘艘大轮船，她感觉好像来到了另一个世界。小馥香模样长得俊俏，性格有点像男孩，在弄堂中与小伙伴玩"跳皮筋""踢毽子""捉七子"等游戏，常常夺冠。里弄中的孩子们都喜欢同她一起玩，小伙伴之间有了纠纷也请她解决。不到半年，小馥香在上海胶州路的弄堂里交了一批好朋友。

上海亚美麟记广播电台位于上海成都路，1929年10月开业广播，始名亚美广播电台，以学术节目为主，娱乐节目为辅。1937年上海沦陷后停办。1946年，亚美电台与麟记电台合并，称上海亚美麟记广播电台。万莹在广播电台负责晚上8—9点的娱乐节目广播，虽说每天只有半个小时的节目，她总是兢兢业业，尽力把工作做到最好。一天播音结束后，万莹被通知来到总经理汤节之的办公室。汤节之从办公桌抽屉里拿出一个厚厚的信封，轻轻推到万莹面前，说她工作称职、敬业，这是给她的双倍工资。万莹喜出望外，家中正需要钱，可汤经理接下来的话吓得她出了一身冷汗。

刚开始，汤节之像开玩笑地说："万小姐，汤某向你借样东西。"万莹性格直爽，她也不知汤经理要向她借啥，随口答道："汤总，啥东西，我家有的都可借给你。"汤节之笑而不答，万莹感到有点莫名其妙。汤节之终于露出了真面目，用手指点了点万莹的面孔。万莹虽年近而立，但她天生丽质，穿着得体，举止文雅，说话一口吴侬软语，给人一种苏州女子的成熟美。汤节之在招聘会上被万莹的美色迷住了，一直苦无机会，这次终于以加薪及开玩笑的方式来试探万莹。万莹吓了一大跳，假装没领会他的话意，岔开话题说："啊，汤总，我脸色难看吗？身体是有点不舒服，我走了。"说完，万莹拎起小包头也不回地走了。汤节之在后面提醒，给她加薪的信封还没有拿，万莹假装没听见，用手捂着嘴像要呕吐的样子出了电台大门。

一周后，万莹突然向广播电台辞职，理由是乡下母亲病重住院需要护理。这时，何逸群任职的联众运输公司也完成了秘密"业务"，自行关闭，员工解散，小馥香随母亲与继父何逸群回到东山。

家庭突变

　　1952 年 11 月一天下午，东山镇大园里县中操场上人山人海，吴县人民法院的公审大会正在进行，一批血债累累的土匪、恶霸地主、国民党兵痞，经群众大会公审后，押至附近新庙上伏法。12 岁的小馥香背着 2 岁的弟弟想挤到台前去，可人太多了，她用足劲也挤不进去，只能同弟弟站在远处一个小土墩上远望。

　　万莹披头散发，目光呆滞，支走孩子们后，一个人伏在桌上哭泣。丈夫何逸群公审后将被枪决，她怎么也想不明白，因抗日而两次被日军关押，受尽酷刑不屈服的丈夫成了军统特务将被判死刑。她清楚地记得，三年前，一家人从上海回到东山，丈夫何逸群在薛永辉的安排下，又与旧部接上关系，继续为新四军提供情报。1948 年，何逸群在中共太湖县东山办事处张景芳介绍下，与秘密建在安定小学的中共东山支部取得联系，在书记唐坚柏的安排下，何逸群加入了农民协会武装队，协助队长王侠庆工作，组织群众开展武装斗争，迎接东山和苏州解放。在东山支部一批共产党员舍生忘死的革命精神影响下，何逸群决心彻底改变自己，他向唐坚柏递交了入党申请书，可没有被批准。中华人民共和国成立后，东山农民协会编入中国人民解放军苏州军分区吴县总队太湖队，何逸群任短枪班班长，率队参加太湖剿匪斗争。

　　1949 年 4 月下旬，中国人民解放军到达上海，苏州解放也指日可待。国民党青年军 202 师团长宋镜明率领一个团残部约一千人，从南京溃散，逃窜经东山。因不明山中虚实，派人探听东山有无新四军。受吴县太湖队委派，何逸群率短枪班赶到摆渡口，向渡村方向打了一阵枪。枪声惊破残敌之胆，疑是新四军赶到了，抢着登船逃命，一些士兵被挤下水，有的落水而亡。事后，何逸群的短枪班完成任务出色，受到太湖队领导的表扬。

　　这段时间是万莹过得最舒心的日子，丈夫何逸群作为旧军队起义投诚人员在苏州军分区工作，每月有固定的经济收入。丈夫对她们母女十分疼爱，知道女儿小馥香喜爱音乐，他花费所有的积蓄，为她从苏州买了一架价格昂贵的风琴，让她边弹琴边唱歌。过了一年，又生了儿子兆钧，万莹干脆关掉了缝纫店，在家照顾两个孩子，当起了全职妈妈，一家四口，生活其乐融融。

万莹爱美，喜欢烫头发，每隔两三个月，她就要去一次苏州石路上的一家理发店烫发。万莹刚过而立之年，秀丽的面容，匀称的身材，穿着合体的旗袍，一头长波浪的卷发，加上她照相时善于"拉架子"，拍的照片不亚于明星。每次去苏州，万莹总把女儿馥香带上，让她到城里去开开眼界。一次，母女俩到苏州石路照相馆拍了张合影，照相馆竟把照片放大后摆在橱窗里招揽生意。

谁知仅隔了一年，小馥香家庭发生突变，继父何逸群被吴县公安局以反革命罪逮捕，被人民法院一审判处死缓。吴县人民法院1951年度法人字第564号刑事判决书：被告人何逸群，因土匪特务一案于1951年11月，由吴法人字第564号刑事判决，判处死刑，缓期两年执行。

县中操场上公审大会结束后，数名罪犯被五花大绑押赴新庙枪决。那天中饭后，万莹对女儿说："你爹爹（父亲）犯了血案，谁也没有办法救他。你和弟弟去县中操场公审现场见上他最后一面，送送他吧。"小馥香已10岁，她见母亲双眼红肿，说完呆呆地对着继父的照片发怔，知道母亲心里很难过，她抱起年幼的弟弟兆钧出了门。

在公审大会现场，小弟弟还不懂事，小身子一个劲地朝人多的地方挤，他只是觉得好玩，想到台前去看热闹。有村里人看见他们姐弟俩，在背后指指点点说："这是何阿四的两个孩子，他倒省心去阎王爷处报到了，叫万莹拖着两个小人，今后日子怎么过。"也有人用鄙夷的目光看着小馥香姐弟，心里在说，活该，谁叫何阿四是土匪特务。

屋后新庙刑场上传来一阵枪声，万莹的心猛地一阵抽搐，"哇"的一声伏在桌上大哭起来。第二个男人又走了，留下一对未成年的儿女，她可怎

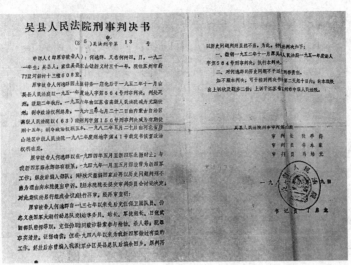

吴县人民法院刑事判决书

吴县人民法院刑
事判决书

么办？万莹支开女儿馥香和儿子，原想随丈夫何逸群而去。可她实在丢不下聪明乖巧的女儿和天真可爱的儿子，既然把他们带到了这个世界上，再苦再累也要把他们抚养成人。

正当万莹一家陷入绝望时，奇迹发生了，丈夫何逸群没有被枪决，只是判了重刑，是太湖游击队的薛永辉司令救了他的命。据说就在公审大会召开的前一天，中华人民共和国成立后已转业无锡某企业任要职的薛永辉，写了一封信给吴县人民法院，信中说，何逸群从 1944 年 5 月至新四军北撤时止，与我新四军部有联系。1949 年 1 月至 5 月解放，曾为新四军工作，解放后编入部队……鉴于薛永辉的来信证明，法庭改判何逸群一案，改死刑为死缓。

何逸群对法院判决一直不服，服刑期间多次向上申诉，1956 年由江苏省高级人民法院减判为无期徒刑；1963 年由内蒙古自治区高级人民法院改判有期徒刑十五年；1982 年由河北省唐山地区中级人民法院裁判：销撤 1952 年原判，恢复政治权利。可这一天来得太迟了，妻子万莹已长眠地下十六年。

第二章

青山雨露

戏曲艺术之乡

　　太湖洞庭东山是江南著名的戏曲艺术之乡，历史上一些名门望族家中大多建有戏班子，尤以明清时为盛。明代杨湾朱氏的"东山女乐班"为吴中早期梨园之一，戏班中的"莫厘十二姬"演艺闻名江南。近现代，东山更是出了不少有影响的导演、演员和剧作家。每至夏日黄昏乘凉时，小馥香常搬只小板凳，托着小腮，仰起小头，听妈妈和一起在西街乘凉的大人们讲古代东山发生的有趣故事，不少还与戏剧有关。

　　小馥香的继父何逸群的老家在吴巷村，这可是个有历史的村子。春秋末年，吴国延陵季札的长孙濮娄，避战乱率族隐居东山武山，为逃过越兵的追杀，把吴姓改成了濮姓，称吴濮娄，他的裔孙都姓濮。到了南宋年间，濮氏家族出了一个名百生的儒商，他精通音律，还擅谱曲，在家族中办了个戏班子，称"江南丝竹"班。濮百生感到自己虽为延陵吴氏望族，却世代姓濮，脸上无光。他经过多年准备，南宋初年，濮百生带着家中的江南丝竹班来到临安，先到一些达官贵人家里演出，分文不收，因而交了不少权贵朋友。经这批朝廷要员的说情，宋孝宗赵奢下旨，允准东山濮氏家族恢复吴姓，濮巷村也改名吴巷村。何逸群的母亲，即小馥香的继祖母就是吴氏的后裔。

　　一个中秋节的夜晚，微风习习，流萤飞舞，一轮明月照在西街古老的石板街上，能映出天上的月亮和地上人的影子。小馥香背着弟弟，携带一只小凳子，挨着邻居朱贵三爷爷坐下，听他讲山乡的趣事。

　　朱贵三爷爷的老家在离西街数里外的石桥村。据说石桥朱氏是明初宁王朱权的后裔，朱棣称帝后，宁王对兄长篡夺侄儿皇位非常不满，同时兄

石桥村古宅

长当了皇帝六亲不认，手足相残，遂带着家人隐居到了东山石桥村。朱元璋喜观剧，他登上皇位后，把原有的27户乐工拨赐给境内各王，朱权即为其中的王爷之一。朱权在历史上没有多大的作为和影响，但他有演剧的天赋与嗜好，还降尊纡贵，多次任宗室家庭戏班的编剧和导演。

也许是受家源的影响，明朝崇祯年间，朱贵三的远祖朱必抡在石桥办了一个戏班，称东山朱氏女乐班。朱必抡对戏剧情有独钟，而且还是一位无师自通，集理论、创作和表演于一身的戏曲家。东山朱氏女乐班在苏州有很大影响，1998年，苏州古吴轩出版社出版的《苏州戏曲志》，把明代《朱氏女乐班》《昆曲金府班》和清初《尤侗家班》称为明清"三大戏班"。

朱必抡原是明末东山的一名太学生，年轻时参加乡试总是落第，后弃儒行贾，很快发迹，成为江南富商。他青年时就擅吹、拉、弹、唱，经商有了经济实力后，从金陵与扬州民间买了12位年届"豆蔻"的女僮，带回家中亲自执教，口口亲授，一字百磨，还请名师来家辅导，终于使这12个小女孩学有所成，办起了朱氏女乐班。

小馥香在人群里听大人们"讲张"，听得津津有味，忘记了弟弟伏在自己膝盖上睡着了。所谓"讲张"，含多人聚在一起闲聊之意。源于元末明初的朱元璋与张士诚之争。张士诚在吴王统治苏州期间，对老百姓还不错。朱元璋攻下苏州建立明朝后，为了报复苏州人当年助张士诚守城，对苏州一带的赋税特别重，并不允许多人聚在一起议论张士诚。老百姓当然不吃这一套，仍聚在一起讲张的好处，久之称为"讲张"。

邻居李婶也被朱贵三讲的故事所吸引，问道："后来这十二个乐妓怎么样了？远离爹娘，也怪可怜的。"朱贵三接过李婶话说："朱氏女乐班十二位歌妓中，以紫云、碧云、兰心为唱戏最好，朱必抡爱若掌上明珠，可她们的结局都不好。"在古代，戏妓大多卖艺又卖身，有的还成为主人的侍妾。碧云与紫云都艳丽轻盈，俱擅歌舞，精丝竹，碧云还通文墨，唐诗数百首能集句谱曲弹唱，常与主人诗书唱和，建立了深厚的感情。明末"甲申之变"，清兵入关后，朱必抡在中原等地的家业荡然无存，连生活也陷入了困境，无奈只得解散戏班，把十二位名姬嫁人，让她们有条生路。自己布衣穿伎，离家出走，不久即病卒。

如果说朱贵三爷爷讲的戏剧故事是悲剧，那么妈妈缝纫店里王阿姨给小馥香讲的戏剧人物是喜剧，同样的歌妓，却有不同的归宿，小馥香听后心里为她们祝福。

王阿姨是东山陆巷人，祖上出过明朝宰相王鏊、清代状元王世琛等名臣及名士。王阿姨说，王世琛考中状元很有故事，还与两名歌妓有关。清康熙年间，陆巷王世琛和好友昆山顾祖范，一起住在京城吏部侍郎宋坚斋家中复习待考。宋侍郎恐两人读书之余无聊，派了家里戏班中两个十五六岁的歌妓陪伴他们，一个叫柳眉，一个名兰心。一天，两人为猜谁能考中状元吵架，继而扭臂推拉动起手来。正好宋侍郎退朝回府，见状喝问原委。得知原来两人心中各有所爱，互不相让，所以吵架。后来，王世琛考中状元，宋侍郎成人之美，把猜中状元的柳眉赠送给了王世琛，才子佳人喜结良缘。顾祖范考试失利，有点自暴自弃，陪伴他的兰心说，今科不中，还有下科。顾祖范听了兰心的话，发奋苦读，后来也考中进士，与兰心终身相伴，白头偕老。

作为戏曲艺术之乡的东山，近现代更是戏剧英才辈出，有戏剧演员、剧作家和电影表演艺术家等。听得小馥香心里痒痒的，这些文人逸士对她日后走上戏曲艺术道路有很大的影响。

朱鸳雏，清代石桥人，"南社"新剧演员，剧作家。幼年家贫，在孤儿院长大。朱鸳雏最初在上海参加时称"新剧"（即文明戏）的剧团演出，因其容貌出众，风度翩翩而成为旦角。他尤擅演悲壮情节的戏，往往在楚楚悲切之中含有英烈气概。他饰演的《不如归》《黄人血》《松陵新儿女》等新剧，颇受观众称颂。朱鸳雏除擅长演戏外，还精于小说创作，且能作诗填词，又长于写杂文，一生著作甚丰。朱鸳雏去世后，南社社友还为他集结刊行了《朱鸳雏遗墨》。

民国时期活跃在上海戏剧和文学界的陆澹安，是一位集评话、评弹、曲作和侦探小说于一身的戏曲理论家，他创作及改编的京剧《霍小玉》《龙女牧羊》与长篇弹词《满江红》《秋海棠》《啼笑姻缘》等戏剧作品，名播剧坛，经久不衰。陆澹安是东山陆家墙门人，离小馥香家也不远，她也听村里人讲起过。

著名演员吴茵

1946 年深秋，上海昆仑电影制片厂的导演蔡楚生、郑君里，带着演员白杨、吴茵、上官云珠来到东山，拍摄电影《一江春水向东流》的外景。吴茵与何逸群是同村人，还带点远亲。在东山拍摄时，经吴茵介绍，万莹还去当了几次群众演员。吴茵比万莹大 10 岁，两人以姐妹相称，后来还通过信。万莹告诉女儿，吴茵，原名陆丽娜，艺名吴茵，意为吴中芳草如茵。1929 年从艺，进上海明星二厂参加拍摄电影《新女性》。接着，她以特邀演员的身份，为四家电影公司拍摄了《小姨》《都市风光》《花花草草》等六部影片。吴茵成职业演员后，又接连参拍了《清明时节》《十字街头》《女奴》等多部片子。她饰演的中国各阶层、各种人物中，以老年妇女形象最佳，被称为中国影坛"东方第一老太婆"。

说者无意，听者有心，妈妈和村人讲的这些人物故事，对小馥香产生了很大的影响，使她爱上了戏曲，盼望日后自己也能成为一名有影响力的演员。

台阁上的"孙二娘"

台阁，又称抬阁，顾名思义，是戏台的一角。在江南一带，还有一层含义是抬着戏台在移动，因而被誉为"流动的舞台，大街上的杂技"。太湖洞庭东山是台阁的故乡，已有800多年历史。据《苏州戏剧志》记载，台阁起源于北方，北宋时在河南、山西一带盛行，不过其表演形式较为简单，仅一人表演而已。南宋初年，北方移民大量南迁，有不少世族大户择太湖洞庭东西山而居，台阁为他们从中原携带而来。北方带来的台阁经过与太湖地区民俗民风数百年的融合，至清代形成了颇具风情并以"出彩"为主要看点的东山台阁，颇具特色，非常吸引观众。

有关东山台阁的发展兴盛，据说还与禁赌有关。清代中期，国家较为安定，农村亦连年丰收，百姓生活无忧。于是在东山农村赌博成风，官府禁了几次效果不大。东山一些有识之士几经商议，倡仪每个村子都创作一只台阁，逢年过节，抬着台阁在大街上敲锣打鼓，招摇过市。艳丽多彩、惊险而夺人眼球的台阁表演吸引了许多观众，城乡赌博之风明显减少，从此台阁表演一代代传了下来。

装台阁的小演员，要挑选容貌秀丽，表情与动作灵活的孩童。小馥香长相俊美，每年都被村人选装台阁，扮演过白娘子、孙二娘、花魁女等角色。五六岁时的小馥香，在3米高的台阁上表现自如，还能用童声唱上几句

东山台阁表演

戏文，大街上看台阁的观众都拍手称好。

1946 年，东山人民为庆祝抗日战争胜利，每个村子都制作了一只台阁，上街进行表演。万莹母女所居的庙渎村创作的台阁名《十字坡》，俗称"武松打店"。故事内容是孙二娘与与丈夫张青在孟州道上开了家酒店，偷偷混杂卖人肉包子。武松充军途中与两名公差误入孙二娘的"黑店"，与其打斗起来。真是不打不相识，后来张青与武松结拜为兄弟。接着孙二娘和张青也随武松一起上梁山，创出一番事业，此故事在民间广为流传。

孙二娘是《水浒传》中的一个女汉子，性格泼辣，武艺高强，得了个"母夜叉"的浑名。6 岁时的小馥香，因在台阁《武松打店》中扮演孙二娘，在汇演评比中夺魁，竟得了个"小孙二娘"的绰号。

《武松打店》台阁造型对小演员要求较高，尤其是扮演孙二娘的小女孩，要背插双刀、左脚立在武松双手举起的枷锁角上，表演各种动作。这两个孩童可不好找，年龄在六七岁左右，需容貌秀丽，胆大活泼，还要在台阁上能唱戏和表演。庙渎村负责筹备台阁的王二伯找到万莹家，说请你家女儿小馥香装台阁，扮演孙二娘。万莹开始有些犹豫，女儿小小年纪就能装台阁、出风头，被千人百眼欣赏，这当然是好事。可她又听人说，小孩若从小出足了风头，长大后将风光不再。

这时，小馥香听到声音从房里跑了出来。王二伯问她愿不愿意装台阁，小馥香小脑袋一仰，对着王二伯说："只要有戏唱，我就愿意装台阁。"女儿自己愿意，再加上王二伯好话说了一大箩，万莹答应了。但她有个小条件，表演过后女儿穿过的小戏服要带回家，让她作个纪念。王二伯一口答应，因为村里创作的台阁一年一出戏，每年变更行头，一年一度的台阁出过后戏服就没用了。

台阁《武松打店》

这一年，东山庆祝抗日战争胜利的民间文艺大汇演，节目丰富多彩，道具鲜艳夺目，也格外热闹。演出的大戏有"出台阁""吊臂香""跑五方"等传统剧目。"吊臂香"的演员，赤膊伸出右臂，一根细银针横穿在手臂下的皮肉间，银针下端挂着一面重约10斤的铜锣，自己边走边敲，血迹斑斑，豪气冲天，看得人目瞪口呆。"跑五方"又称"一百零八将"，108个扮演梁山好汉的小演员，一手扯开戏装衣襟，迎风飘拂，一手持着各自的兵器，铿锵有声。他（她）们边走边唱边演，极受观众喜爱。汇演队伍中还有舞龙、高跷、打莲湘、荡湖船等节目，后山杨湾一带的"三六板"江南丝竹也参加演出。

大汇演的文艺节目中，台阁表演无疑是最吸引观众的，参赛的50多只台阁从庙渎下的麦场头，一直排到叶巷浜场，有庙渎村的"十字坡"（即武松打店）、叶巷村的"借茶"、西坞村的"比武招亲"、殿前村的"珍珠塔"、诸公井的"天台遇仙"、渡桥村的"水漫金山"（演者3人，俗称"三跷翘"），还有"落金扇""玉簪记""拾玉镯""昭君出塞""白水滩"与"卖油郎独占花魁女"等，只只台阁争奇斗胜，新奇惊险，使观者拍手称绝。

庙渎村的"武松打店"排在台阁表演队伍的第一只，只见身着统一戏服的4名壮汉，抬着一只重200多斤、高3米的台阁走在最前面，一步三摇，走走停停，供路人观赏。台阁上一男一女两个小演员都身穿戏服，脚着靴子，手持武器，亭亭玉立在台阁上。走近细看，扮演武松的小男孩一脚跪在酒瓮上，双手举起木枷。扮演孙二娘的小馥香，身系彩裙，背插双刀，英姿飒爽地立在武松举起的木枷角上"出彩"。

"出彩"是每台台阁最精彩的看点，有许多高难度的技巧。年仅6岁的小馥香，脚尖鹤立在面积仅一枚铜钱大的枷角上，四周悬空，神情自若，双手灵活地表演各种动作。观众弄不明白如此惊险的台阁究竟是假人还是真人，这台阁是怎么装的。观众中有不少是从城里赶来看台阁的外地人，开始他们还以为台阁上的小演员是道具（假人），当身悬高空的小馥香两只小手表演动作，还唱了一句"只因义勇真男子，降伏凶顽母夜叉"的戏文，挤到前面争看究竟的人都惊奇地说："嗨，一点不假，是真人。"

台阁的制作与扮装极具技巧，先是在其木座上特制一铁杆，高3米。其根插于座子中，上下两节，用榫头衔接。铁杆上各吊一小椅，仅容演孩坐下，演出前用整幅布将演孩下半身连小椅紧紧包裹，因小铁椅是吊着的，虽被裹紧，但未固定，仍能晃动，不觉呆板。待上下演孩面部化妆后，穿上装有假脚（着靴或戏鞋）的裤子，再穿上戏装，女的还系上彩裙，打扮得和成人相似。下面的铁杆弯曲从男孩戏衣袖中伸出，贯穿于道具中，衔接上面女孩一只假脚中的铁杆相合榫，在水袖、裙幅等巧妙掩饰下，远视极像一脚踏在道具上，一脚悬空，既惊险，又飘然自若，甚为精彩。

装台阁都是些六七岁的小孩，还不大懂事，一场台阁展示要半个多小时，要是演孩在台阁上哭闹或睡觉，这只台阁将大为逊色。于是，台阁组想出了一个办法，下面负责抬扛、扩卫的"跑龙套"演员，用长竹竿不间断叉瓜果等东西给台阁上的小孩吃，还叮嘱说，把吃过的甘蔗、荸荠、红菱、长生果等果壳残渣，看到长得漂亮、穿得鲜艳的大姑娘、小媳妇，就朝她们身上扔。

何仪珍的演唱成为台阁表演中的亮点，这个"孙二娘"长得俊俏，动作灵活，唱得也有板有眼、像模像样，最惹观众喜爱的是小女孩两只大眼睛，见了街上那么多人一点也不害怕，还朝大家微笑。小馥香表演的台阁跟着观看的人多，底下又给她吃的瓜果也多，她吃完后就把果壳朝人多的地方扔。母亲万莹和干娘张秀凤也挤在人群里看台阁，身旁有几个富家女子穿着华丽，小馥香也没看清妈妈和干娘也在这群人中，把吃过的一把甘蔗渣扔了下去，也落在了母亲和干娘身上。母亲开始有点生气，见大家都在嘻嘻哈哈地说笑，这是吉利的象征，也跟着笑了。

民间文艺大汇演结束后，台阁类组委会进行评比，庙渎村出的台阁《武松打店》获得第一名，小馥香在台阁中扮演的孙二娘演唱皆优，得了个"小孙二娘"的誉称。

缝纫店里的女孩

东山缝纫社位于西街铁丝弄口的施公桥旁站，一幢小楼，座西面东，面向大街，不远处就是东山镇旧时的经济中心——施巷河头。小楼上下3间，面积约150平方米，楼下临街全是栅板门，看得出这小楼的楼下原来就是一家店铺。这幢沿街的店铺原是一家计姓商人的五金商店，1956年起，东山小商小贩公私合营，组建了花果、水产、药品、建筑、茶食加工、缝纫等6大行业，缝纫社就组建在这幢小楼里。

1956年，万莹进店工作，到1966年去世，在店里工作了10年。从上小学开始，小馥香叫何仪珍。她的少年时代就是在缝纫店里度过的，在这家小店里有着她们母女太多的回忆，也留下了少年何仪珍的歌声。

万莹念过中学，普通话说得标准，又在上海一家广播电台当过播音员。中华人民共和国成立初期，像她这样的知识型女姓，不要说在东山，就是在苏州城里也属凤毛麟角，能安排较好的工作。但因万莹的前夫是汪伪

"和平军"连长，后来的男人是国民党军统人员，被判无期徒刑，两只大包袱压在她的身上喘不过气来。那个年代是讲政治的，要不是看万莹拖着两个未成年的孩子，嗷嗷待哺，也许这一缝纫店里工作的机会万莹也得不到。

何仪珍还是个天真无邪的小姑娘，妈妈的缝纫店里有好多和蔼可亲的阿姨、婶婶，见何仪珍长得漂亮，聪明伶俐，小嘴巴特别甜，见了店里的人总是叫"阿姨"，大家都欢喜逗她玩。何仪珍从镇西的马堤小学放夜学回家，要经过妈妈的缝纫店，她也喜欢在店里玩，跟着妈妈学做针线活，等妈妈收工后一起回家。

店里的女工张秀凤是从上海回乡的，年龄偏大了些，何仪珍见了她也喊"阿姨"。一次，张秀凤忍不住了，故意板着面孔说："怎么叫阿姨，我有这么年轻吗？"谁知何仪珍仰起小脸说："阿姨不分大小嘛！"张秀凤高兴得抱起她，亲了几口，突然说"叫声亲妈！"（含干妈之意），在场的老姐妹们跟着起哄，何仪珍胆怯地叫了声"亲妈"，这样张秀凤正式认何仪珍作了干女儿。张秀凤在上海时学过唱戏，是一家戏楼的票友，对唱戏的发音、入调、表演有一定的功底，稍有空余时间，姐妹们叫她唱绍兴戏（越剧），张秀凤也就在店堂里唱起来，何仪珍听得很认真，过后还能哼上几句，有模有样的表演动作，引得大家拍手称赞。

西街缝纫社实际是一个小店铺，只有20多个家庭妇女，负责人叫吴梅衍。业务是布料加工和来衣缝补，那个年代东山平时做新衣服的人不多，缝纫社的主要业务是用缝纫机替附近农户缝补衣裤。衣服上补1个洞0.10元，裤子缝补加上膝盖0.5元，工人按件记分，多劳多得。万莹技术较好，她洋机（缝纫机）踩得稳，补的线缝密、针脚匀称，加上手脚麻利，每月应得工资22元，比一般女工多4元，但她坚持拿店里的平均工资。店长吴梅衍很看重她，尽管万莹家庭背景不好，有时吴店长还让她参加东山镇的一些先进会议。

缝纫社也是个松散型的合作企业，集体没有资产，业务来料加工，职

西街缝纫铺

工计件，按劳分配。冬春店里业务忙时，职工们常把活儿带回家，夜里加班缝补，完成后带到店里交货，让顾客来领取。万莹拖着两个孩子，家庭生活负担重，下班时她常向店里多要些活，带到家中去做。少年何仪珍成了母亲的好帮手。那时候的学校放学不布置回家作业，何仪珍小小年纪跟着母亲学会了踩缝纫机，缝补的衣服同妈妈不相上下，她还学会了纳鞋底、裁剪、结毛衣、绣花等女红，使她终身受益。

万莹经常把顾客的衣服带回家，连夜做好或缝补好，第二天带到店里让顾客来取。何仪珍放学后按妈妈的吩咐，挨家挨户去送，从未出过差错。店里有的阿姨补好后也叫她去送，何仪珍高兴得像只燕子，一会儿送到山村，一会儿送到水乡，时间一长，客户们都叫她缝纫店里的小丫头（小姑娘）。附近的村人都知道小姑娘爱唱歌、唱戏，何仪珍每送到一个村子，总有人逗她："来，缝纫店里小丫头，唱一段给大家听听。"何仪珍年龄虽小，一点也不拘束，就在农家门口或港边唱起来。何仪珍唱戏出了名，也为缝纫铺招徕了生意。原来做衣服还有些犹豫的人家，听了她唱的戏，把要做衣服的布料也让她带到店里去做了。

万莹乐于助人,农村人请她裁做的衣服经常只收一半钱,有时还倒贴边角布料。她对女儿何仪珍说,农村生产队分配报酬低,全劳力一个工分只有 0.5 元钱,而妇女属半劳力,一天只挣 0.3 元钱,妈妈一个月工钱虽然只有 20 来元,与她们比起来,算是高工资了,能帮她们一点忙,我心里觉得舒服。听了母亲的话,少年何仪珍也感到帮助别人,自己也能得到快乐。

母亲的善良也被有些人误解,甚至遭到责难,上纲上线,受到批判。开始,东山手工业联社有个姓郑的职工,见万莹晚上做衣服,缝纫机声直响到黎明,于是写信向联社办公室反映,说万莹用集体的设备、布料、针线做私活,这是严重的公私不分,走资本主义道路。

联社负责人老杨把缝纫社主任吴梅衍叫来,问:"有人反映你们店里万莹盗用集体资产、技术的情况是否属实?"吴主任说:"我们店没有集体资产,缝纫机是职工自带的,布料是来料加工,针线是职工安排到业务后自己买的。"老杨又问:"那有人反映说万莹用集体单位学到的技术,谋私利,赚外快,又如何解释?"

吴主任微微一笑说:"万莹缝纫技术好,我们把她第一批招进店里来,她是技术骨干,现在店里职工缝补的衣服,都是她在把关检查质量,不存在盗用集体技术的问题。"老杨了解实情后,让办公室回复了郑姓职工的来信,平息了风波。

可一波刚平,一波又起,而且来势更猛。事情的起因是附近潦里村有户农家,请万莹做了一套衣裤,何仪珍替妈妈送上门去。临行,妈妈叮嘱她,农家的收入比我们少,做衣服的钱只收半价。那户农家不好意思,刚巧鱼塘牵捕,送了两条鲜鱼还人情,何仪珍带回了家中。事情又传到了社会上,这次问题升级了,说万莹获取不义之财,敲诈勒索贫下中农的财物,是明显的"阶级斗争"新动向,在手工业联社职工"斗私批修"大会上,要万莹交待自己的错误行为。

回到家里,何仪珍不解地问母亲:"为啥我们做了好事,还要被人家大会批判？"万莹叹口气说："怪就怪你的父亲做了错事，有人总带着有色眼镜看我们，做了好事人家也往别处想。"万莹是个要强的女人，她不想让家中的不幸和自己的苦闷情绪影响到女儿，这样她从小也会自卑，对她的成长不利。万莹故作轻松地对女儿说："人家怎么想、怎么说是人家的事，我侪不怪人家，也没法堵住别人的嘴，该做的善事好事还要做。"何仪珍说："姆妈，你别难过，我给你唱段戏文。"为了不扫女儿的兴，万莹也跟着唱起来："树上的鸟儿成双对……绿水青山把家还。"殿漊里万家简陋的小屋中又传出欢乐的歌声。

东山缝纫社虽然是一群家庭妇女组成的，工作有苦有乐，赚钱不多，但却是一个团结的整体，也充满着欢乐与阳光。《震泽报》1957 年 6 月 8 日刊登"成长中的东山缝纫社"的报道：

路过东山缝纫社门前，"嚓……嚓……嚓……"踏洋机的声音不停地响，合作生产才一年，社里的生活，已经忙不开了。在一年前，缝纫社刚刚组织不久，困难很多。

里面除了三个裁剪工是男的，其余都是刚从家里跑出来的妇女，一家一

"成长中的东山缝纫社"
（《震泽报》1957 年 6 月 8 日）

户做惯了的，现在却订了制度，照规矩办事，大家嘴上不说，心里实在别扭。春天来料不多，社员每月只有几块钱的收入，个别社员生活发生困难。社长常搔头皮，从第一工场奔到第二工场，每天总要奔几趟，因为缺线啦！没钮子啦！社员之间闹纠纷啦，事情真多。哪一桩不是社长去帮助解决。

社长累得病了，在这困难时刻，联社领导派来了干部，对社员进行了一次社会主义教育，提高了大家的思想认识，积极向各方面发展，银行发了贷款，这样一来，停下的机子开始转了。第一批接受西北边疆的定货，为了使西北军民早日穿上新棉衣，她们日不歇，夜不停地赶。有一次下大雨，山水流淌不及，漫到街上来，水淹到缝纫机的踏板，但他们并没有停止工作。一年忙过去，最近年终分红，最多的人分到30元，普通的也能分到10多元，现在只要一提到入社的好处，哪一个不是咧开嘴笑。

大众剧场学戏

清末民初，东山西街是古镇的政治经济文化中心，设有太湖同知衙门和乡公所。店肆商铺，戏院书场，酒楼茶馆多达数十家。到了20世纪五六十年代，西街的经济文化更加繁荣，从东端的桥子弯头到西边的麦场头，约长1000米的街道两旁，开设有酒馆、饭馆、菜馆、茶馆、旅馆；糟坊、染坊、糖坊、烛坊、银匠坊；肉铺、药店、剧院、鱼行、浴室、钱庄、典当等400多家店铺，从早到晚顾客川流不息，生意兴隆，被誉为东山的观前街(旧时苏州最热闹的街道)。何仪珍的家就在麦场头旁的殿渎里。

中华人民共和国成立初期，东山镇是震泽县县政府所在地，戏院、书场、书店等文化设施较为齐全。1956年，县里把西街原来的一座小戏院进行扩建，名震泽县大众剧场，有800多个座位，是县政府召开大会的地方。大众剧场虽说是大会堂，但一年县里也只召开一两次大会，平时作为演戏用。每到冬季农闲时，上海、杭州及苏州、无锡等大中城市的沪剧团、越剧团、锡剧团，轮流到东山演出，大众剧场戏院极为热闹。

何仪珍家离大众剧场只隔了一条街，晚上人少街静时，睡在床上能听到剧院传来的唱戏之声。少年时代的何仪珍爱听戏、看戏和学唱戏。一到傍晚，母亲到缝纫社上夜班去了，她做完功课和家务，安顿好小弟弟，就一个人从后门出来，跑到大众剧场去看"放堂戏"。

大众剧场影剧预告旧墙

所谓"放堂戏"，就是一幕戏演到一半，或者一大半，戏院敞开大门，放堂让那些拥挤在门口想看戏又买不起戏票的人进场看戏，当然以看稀奇的少年儿童为多。

那个年代人们收入普遍较低，东山农村一个男子劳动一天的报酬只有5角钱左右，而一张戏票要8角钱，一天的收入不够买一张戏票。所以城里的剧团来演戏时，能购票入场看戏的人只是少数，一些戏迷就等候在戏院门口，等待放堂入场看点戏尾巴，过过戏瘾。

有时，何仪珍还约了几个小姐妹一起去看"放堂戏"，她们自称为不出铜钱看白戏。别人去看戏，是去看唱戏演员的相貌、服装和戏文里的故事内容。何仪珍去看戏，她喜看演员们的做功（表演）、听他（她）们的唱腔，还在台下轻声跟着哼，把听到的唱词默记在心里，反复背诵。回到家里，她把唱词一句句背出来，记在一本小本子上，一有空就反复学唱，竟被她学会了戏中的不少唱段。

一次课间休息，何仪珍同沈美娟在操场上做游戏，两人表演锡剧《双推磨》中的一段戏，沈美娟扮演女主角苏小娥，何仪珍扮演男主角何宜度。两人一边表演拉磨的动作，一边唱："推呀拉呀转又转，磨盘转得圆又圆。一人推磨像牛车水，两人牵磨扯篷船……"刚好班主任吴老师走过，嗨，两个女同学表演得不错，何仪珍唱得更是有模有样的，很入戏调。经吴老师推选，学期毕业联欢会上，何仪珍上台表演唱了一段锡剧《双推磨》。

有时，何仪珍她们看放堂戏也有"放生（没看成）"的时候。一天夜晚，母亲走后，何仪珍洗好衣服，哄弟弟睡觉后，拉上家门又来到戏院门口。这时大众剧场门前已挤满了等待看放堂戏的人，她也悄悄钻进人群，耐心地等候。戏已演了一大半，平时早已放堂打开的大门，这天却仍然紧闭着。大家等啊等啊，又等了半个多小时，戏院的门终于开了，何仪珍跟着大家涌入剧场，谁知戏台上的演员正在谢幕。

放堂戏没看成，何仪珍沮丧地往回走，刚走几步，忽觉有人拍拍她的肩膀，原来是同学叶春兰。春兰神秘地凑近何仪珍的耳朵说："我有个看'白戏（不出钱）'的好地方，去不去看！""去，在哪里？"何仪珍惊喜地回答说。"明天晚上我来约你一起去，不用在戏院门口等，包你能看到好戏。"叶春兰话说了一半，卖起关子来，让何仪珍心里痒痒的。

第二天黄昏，何仪珍听到家门口传来几声猫叫声，这是叶春兰约她出门的暗号。这天母亲万莹没去加夜班，何仪珍对母亲说："姆妈，我要去兰兰家温习功课。"叶春兰家就在附近，母亲答应了，只是嘱咐女儿早点回家睡觉。叶春兰领着何仪珍走过施公桥，转了个大弯又朝东走，来到戏院隔壁的春兰外婆家。

春兰外婆家姓席，旧时为东山的大户人家。外婆见外孙女和万家姑娘来家玩，满心欢喜，心急腿慢地走进她的房间，从锡罐中拿出不少好吃的东西，招待两个女孩。何仪珍感到奇怪，领我到你外婆家来干什么。叶春兰向她丢了一个眼色，意思别作声，好戏还在后头。

原来席家住宅与大众剧场过去是一座大房子，有东西两幢大楼，土改时东楼保留给席家住，西楼为东山区政府的办公处。震泽县在东山成立后，因西楼位于西街中心，扩建成了大众剧场。席家在东西两幢大楼中间，有一堵高高的围墙，围墙南端有扇进出的小门。叶春兰就是发现了外婆家的这一座园门，带着何仪珍来到戏院的后台看"白戏"。

何仪珍站在后台，离戏台很近，不但台上演员唱戏的唱词听得清清楚楚，连演员走的台步、表演的动作都看得很真切。从此，何仪珍好像发现了"新大陆"，只要大众剧场演戏，她就到后台去看戏。有时叶春兰对戏的内容不感兴趣没去看，她就一个人去剧场看戏和听戏。

大众剧场演的戏，不管是锡剧、沪剧，还是别的剧目，一场戏要演两个多小时，一般从黄昏7点开始，到晚上9点剧终。何仪珍她们经常夜里到戏院后台看戏，苦了春兰外婆，只得等到外孙女她们看完戏出门后才能睡觉。何仪珍感到很不好意思，后来被她想出了一个好办法，每次从后台看完戏出来，她就唱一段当天听到的戏文给老人家听。春兰外婆是个戏迷，听得老人眉开眼笑地说："你们天天来，晚上我早睡也睡不着，就等着听你们唱的新鲜戏。"她逢人就夸："万家丫头（姑娘之意）的戏唱得真好，长大后一定会有出息。"

一到新年，城里的剧团接连到东山来演出，大众剧场里好戏连演。何仪珍读五年级那年，从大年初一起，上海越剧团到东山演出，连续演了一周。春节期间，缝纫社放假休息，何仪珍不用看护弟弟，一连数天，她每晚都去大众剧场后台看戏。越剧团的袁队长看到一个长相俊俏的小女孩，每晚都来后台来看"彩排"（预演），感到十分好奇，便和蔼地问她："想学戏吗？"何仪珍点点头。"会唱吗？"何仪珍红着脸说："我来唱唱看。"她一点也不害羞，亮起小嗓门唱道："兄弟二人出门来，门前喜鹊成双对，从来喜鹊报喜讯，恭喜贤弟一路平安把家归。"何仪珍见袁队长听得认真，又唱道，"梁兄你若是爱牡丹，与我一同把家归，我家有枝好牡丹，梁兄你要摘也不难。"

何仪珍唱了"十八相送"中，梁山伯与祝英台的各一节选段，吐字清晰，词正腔圆。袁队长大惊，问她是跟谁学的，何仪珍指指台上正在排戏的演员。袁队长端详了一会何仪珍的脸说："小姑娘，你很有天赋，要是将来走戏剧这条路，一定会成为一个好演员。"

离大众剧场不远的曹公潭旁，住着一户从上海搬来的中年夫妻，是一对昆剧票友，男的总是用女子的腔调唱戏，有时还男扮女装，在家里放着留声机唱片，一个人手舞足蹈地演戏，邻居们不知道他们的名字，给他起了个雅号"梅兰芳"。"梅兰芳"夫妇爱看戏，凡是大众剧场有戏，不管是沪剧还是越剧，他们每场必看，从头到尾一场不落。他们渐渐发现每到戏院"放堂"，总见一个小女孩在剧场边的走弄里看戏，还在台下轻轻学唱，感到很是奇怪。

一天戏院散场，"梅兰芳"夫妇把何仪珍约到家中，得知她想学戏，不但放唱片给她听，还教她发音、抛水袖、走台步……夫妇俩在屋里翩翩起舞，表演给何仪珍看。时间一长，他们也经常教何仪珍唱几句、走几步。有一次，"梅兰芳"唱《宇宙锋》中女儿装疯卖傻的那几句："我要上天，我要入地……"何仪珍跟着学"我要上天……"唱得惟妙惟肖，表演也很到位，"梅兰芳"连声喝彩叫好。

山谷里的画眉

不久，何仪珍的家搬到了庙山脚下的维德堂里。维德堂是一座明代老宅，原主人姓金，是个木材商人，据说解放前夕去台湾收购木材，一直没有回来。东山土地改革时，房子没人认领，属于公管房屋。何仪珍的大叔何伯良（何逸群大弟）是名新四军老战士，土改时分到了一上一下两间房子。

何母一个人居住，她身体不好。万莹在维德堂里租了一间住房，照顾婆婆的晚年生活。

何仪珍与母亲、弟弟、祖母，一家三代人生活在一起，相互照顾，生活虽苦，也其乐融融。维德堂老宅里住着好几家庙渎村的农民，家中都分有柴山，他们见万莹家生活艰难，家中经常连买煤球的钱也凑不齐。隔壁的二宝嫂对万莹说："万家妹子，你一个女人家拖着两个小人，还要照顾一个老人，真不容易。"二宝嫂又说："我家虾蟛岭上的茅柴反正也砍不完，让你家仪珍去砍吧。一家人家，柴米油盐醋，开门七件事，哪一样也不能少。有了烧饭柴，多少也好解决点你家的难处。"二宝嫂不识字，讲的话在理上。

万莹千恩万谢，送走二宝嫂后对女儿说："女子十六穿娘衣，男子十六挑爹担。你弟弟还小，这副担子只能你来挑了。"

何仪珍很懂事，朝母亲点点头，说："姆妈，我已经10多岁了，你一天做到晚太辛苦，山上的柴就让我来砍吧！"

虾蟆岭横卧在洞庭东山的前山与后山之间，高160米，一条人工铺筑的之字形山石路，从岭脚到山顶，曲了24个弯，俗称廿四弯。廿四弯有一个传说，明初，刘伯温到洞庭东山私行察访，东山虾蟆岭上有条蛟龙，一旦蛟入太湖，成龙成王，将威胁朱明王朝的天下。刘伯温打了廿四只金钉，从龙头钉到龙尾，把一条蛟龙活活钉死了。活龙垂死挣扎，龙身曲成廿四弯，龙血淌成了一条响水涧。

何仪珍听村上的老人讲过虾蟆岭廿四弯的故事，听说邻居二宝嫂娘家的柴山就在虾蟆岭上，二宝嫂还要领她到虾蟆岭上山捉柴，她心里感到很开心。一个星期日的早晨，扎着两个羊角辫的何仪珍肩扛一根扁担，两根绳子，一把砍柴刀，跟着二宝嫂上了山。

虾蟆岭地势险要，风光秀丽，在山岭上可以看到两个太湖，山前的东太湖与山后的北太湖，远眺就像巨人鼻梁上架着的一副眼镜，闪耀着光亮。

虾蟆岭廿四弯

山岭上林木葱茏，山坞中野花芬芳，何仪珍高兴得对着山谷大喊起来，山谷里传来嗡嗡的回声。何仪珍幼时就对音乐有特殊的爱好，听到谷底不时传来她喊叫的回声，竟忘记了自己是来砍柴的，对着山谷唱起歌来。

见万家女孩这样天真可爱，二宝嫂给何仪珍讲起一只画眉鸟的故事。山谷里有座古庙名法海寺，建于隋唐年间。清朝年间寺里有个眉清目秀的小和尚擅吹笛，天长日久，竟被山谷里的一只画眉鸟学会了。每到黎明，山谷里笛声悠扬，清脆悦耳，神奇极了。中华人民共和国成立后，庙堂里的和尚全被遣散回家，山谷里画眉也不知飞到哪儿去了。何仪珍听后，天真地对二宝嫂说："我来唱歌，那只画眉鸟听到我的歌声，一定会飞回来。"二宝嫂心里感到好笑，万家姑娘真是个傻丫头，飞走的鸟怎么能飞回来呢。

从此，一家人烧柴的重担落在了何仪珍还幼嫩的肩上。这年农历十月廿四日柴米生日过后，每天天刚蒙蒙亮，何仪珍就要上山砍柴，把砍下的柴晒在山上，傍晚放学后，再上山把晒干的柴背或挑回家，日复一日，要一直忙到年底。

凌晨，何仪珍同母亲一起出门，妈妈到缝纫店里开早工，她上山砍柴。从家中维德堂到虾蟆岭有三里多路，要经过一座古庙，庙门口站着两个泥塑的牛头马面，面目狰狞，阴森可怕。古庙是上山的必经之路，女孩子大多怕传说中的鬼怪。何仪珍上山经过庙门口，她闭着眼睛，小跑一阵。跑过庙门口太慌张，竟把扁担上的绳子掉了，只得壮着胆子回来找，心中感到更加恐惧。这时，她想到了唱歌，经过庙门口时大声唱戏或唱歌，说也奇怪，心里一点也不害怕了。

何仪珍每次砍好柴，把砍柴刀藏在山石下，又在山坡上摊晒好青柴后，总要对着山谷大喊一阵，大山也友好地每次给她回音。一次，她别出心裁，朝对面的山谷高喊："何仪珍，傻丫头！何仪珍，好学生！"山谷里同样传来"……傻丫头……好学生"的声音。她又大喊："我要唱歌，我要唱戏！"一阵山风吹过，这次山谷里只传来"唱歌、唱戏"的回声。日复一日，何仪珍与大山对话，她感到自己的嗓门越来越嘹亮，发出的声音也更加清脆，唱起歌来得心应手。

一天早晨，何仪珍砍好柴，在虾蟆岭上与大山"对唱"了一阵，她正要下山，突然山谷里传来一阵悦耳的鸟叫声。何仪珍从小在山村长大，她能闭着眼睛听出白头翁、秀眼、斑鸠、青芝头、野八哥、猫头鹰的叫声，最好听是秀眼鸟的鸣声，带着清丽的水音；最难听的是猫头鹰的叫声，阴森恐怖，有点像鬼叫。传来的鸟鸣声清脆悦耳，如唢呐、竹笛之声，又像二胡、古琴之音，她从来没有听到过这种鸟鸣声。

回到家里，她把虾蟆岭山坞里听到的鸟鸣声告诉了妈妈。母亲告诉她，这是画眉鸟的叫声。妈妈对她说，画眉是一种有灵性的鸟儿，鸣叫声能模仿大自然里各种声音，也能学会人类说的简单语言，聪明的还可以叫出笛子、古琴之声。妈妈停了一下，接着说："别看画眉体型不大，与白头翁相差无几。画眉鸟天性争强好胜，若两只画眉鸟比赛叫时，会叫得鸟喙出血，甚至精疲力竭而死。"

自从半月前山坞里听到画眉叫声后，清晨只要何仪珍唱歌，画眉也会鸣叫起来，而且叫声一阵胜过一阵。有时何仪珍早晨起床误了点，上山时间晚了些，匆忙砍完柴，顾不上唱歌就下山，准备去学校上课。山谷里的画眉鸣叫了一阵又一阵，好像在说："今天你怎么不唱歌了，难道服输了？"有时，何仪珍边唱歌边下山，画眉会跟在她的身后鸣叫着，把她送到山下后再飞回山林。

一天放学后，学校突击搞卫生，何仪珍是少先队员，积极带头参加。完成扫地任务回到家里，天快黑了，又好像要下雨。她想山上晒的柴要是被雨淋湿了，明天挑下来母亲怎么烧饭？何仪珍摸黑赶到山坞中，趁着微弱的夜光把干柴收拢捆扎好，背起柴篓朝山下走。这时，天下起雨来，太湖雾气也涌进山谷，山上山下一片迷雾。

何仪珍背着柴篓艰难地朝山下一步步挪，不料山道上踩到一块小石头，脚下一滑，连人带柴篓滚下山坡，晕了过去。过了好一会，何仪珍醒来，只觉得浑身疼痛，站不起来，额头也磕破了。雨还在不停地下，四周一片漆黑，雨夜里又传来看山龟（一种神奇的山龟）低沉吓人的叫声。

"仪珍，你在哪里？"这是妈妈的呼唤声。原来，万莹下班回家后，发现何仪珍不在家，门背后背柴的背篓也不在，她知道女儿上山收柴去了。等了一个多小时，按理女儿应该回家了，可就是不见何仪珍回来。雨越下越大，万莹的心里也越来越担忧。她实在放心不下，在邻居二宝夫妇的陪同下，提着桅灯上山，终于寻找到了女儿何仪珍。

参拍《红色的种子》

1958年11月9日晚上，东山震泽县中学简陋的大礼堂里，一台特别的联欢晚会在这里举行。学生们把礼堂里的一张张台子搭成一个半圆形的戏台，又从教室里搬来好些板凳当作座位。不多时，附近的村民闻讯也来了，他们没有凳子坐，只能在后面站着看戏。一眼望去，只见灯光下前后左右站满了人。

不一会儿，晚会正式开始，只见节目主持人小孙手拿话筒上台介绍："今天的联欢晚会有震泽县中学"碧螺春艺术团"和昆仑天马电影制片厂《红色的种子》摄制组联合举办……导演林扬，主要演员秦怡、孙道临、顾也鲁、宋裕德、智世明、沈玉芳等老师也来到晚会现场，大家拍手欢迎！"

开场白过后，节目主持人小孙开始报幕："第一个节目越剧折子戏'十八相送'，由何仪珍、周光美表演。"精彩唱段一结束，台下响起热烈的掌声，也为晚会增加了热闹的气氛。

这时，参加晚会的演员们也兴奋起来，孙道临走到台上，向大家立正行礼，然后手插风衣口袋，朗诵了一首柯仲平的诗《延安和中国青年》，字字句句融入了他的感情，抑扬顿挫，久久在大礼堂回荡。

接着，剧组的沈玉芳唱起苏联歌曲《莫斯科郊外的晚上》，陈强表演口技"群马嘶鸣"，县中老师的民乐合奏也为晚会增色不少……节目一个比一个精彩，大会堂里的掌声经久不息。

晚会高潮是表演《红色的种子》中一对革命情侣送别的一场戏，男女主角由孙道临、秦怡扮演。故事的剧情是解放战争时期，县委书记雷鸣（孙道临饰）派华小凤（秦怡饰）到国民党统治区开展敌后工作，发动群众成立革命组织，抗捐抗税，张贴宣传标语，配合锄奸斗争。时机成熟后，雷鸣带领武功队进入小王庄。

这场送别戏是秦怡、孙道临特意排演后给震泽县中学师生看的，目的是向师生们征求意见。何仪珍还特邀在戏中扮演了一个小人物，戏虽不多，也出了几次场，有几句台词。能与大明星们同台演出，这使她非常高兴。学校礼堂的临时戏台虽然简陋，但孙道临、秦怡表演得很认真，两人的夫妻形象，从人物的眼神、步位到对白都全情投入，演得既优雅大方，又十分传神，给师生们留下很深的印象。

八月中旬，电影《红色的种子》摄制组到东山拍摄，借震泽县中学的学生宿舍居住。一天下午，沈老师安排何仪珍等几个学生去农民家运稻草，铺在学生宿舍旁边的一间空房子里，说是摄制组的明星孙道临、秦怡等演员要来睡。孙道临、秦怡是何仪珍心中的大明星，她真不敢相信，这样的大明星怎么会来睡稻草地铺呢？其实，当时的演员们都是以普通劳动者的身份奔赴农村、山区，风里来，雨里去，与当地老百姓"三同"（同吃同住同劳动），打成一片。摄制组的导演、演员们在中学学生宿舍住下后，还和师生们在学校食堂同吃一锅饭菜。

多年后，秦怡写了一篇回忆当年睡稻草铺的文章，登在上海一家报纸上，她是这样描述的："稻草柔软、清香，经过一天劳累睡上去，整个身心一下子放松了，觉得身子底下似有丝丝热气升上来，浮托着我进入梦乡……"

何仪珍的家离学校近，她没有住宿。为了能同秦怡等演员多接触，她向学校申请说，母亲外出了，她一个人住在家中老房子里，夜里听见猫头鹰叫心里害怕，所以要住宿一个月。学校不知内情，批准了她的要求。

晚上，秦怡等演员们一吃好晚饭，何仪珍就跑到隔壁宿舍，缠着秦怡等演员，给她们唱歌或唱戏，请老师们听听自己的普通话发音是否标准，唱歌咬字怎么样。大家也很喜欢这个漂亮天真的女学生。时间一长，何仪珍和秦怡、沈玉芳等交上了朋友。

电影《红色的种子》外景地在东山拍摄时，需要大量群众演员。这部影片按剧情发展出现五六回群众聚散的场景，每回少则五六十人，多则百余人，哪里能借到这么多群众演员呢？林扬导演想到了东山震泽县中学的师生。当群众演员需自愿，学校负责教初中音乐美术的沈老师想了个办法，先请初中三年级的学生们自愿报名，何仪珍和翁茂芳等几个女生率先报名参加，在女生们的鼓动下，一部分男生也报名了，还有金波等初一初二的学生。

一群学生扮演穷苦的老百姓，林导演要求换穿破旧的衣裳才与剧情相吻合，到那里去弄到这么多旧衣服呢？何仪珍的母亲在缝纫社工作，仓库里有不少早些年库存的旧衣服，她自告奋勇找到缝纫社的吴主任，把这些

电影《红色的种子》何仪珍参加拍摄的群众场面

旧衣裳借了来。林扬导演一看，有些好用，有些不能用，主要是衣服上没有补丁。何仪珍等几个女生又接了一件差事，向当地农民借破衣裳。

一天放学后，何仪珍她们来到学校附近的大园村，看见一个上了年纪的大娘，向她说明来意。大娘微笑着说："我家有好几件，你们要，我去寻出来，都拿去吧！"何仪珍很高兴，顺手接过大娘手中的旧衣服就往包里放。

谁知大娘反悔了，转身上前把几件旧衣服夺了回去，嘴里还说不能给你们。人家不借了，一点办法也没有，何仪珍她们垂头丧气地往回走。半路上遇到秦怡，她也没空手，同何仪珍她们一样，也抱着一堆衣服，大家一起走，像是学生们的老师。见她们无精打采的样子，秦怡问是怎么回事，何仪珍把借不到衣服完不成任务的情况说了出来。秦怡一听，说："带我去看看，大娘究竟为何不借？"

何仪珍等陪着秦怡，绕过一条小山涧，又敲响了那位大娘的家门。"来了，来了！"等大娘开开门来，只见她手上的几件旧衣裳每件都缝了一两块补丁。大娘告知原委说："后来我一想，这几件半新不旧的衣裳，看上去不像穷苦人穿的，所以我才要从你们手中拿回来，'加工'一番。喏，现在不是更像吗？"原来大娘突然改变主意，是一番好意啊。

她们又一起跑了好几户农家，借到了10多套旧衣裤。秦怡说，她们摄制组的导演、演员都去附近借道具了，孙道临等上午借的几件衣裳破得实在没法穿，沈玉芳她们还借了针线在缝补呢。回到摄制组驻地，林导演说，旧衣服够了，无需再借。大家听了都很高兴。

第二天上午，何仪珍从孙道临那里得到消息，说是要到西泾山一带拍摄外景，需在附近几个村子、路口、桥边张贴宣传标语。这些标语数量多、时间紧，剧组一时安排不过来。何仪珍把这个消息告诉了沈老师，沈老师发动大家连夜写标语，一条条专注地写，一个晚上教室没有熄灯。次日，何仪珍等几人起了个大早，把标语送过去，解了摄制组的燃眉之急，孙道临非常感动，向师生们说了不少感谢的话。孙道临说了这么一句话："演员真正的价值不在于角色的主次，而在于他们内在精神的完美，专业的如此，业余的亦如此。"孙道临所说的"他们"，无疑包括了何仪珍他们这些学生演员。

学校的文体委员

震泽县中学的前身是东山莫厘中学，创办于1937年。这年秋天，旅居上海的各地同乡因抗战爆发，纷纷回乡避难，内有不少学龄青年。为使这些学生能继续读书，以叶乐天等为主的地方绅士，发起筹办莫厘补习班，帮助他们完成学业。校址设在王衙门前阁老厅后，后更名莫厘中学。中华人民共和国成立后，私立莫厘中学被地方政府接管，改为太湖初级中学。1953年成立震泽县，改称震泽县初级中学，东山附近西山、渡村、浦庄等乡的学生小学毕业后都到这所学校来读书。

1958年，莫厘初级中学初三有甲乙丙丁戊5个班级，200多个学生。何仪珍所在的初三戊班，班主任徐老师长期病假，上半学期换了3个代理班主任，因而班级纪律差成绩也差。下学期开学时，新来的班主任张老师很有办法，在班级里封了10多个大小干部。从学习小组长到文娱、体育、劳动、纪律、卫生等委员，班级里一半人当了"官"。何仪珍体育与唱歌都很好，是班级里的尖子，被选为班里的文体和劳动委员。当了干部就要以身作则起带头作用，班级的学习纪律明显好转，学习成绩也提高了。

何仪珍从少年时代起，就帮母亲做家务。她上山砍柴，下地种菜，到山涧里挑生活用水……重活苦活样样做，也练就了她强壮的体格。一次，班级里一名男生与她比扳手腕，比3次输了2次。旁边观战的几个男生不服气，结果也都输了，何仪珍在班级里得了个"手腕大王"的雅号。消息传出去，初三甲班的几个同学也前来挑战，何仪珍说："老比扳手腕没意思，我们比'轧牛劲'怎么样？"

"轧牛劲"是东山一种古老的游戏，也是对参赛选手体力的测试。比赛方法是在一堵墙上竖画一条中线，两人身体背部紧贴墙壁，用力把对手朝旁边挤,谁先被挤出中线50厘米外就算输。一群同学与何仪珍一对一的比赛,结果全都不是对手。有两个男同学不甘心,要二对一向何仪珍挑战。何仪珍面不改色,立即应战,战胜了两个男同学。

这年秋季,莫厘初级中学举办了一场体育田径赛,初三应届毕业的5个班级,每个班挑选5名选手,参加学校100米短跑比赛。何仪珍在班级里挑选了4名男同学,带着他们进行艰苦训练。全校百米赛跑时,何仪珍得了第一名。

那时东山中小学都开展"勤工俭学"活动,每个班级大多养几只羊,平时傍晚放学后学生轮流割草喂羊,学期结束时把羊卖了,作为班级的班费,用以开展一些班务活动。初三戊班养了3只羊,何仪珍是体育委员,还兼劳动委员的职责,每周带领大家到山脚下去割草。一担草有上百斤重,连班里的男生也挑不动,经常是何仪珍把草挑到学校羊圈里喂羊。

莫厘中学校园里有几棵高大的银杏树,年年挂满白果。每年过了白露,由初三几个班级轮流负责采收。方法是出钱请附近有经验的果农,爬到10多米高的银杏树上,用带钩的长竹竿把成熟的银杏敲下来,学生们在树下捡后集中存放,加工去皮出售。这一年轮到初三戊班采收,农民工一时请不到。何仪珍说,我来上树敲银杏。她带着长竹竿一下爬上了高高的树顶,蹲在树枝上熟练地敲打果子,惊得同学们目瞪口呆。

班主任张老师见后发火了,严厉地说:"何仪珍,快下来!简直是胡闹,这树是你一个女学生爬的?发生危险怎么办?"张老师很有教育方法,第二天早上班级晨会上,又表扬了何仪珍,说她为学校节省经费,冒险爬上银杏树采收银杏,这种精神值得大家学习。

何仪珍不仅是初三戊班的文娱委员,还是莫厘中学初三年级的歌咏队长。她家有一台风琴,是她10岁时继父何逸群倾其所有,设法托人从上海买来的,在母亲万莹的教授下,何仪珍学会了右手弹曲谱旋律,左手和声伴奏,学会了踏琴弹琴。

莫厘中学是一所有着光荣革命传统的学校,1948年,一批中共地下党

莫厘中学校门

员以教师身份作掩护，进入莫厘中学开展革命工作，利用校刊《知音》，秘密出刊发行《红星报》油印刊物。一次，何仪珍在学校桂花楼档案里，发现了《红星报》上一首抗战时创作的革命歌曲，歌名叫《救国》，歌词是：

> 好男儿，志气高，哥哥弟弟手相招，同学来兵操。
> 小兵小，大将老，执刀负枪向前跑，斗志冲云霄。
> 向前跑，志气豪，国旗招展迎风飘，跃马又横刀。
> 军号吹，战鼓擂，打败日本狗强盗，誓死把国保。

歌词下还有曲谱。何仪珍把歌词与曲谱都抄了下来，回家一边弹风琴，一边照着本子反复读唱歌谱，竟把这首歌唱会了。

何仪珍学会后，在班主任张老师的支持下，她在班里挑选了几个爱唱歌的女同学，成立了一个歌唱小组。她弹着风琴，一句一句教大家唱，全校国庆节联欢时，得了个一等奖。歌唱小组参赛出了名，被学校称之为莫厘歌咏队，何仪珍被选为队长。

歌咏队里大多是女同学，班里有些爱好唱歌的男生也要求加入，何仪珍性格直爽，一一答应。她的家里经常聚满男女同学，在风琴的伴奏下，大家拉开嗓子，高声欢唱。有时何仪珍把风琴停下来，走到演唱队伍里，纠正一些同学的唱法。莫厘歌咏队的名声越来越大，东山镇上凡送新兵、评老模、送喜报，都请莫厘歌咏队去表演。

何仪珍读初三的下半期，学校共青团支部开始在学生中发展团员。同级的孟昭明、翁茂芳等优秀学生第一批加入了团组织，丁班的孟昭明还担任了初三年级的团支部负责人。何仪珍很羡慕，她积极要求进步，也想加入团组织。

她找到老同学孟昭明，问参加共青团要办哪些手续。孟昭明与何仪珍是渡桥小学的同学，读小学时就熟悉。三年前，何仪珍在镇西马堤小学读书，马堤小学与渡桥小学同属渡桥片学区，片区有活动时，两人经常见面。孟昭明也爱好音乐，且有这方面的天赋。一次，渡桥片辅导区小学联欢，两人还上台合唱了一首歌曲。

何仪珍要求进步，老同学孟昭明很支持她，并告诉她，先要写一份入团申请书，介绍自己的家庭人员情况和加入团组织的目的，接着在学习和各项工作中积极带头，接受组织考验，最后才能成为一名光荣的共青团员。在学校团组织的关怀下，何仪珍向团支部递交了申请书：

敬爱的团支部

我叫何仪珍，今年18岁，已是一个成年人了。我生在旧社会，长在新社会，两个社会两重天。旧社会母亲拖着我四处漂泊，也受尽欺负。是新社会给了我安定幸福的生活，我感谢毛主席和共产党。一个人的出生是无法选择的，但走的道路是可以选择的，我决心与家庭划清界限，走自已新的道路，为新中国的社会主义建设贡献自己的青春……

要求加入光荣的共青团。

东山莫厘中学初三戊班 何仪珍 1958 年 3 月 8 日

学校共青团支部在讨论何仪珍的入团申请时，多数同志认为何仪珍爱党爱国，热爱社会主义，学习认真，对学校工作积极主动，已具备了入团的条件，但也有委员提出，何仪珍的家庭背景复杂，还需要再考验一段时间，才能批准她入团。因家庭出身不好，在学校各方面都很优秀的何仪珍，莫厘初级中学毕业时没有批准加入团组织。

苦涩的初恋

月明星稀，蛙声一片，山坡下的田野里菜籽正黄；山坡上的果林中橘花正艳，浓郁的花香在响水涧畔飘拂，沁人心脾。响水涧奔流入湖的山涧尽头，月光下坐着一对年轻人，他们并肩而坐，身体却保持着一定的距离。他们即将分手，一个将奔赴部队，一个要到卫校读书，两人作最后的告别，希望在未来的日子里，多通信联系。男的叫胡健（以下均为化名），政审、体检都已合格，即将入伍服役。女的就是何仪珍，这时她已改名万馥香，将到震泽县卫校读书。

万馥香与胡健是从小一起长大的。胡健的家住在庙渎上的金鸡岭下，离万莹家只有百来米路，加上胡健外婆家就住在万家隔壁，童年时胡健常随妈妈来看望外婆。每次来外婆家，母亲与外婆好像有讲不完的话，胡健同隔壁漂亮的万家妹妹一起在门口玩耍。开始读小学后，胡健每天背着小书包先到外婆家，由外婆送到文昌宫小学上课。万莹经常一大早就要去缝纫社上班，她把女儿托付给了胡健外婆。

从庙渎家中到学校要走过西街。每天早上，胡家外婆一手拉着自己的小外孙，一手拉着万家小姑娘，把他们送到学校，傍晚放学后又把两个孩子接回家中。外婆对这两个小宝贝很宠爱，加上家中经济较宽裕，每次上学经过西街，总要变换花样买点心给他们吃，活牛食饼、藕丝饼、绿豆饺……这些东山地方有名的小吃食品，两个孩子从小就都尝过。

两人从读高小（小学4—6年级）开始，胡健的外婆不接送了，两个孩子自己结伴来回。胡健每天提早来到万家门口，等何仪珍把家务做完，两人手拉手像小鸟一样飞向学校。有年早春，两人放学经过响水涧旁的鲤鱼潭，看到不少小鱼在水中游来游去，他们好奇地蹲在潭边数小鱼。正数得起劲，不料何仪珍脚下一滑，"啊！"的一声，掉到潭里。胡健连忙去拉，用力过猛，何仪珍的手没拉住，自己反而一屁股撞在石栏上，也滑到了水里。这时，刚好有3个村民经过，见有小孩落水，慌忙奔到涧边，把两个小孩救了起来。胡健外婆和母亲万莹得知后，惊得面孔变色，吓得一时说不出话来，好在有惊无险，孩子们都安全。胡健外婆怕两个孩子吓掉魂，还拿了一把竹筷，到鲤鱼潭畔一边拍动筷子，一边不停地喊："健健，家家来！珍珍，家家来！"给两个孩子喊魂。胡健与何仪珍在潭边暗笑，外婆真滑稽，我们不是好好的，谁掉魂了？

文昌宫小学毕业时，胡健和何仪珍的考试成绩名列年级第一、第二名，班级里有几个成绩挂"红灯（成绩不及格，用红笔打钩）"的男同学很妒忌。正当两人手持"报告单"，高高兴兴回家时，路上被这几个男同学拦住了。一个男同学说："何仪珍，你的成绩为啥考得这样好，要与我们平分。""无耻！"何仪珍大喝一声，亮出了拳头。嗬，女孩子还想打架！这几个男同学没把何仪珍放在眼里，一齐上前想打她，这时胡健冲上去把何仪珍挡在了身后。胡健长得很壮实，这几个男孩知道不是他的对手，只得没趣地走了。

胡健的家庭是革命光荣之家，父亲胡俊（化名）早年在沪参加革命，中华人民共和国成立前长期在上海搞中共地下党工作，后担任过上海市民政局局长。胡健参军后，他的大弟、小弟也都先后当兵，分别为空军和陆军，胡健是海军，一家兄弟仨，海陆空军都占全了，胡健母亲感到很光荣。

儿子胡健同万馥香从小一起长大，关系胜过亲兄妹，这她是知道的，但当胡健说起要与万馥香谈恋爱时，胡母不高兴了，她对胡健说："万馥香姑娘不错，人长得漂亮，也很能干，而且要求进步，可她的家庭背景这样糟糕，你得为自己的前途着想。"

胡健很爱万馥香，他们青梅竹马，一起长大，感情很深。虽然家中反对，但他没有轻易放弃，参军入伍的前一天夜晚，他又同万馥香悄悄约会，还大着胆子摸了一下万馥香的手，姑娘没有反对。在那个年代，男女青年谈恋爱，要是摸一下对方的手，这就算是越轨了，也是对女友的一种承诺，表示应当负起责任来。

万莹很喜欢胡健，这个小伙子人长得神气，也很有礼貌，学习成绩也不错，现在又去当兵了，将来一定有出息，女儿要是嫁给他，万莹也放心了。胡健参军前夕，万莹问女儿："你与胡健的事，要不要妈出面去同他娘说说，定下来？"万馥香红着脸说："姆妈，我们年轻人的事你别管，我们会相处好的。"万莹见女儿没有反对，一次到胡健家有事，顺便同他妈说起这件事。胡母很热情，客气地回答说："万莹妹妹，我家健健一参军，天南海北到处走，也不知啥时能回来，不要耽搁了你家姑娘。"锣鼓听声，说话听音，万莹明白胡健母亲不赞成这桩儿女亲事，她心中也清楚，胡家是考虑女儿的家庭成分，门不当，户不对，谁让女儿出生在这样一个家庭呢。

胡健在山东青岛海军部队服役，他到部队没多久就给万馥香写了信，简单说了一下部队生活，要她安心在卫校读书，表示只要他们坚持，最后父母一定会同意他们相爱的，不久的将来他们会生活在一起。万莹工作的缝纫社离东山邮电所近，加上投递员同她很熟悉，胡健每次寄来的信就直接送到万莹手里。

万莹也有她的自尊心，当然更多的是自知之明，既然胡家担心我家的成分，唯恐影响儿子的前途而回避这桩亲事，那何必要去强求呢？再说强扭的瓜也不会甜。万莹把胡健的来信都藏了起来，没有告诉女儿，她想让两人的来往尽快中断，久不见胡健的来信，女儿也会忘却这段感情的。

一连数月，万馥香收不到胡健的来信，心中很着急，是不是胡健到部队后变了心。万馥香是个勇敢的姑娘，也不怕人家背后说三道四，她跑到胡健家，对胡母说："胡健在部队好吗，怎么他到部队后一封信也没有，有他部队的地址吗？"胡母答非所问地说："你是个好姑娘，有你自己的前途，我家胡健不一定能配上你。"接着，胡母话锋一转，说："我与你妈已见过面，你与我家胡健通信不太合适，他服役部队的军舰在大海里执行任务，没有定处，你就不要给他写信了。"原来是这样，万馥香这才恍然大悟，原来是胡健的家庭不赞成他们恋爱，但她深信，胡健是爱她的。

万馥香突然想到，胡健的来信会不会送到缝纫社，被母亲藏了起来。一天，她到缝纫社代母亲加班，趁机打开母亲的工作箱，果然发现了好几封胡健写给她的信。为了不伤母亲的心，万馥香只抄了来信上胡健部队的通信地址，又把木箱悄悄盖上了。

胡健在部队终于收到了万馥香的回信。万馥香很坦率，她在信中说了事情的经过，又说双方家庭都不同意他们的婚事，要胡健自己决定，请不要再给她写信了。但她信尾又写，要是来信，请寄苏州东山镇东万巷 8 号，震泽县卫生学校，万馥香（何仪珍入县卫校后改名万馥香）收。

初恋是珍贵的，尽管母亲反对，胡健不愿放弃。胡健在信中说，我们的母亲都很善良，是能包容一切的，她们都是为子女将来的幸福考虑，请给她们一些时间，我们多做点工作，最后她们一定会投赞成票的。两人信件来往，互相鼓励，感情开始升温，他们在信中甚至谈到婚后的幸福生活。

万馥香读卫校的第二年，胡健在部队转干了。经过胡健的不懈努力，父母最终同意他和万馥香相爱，并催促

中学时代的何仪珍

他回来结婚。胡健满心欢喜，向部队递交了配偶申请表。可胡健的政审婚配栏目上，婚配对象通不过。胡健一下懵了，思想一时转不过弯来，在床上躺了3天，说身体不舒服。摆在胡健面前给他选择的路有两条，要么立即申请退伍回家结婚，这不是逃兵吗？这事不能干；要么同万馥香中断恋爱关系，另寻婚配，他不愿也不舍，胡健痛苦地煎熬着。他给万馥香写信，也不敢告知此事，这太伤她的心了，此事只能瞒过一阵再说。

　　胡健提干后，部队驻防到山东潍坊，离苏州不远，母亲来信说身体不好，部队首长批准他探一次亲，陪母亲到医院全面检查一下。胡健穿着一身军装，他约万馥香到雨花台去走走。万馥香非常高兴，她见胡健穿着军装，很是英俊。这天，万馥香也特地打扮了一番，她穿了一身护士服，一身洁白，体态轻盈，加上化了一点淡妆，就像一位美丽的仙子降临山坞。她原以为胡健一定高兴，会多看她几眼。谁知胡健见面后，一脸愁眉苦脸的，光走路不说话。

　　怎么啦，是不是胡健提干后变心了？万馥香感到奇怪。两人攀上东山雨花台右侧的山梁，在还云亭石凳上坐定。胡健低着头自言自语地说："部队婚配对象通不过，怎么办？"万馥香先是一怔，接着又马上反应过来，知道了胡健沉默的原因。万馥香真诚地对胡健说："健健，你还年轻，应该有自己的前途，既然部队不批准，我们分手吧！但交个一般的朋友总可以吧。"胡健感激地点点头，万馥香强忍着眼泪一个人攀上了高高的莫厘峰，朝远方望去。

第三章

古城风华

卫校风波

1958 年 9 月，何仪珍在东山震泽县初中毕业，考入震泽县卫生学校读书，开始了新的生活。从进入震泽县开始，她随母姓，正式改名万馥香。

早在 1951 年，丈夫何逸群被判刑时，万莹就与何逸群办了离婚手续，儿子兆钧由何家叔叔抚养，女儿仪珍归她养育。女儿上学读书时，万莹给她起了小名，叫馥香。其含意是希望长大后创出一番事业来，永留芳香在人间。读小学时，女儿名字一直叫何仪珍，报考县卫校时，母亲替她改名叫万馥香，姓万而不姓何，也许还有这位历经沧桑的母亲更深一层的考虑。

毕业前夕，震泽县中学应届初中毕业生填报考志愿，万馥香最早填写的第一志愿是震泽县高中。她有远大的理想，想读高中，毕业后报考北京、上海、南京的音乐学院，将来成为一名歌唱家，在神圣的舞台上一展歌喉，获得观众的掌声和鲜花。或者成为一名电影演员，扮演自己喜爱的人物。或者将来当军人、教师、医生……但这些都要读书，没有高等学历不能成名成家，也无法实现自己憧憬的未来。

当万馥香把想读高中的志愿告诉母亲后，母亲沉默了一会说："报考填写志愿是件大事，晚上我们商量商量。"万莹是位知识女性，她想要女儿读技校，早点参加工作，分担些家庭的负担，可她没有简单地说同意或不同意，只是说同女儿商量。当然，聪明的万馥香也已明白了母亲"商量"的含义，她也作了两手准备，要是母亲不答应她读高中，毕竟读大学是要许多钱的，那么就报苏州的戏校，说不定将来也能有点作为。

晚饭过后，万莹让女儿来帮她缝补加工件。开始母女俩都想着心事，谁也不说话。过了一会，万莹摘下老花眼镜，深情地望了一眼女儿说："馥香，娘想同你商量件事,你就不要读高中了,读所技校吧。"见万馥香抿紧嘴唇,一句话也不说,只顾踏着缝纫机补衣裳。万莹把凳子挪了挪,靠近点女儿身子说:"馥香,是这样,娘虽还不到 50 岁,但未老先衰,身子骨一天不如一天,缝纫社是来料加工,多劳多得,收入勉强能维持吃饭,再说你还有个弟弟住在苏州姑母家读书,娘不能不管,也要接济点钱啊。"万莹沉默了一会,又为难地说:"你要是读了高中,三年后要考大学,娘哪里还有钱供你读大学?"万莹说完,爱抚地替女儿理了理额前的头发。

"姆妈,我就报考苏州的戏校吧。听同学们介绍说,戏校学制三年,第二年参加演出就有点收入,能为家里减轻点负担,还可以照顾在苏州读书的弟弟呢。"万馥香早有心理准备,母亲刚说完,她就接着说出了自己的想法。她想妈妈听了她的打算,心里一定高兴,谁知母亲还是沉默。万馥香还不知道,母亲历尽艰辛,托隔壁的老袁伯伯帮忙,才争取到一个报读震泽县卫校的名额,但又不能直说,这样对女儿的自尊心伤害太大了。

"馥香,你报考县卫校怎样?学校就在东山,离我们家也近,不用寄宿学校,这一点学费,娘也能负担得起。"万莹把心里想的话都说了出来,又恐女儿不答应,心里也有点担心。万馥香没想到母亲要她报考卫校,心里很不愿意,但还是试探着对万莹说:"姆妈,我想读戏校,读三年也能工作挣钱,不是一样吗?""不一样,读卫校毕业后当护士,能治病救人。读戏校,毕业后只是唱唱戏,当戏子!"万莹加重了语气对女儿说。她原想说,当戏子被人瞧不起,排在三百六十行的尾巴上,只是没说出口。

万馥香是个懂事而孝顺的姑娘,母亲早年丧夫,继父被判"无期"时,母亲还只有 30 岁出头,她立志不再嫁人,带着两个孩子生活把她们抚养成人是多么不容易,如果自己坚持要读戏校,伤了母亲的心,她于心不忍。见女儿含泪不说话,万莹把老袁伯伯帮助她读卫校的事粗略告诉了她。

半月前,东山镇召开党委会,部署安排东山的教育工作,其中有一项议程是研究录取县卫生学校学员名额。那是个一切以"阶级斗争为纲"的年代,家庭成分是年轻人的生命线,学生成绩再好,家庭出身不好,只能靠边站。这一届，震泽县中学考取县卫生学校的学生8人，有3个学生成分不好，不予录取，万馥香是其中一个。

袁茂峰是位解放初期参加工作的老同志，时任镇党委副书记兼宣传委员，他是看着万馥香长大的，这是个品学兼优的女孩。一次，万馥香上山收柴，天快要下雨了，她见村中无儿无女的三好娘（伯母）也在收柴，三好娘已60岁开外，一双小脚走不快。万馥香先帮三好娘把柴挑回家，再上山收柴时淋了雨，生了一场病，这样好的学生为什么不予录取？

一个委员发言说："万馥香的生父是国民党军官，继父又是国民党军统人员，母亲历史也有问题，这样家庭出身的子女，培养后能为贫下中农看病服务？"袁茂峰听不下去了，他发言说："万馥香的家庭出身是有问题，但这与她有啥关系？她还没有出生，生父就死了；她还未成年，继父被判刑。在学校，万馥香要求进步，多次向团组织写入团申请，是学校的文体干部，班级的宣传委员，应该录取。"会上也有人说，考入县卫校读书的学生名额有限，贫下中农的子女都安排不过来，这样一个成分有严重问题的人进去了，对社会怎么交待？还有人说，现在学校读初中、小学的学生也有"下放"回家务农，可让万馥香到她娘工作的东山缝纫店里去当缝纫工。

老袁动情地说："大家想一想，要是你们自己的女儿或亲戚，考取了这样一所中等学校，拒之门外，你会怎么想？对青年人要看重其政治表现嘛。"那几个持相反意见的委员不响了，沉默就是同意，万馥香跨进了震泽县卫生学校的大门。

震泽县卫生学校坐落在东山老街中部东美万巷，与震泽县卫生院合在一起，一套班子，两块牌子。该处原是东山保安医院旧处，1952年太湖行政办事处接管后，建立太湖行政办事处卫生院。1954年改为震泽县卫生院，同时建震泽县卫生学校，培养医护人员。

万馥香进卫校读书不到一年，就学会了打针、配药、护理病人的各项护士业务。万馥香从小就是个闲不住的人，自学会了一些护理病人的知识后，夜晚经常跟随卫生院内的医生出诊。夏日的一天傍晚，院内一位姓严的医

东万巷震泽县卫校原址

生要到后山出诊，与之随行的一个护士有事走不开，万馥香知道后，自告奋勇陪严医生一起到后山就诊。这位病人是个中年男子，得的是急性肠炎，急需住院治疗。夜半三更的一时叫不到帮忙的人，万馥香和病人的妻子抬着患者，翻山越岭走了20多里山路，把他抬到了前山卫生院进行抢救，终于脱离了危险。女儿一夜未归，急得母亲万莹也一夜没有合眼，到处打听女儿的下落。当母亲得知事情的原委后，有些嗔怒地对万馥香说："以后再遇到这样的事，同姆妈说一声。"万馥香难为情地点点头。

东山地处太湖半岛，地理环境湿润，钉螺易滋生繁殖。中华人民共和国成立前，血吸虫病猖獗，东山人民深受其害。1958年起，东山卫生医疗部门广泛发动群众，开展查螺灭螺运动。震泽县卫生院和卫校师生们积极行动，对境内浅河沟渠、沼泽荷塘等钉螺容易滋生之地，采用开沟填埋、沤塘泥浆、药物喷杀等方法杀灭钉螺。在杀灭钉螺的过程中，万馥香胆大、勤快，凡较深的沟渠都是她穿了草鞋下水，查看有无钉螺。沼泽河塘的淤泥中混有带刺的水草，别人不敢下水，万馥香把裤管一卷，说"没事，小心点就是了"，她总是第一个跳下泥塘，细心地在塘边的草丛里寻找钉螺。

1959年春，万馥香突然感到四肢乏力，一查大便，发现了血吸病虫卵。

原来她在赤脚下水查螺时，血吸虫趁机钻入了她体内。这是一种传染病，对人体危害极大，如不及时治疗，将危及生命。短短几个月间，万馥香脸色蜡黄，骨瘦如柴，人虚弱得走不动路，只得住院治疗。万馥香住进了设在薛家祠堂内的东山血吸虫病治疗站，共有 32 名患者一起治疗。患者一天服药两次，由医务人员发药。每批治疗时间半个月至一个月，医药费全免，出院时每人一次性发五元钱营养费。经过近一个月的治疗，万馥香治愈出院，回到了学校。

王校长登门

春过夏临，洞庭山上一片翠绿，东万巷卫校庭院里古老的银杏上挂满了沉甸甸的白果，丰收在望。1959 年 4 月，江苏省行政区域调整，撤销震泽县建制，该县原所属机构并入吴县，震泽县卫校改名吴县卫生学校。还有一年就要毕业了，学生们听到一个喜人的消息，暑假过后学校要搬迁到苏州县城上课，毕业后分配到苏州医院工作，万馥香高兴极了。

当时的吴县没有县城，县政府及企事业单位都寄居在苏州城里。毕业后安排在苏州医院当护士，穿着白大褂在医院大门进进出出，走着轻盈的步子，在病房里替病人测体温，询问病情，打针挂水，到处见到病人尊敬的目光，万馥香想想也开心。最重要的是毕业工作后，有了工资，可减轻妈妈的负担，把寄居姑母家读书的弟弟接回家，或者在苏州租间房子姐弟俩一起住，弟弟寄人篱下的日子一定不好过的。

开学的日子快到了，迁校的事还没有消息，看来吴县卫校最后一年还得在东山读书。一天，同班同学梅娟、培芳约万馥香去苏州城玩，她们要到苏州的几家大医院里去转转，当然不是去看病，而是想见识一下城里哪家医院大、哪家医院好。这群女学生也好天真，卫校还没有毕业，八字没一撇，竟想找起工作的医院来了。

万馥香家里养了几只羊，这羊是活口，天天要割草喂它们，饿肚子会整天叫个不停，闹得左邻右舍都不安宁。不过母亲说了，等她卫校毕业有了工作，把羊全宰了，羊肉卖钱，羊血、内脏煮一锅，把弟弟从城里接回家，全家美美吃一顿，庆贺一下。

去苏州玩，那家里羊吃的草怎么办？万馥香不想去。经不住两个小姐妹的软磨硬泡，说得苏州城里千好万好，万馥香心动了，她到西街缝纫店里同母亲说了一声，与梅娟、培芳赶往漾桥头汽车站。万馥香边走边想，去城里得一整天，喂羊的草只能妈妈下班后割了。

这一天去城里，对万馥香来说是千载难逢的机会，也是她人生的转折点，要是她不随小姐妹去苏州，也许她将成为一名护士，永远与医院、药物、病人为伴，当然她也可能成为一名业余歌手，护士职业与唱歌爱好会陪伴她的一生。

公共汽车像一头拖着破车的老牛，在狭窄起伏的苏东公路上行驶，不足 6 米宽的泥石公路，来往车辆无法交叉对开。若遇到对面开来公交车，一辆只能停在路旁等候。客车开开停停，到苏州南门终点站已是下午一点钟，她们在车站附近吃了碗面，原准备一天时间里看几家医院，再到观前街、玄庙观玩的计划是无法实现了，她们只得乘一路公交车前往观前街。

车到饮马桥出了点故障，乘客全部下车，等候下一辆车。这时，梅娟出了个点子，说苏州戏校就在饮马桥附近的大公园旁，车子也不知啥时候来，馥香不是喜欢唱戏吗，我们何不去戏校看看。这话正合万馥香的心意，三人穿过人民路，沿十全街东行，来到锦帆路上设在少年之家的苏州戏校。

苏州专区戏校紧靠大公园，平时学生们就在公园里吊嗓子，练唱戏。一个女生正在唱歌剧《刘胡兰》里的插曲，可能还是个新生，唱得不怎么样。万馥香嗓子痒痒的，想唱，但有点不好意思。小姐妹们起哄了："馥香，唱一段，把她比下去！"万馥香也不推辞，登上公园北侧的假山，拉开嗓子也唱起这首插曲"数九那个寒天下大雪……"那清脆悦耳的歌声像长了翅膀一样，越过公园假山后的围墙，飘进教室，传到宿舍、办公室……惊动了正在伏案工作的校长王途光。

王校长被惊呆了，在学校里他还没有听到有学生唱得这样好。他放下手中的批卷，走出办公室来到学生们面前。

"刚才是谁在唱歌？"王校长问。

"是她在唱，我们也不认识。"一个学生指指围墙外站在假山上的万馥香。

王途光感到好奇，从戏校校园门出来，来到她们面前。"是她在唱，万馥香，我们卫校的同学。"梅娟胆子大，代万馥香回答。

"哦，唱得真不错，愿意唱戏吗？"这个女孩长得真美，歌唱得这么好，王校长喜欢上了这棵"戏苗"，微笑着问万馥香。

"愿意，我喜欢唱戏。"万馥香干脆而爽快地回答。

"那为什么不报考戏校，去读卫校？"王途光不解地问。

"妈妈她……"万馥香抬起头，红着脸显得有点尴尬。王校长一下明白了，接过话茬说："妈妈不同意，是吗？"万馥香点点头，小嘴噘得老高。"不要紧，只要你愿意来，你妈妈的思想工作我们去做。"王校长说完，请万馥香来到办公室，又让她唱了几支歌，表演了几段戏文，都十分满意。这正是棵难得的好苗子，王校长如伯乐发现了千里马一样高兴。

王途光求贤心切，当夜便同在东山吴县卫校执教的李校长通了电话，约他一起去做万馥香母亲的工作。王途光与李校长是师范同学，关系不错，但老同学要来挖他学校的人才，心里总有点不舍，又说不出口，含糊答应帮着上门去试试。第二天清晨，王途光坐早班车到了东山，找到李校长家，在他家吃了些早点，两人就直奔万馥香家。

万馥香的家租住在王衙门前玉树堂西厢屋里，王途光、李校长一路问询，找到了万馥香家。开门的是位老太太，万家的房东，说万莹在缝纫社上班，万馥香也一早上山去砍柴了，万家没有人。王途光、李校长又寻到西街缝纫社，见到了万馥香的母亲万莹。见两个校长找上门来，万莹心中一惊，莫不是女儿在学校出了什么事？当王校长说明来意，她的心定了些。万莹一开始就不让女儿去学唱戏，感觉到这是吃开口饭的，不光彩，但当

玉树堂小楼

着他们的面又说不出口，用托词婉言回绝。

"王校长，我家馥香性格直爽，为人热情，也乐于助人，当名医务人员，她很适合。"王途光看透了万莹的心思，接着她的话说："万家妈妈，现在是新社会，唱戏也是为人民服务，唱戏更能发挥万馥香的天赋，她也能有更大的作为，请您放宽心。"

"李校长平时很关心我家馥香，要是馥香半途转校，李校长那儿也说不过去呀。"万莹以守为攻，还是不肯松口让女儿去读戏校。"这你不用担心，李校长那儿已经答应了，万馥香也很愿意去戏校，就看你万妈妈了。"王途光朝李校长看看，李校长微笑着点了点头。

万莹碍于两位校长的面子，勉强答应让女儿转校学戏。可等客人一走，她思前想后又变卦了，甚至说若卫校不让读，要女儿留在家里跟她学做缝纫活。万馥香这下急了，答应人家的事，怎么能说反悔就反悔呢？况且戏校王校长说越快越好，中途插班得加倍努力，才能跟上课程。

"三十六计，走为上计"。当天下午，万馥香等母亲上班后，上山砍了一担柴，又割了不少羊草，回家简单收拾了一下行李，给家里留了一张便条，急匆匆赶到汽车站，已是傍晚。谁知当日的末班车刚开走，回家吧，母亲知道后一定不让她去，又要流泪了，她最怕看到妈妈的眼泪。万馥香一发狠劲，独自一人走上苏东公路，过渡村、浦庄、横泾……沿着公路朝苏州方向走。东山到苏州有80多里路，万馥香孤身一人，整整走了一宿，第二天东方刚吐出鱼肚白，她敲开了苏州专区戏曲学校的大门，前来报到了。

万馥香终于跨入了戏校的大门，开始接受戏校正规的基础训练。因为她演唱、表演都有较好的基础，加上悟性高，肯吃苦，虽然入校晚了一年多，但很快补全了课程，跟上了进度，成为同届学生中的佼佼者。后来，万馥香演戏出了名，王途光校长也被同行们戏称王伯乐。

戏校生活

唐诗宋词元曲，宋元之际，苏州的演剧已有相当水平。明清时，随着苏州经济的快速发展，戏曲活动更加频繁。清末，苏州戏班多达50多家，著名的申时行家班、王锡爵家班、朱氏东山女乐班、尤侗家班、洪福班等戏班，在全国有较大的影响。

中华人民共和国成立后，苏州的戏曲事业得到新的发展，至1960年，仅苏州市区就先后成立了民锋苏剧团、新声滑稽剧团、开明京剧团、永义淮剧团、沪剧团、锡剧团、越剧团、苏昆剧团等。苏州城区周围的吴县、吴江、太仓、常熟、昆山、无锡、江阴7个县，称苏州专区，也建起了3个京剧团、8个锡剧团与2个沪剧团。

1959年，苏州专区为培养戏曲人才，建起了戏曲学校，简称苏州戏校。开学时只有一个锡剧班，54个学生，当年8月30日，第一批学生报到上课。第二年（1960年），又招收一个音乐班，20多人。后来，黄梅戏班、歌舞班也寄办在戏校内，有4个班级，100多名学生。

万馥香是插班生，报到戏校的时间晚了3个月。她入校时，同学们对戏曲理论与实践都有了一定的基础，这对她来说压力不小。万馥香从小喜欢演戏,读小学和初中时都是学校的文艺骨干,她爱唱爱跳能演戏,但没有接受过戏曲表演的正规训练,与班里那些入校较早的同学相比,有明显的差距。

戏校课程是每天清晨6:30起床,练早功。张尔林是个50多岁的老教师,指导学生练发声和搁腿、踢腿、跑圆场等。练踢腿时男学生要脚尖向上朝内勾,女学生脚尖放平向前伸。张老师对"基训"要求很严格,如有学员练得不认真,他要进行体罚。学校早饭后2节课,吊嗓子、形体课各45分钟。此外,练"把子",即练手指法和抛水袖等动作,手指法有40节,每一节有40个指法动作,要眼随手指移动。下午,上高中语文、政治、历史3节课。

万馥香是个要强的人,又是个肯吃苦的学生,入校的第一个月,她就给自己定了作息时间,每天清晨提前一小时起床,到学校附近的公园里练发声;每晚晚睡一小时,在宿舍外的走廊里练压腿与踢腿。经过2个多月的苦练,万馥香跟上了班里学生的进度。

班长徐鸣是西山石公公社双塔村人,他原是公社农业中学老师、西山文工团骨干,比万馥香早3个月入校。当时,徐鸣节假日回家要坐车先到东山,再乘渡船过太湖到西山,有时风大无法过湖,就滞留东山,他和万馥香成了亲近的好同学。母亲万莹很喜欢这个长相英俊而有礼貌的小伙子,每当徐鸣来她们家中,万莹力尽所能做些好吃的饭菜招待他。一次,徐鸣滞留东山时突然病了,发热后大量出汗,头痛口渴,浑身无力,这可急坏了万莹母女。万馥香在县卫校读过两年书,知道徐鸣这一症状是得了疟疾。这是一种急性传染病,对人体健康危害极大,她连夜到东山地区医院配了"氯喹""奎宁"等针药,治愈了徐鸣的疟疾。

徐鸣进戏校与万馥香一样,经过了一番周折,来之不易,他很珍惜。1959年8月,徐鸣在西山农中教书时,苏州专区宣传部部长尹楚升有事至西山,看了一场西山文工团演出的节目,发现徐鸣锡剧唱得不错,建议他去报考苏州戏校锡剧班。徐鸣却有点进退两难,原来他父母是地道的农民,家中有兄妹4人,他是老大,当时月工资22元,要供给3个弟妹读书。

要是离职后苏州戏校考不取，回来学校教书的工作没了，怎么办？校长沈连庆对他说，西山地方太小，你去报考吧，要是考不取，仍回来当教师。结果，他参加考试一个星期后，录取通知书来了，到苏州戏校锡剧班报到。

在戏校里，徐鸣、周洪根、朱长源、叶承德、凌武江和女生钱洁、董伟、王华珍等一批同学，都政治上要求进步，专业成绩也不错，他们与万馥香的关系都很好，经常一起去参加一些校外劳动。一次，学校要用4辆板车，到平门一家煤球店拉约2000斤煤球到戏校来。总务王主任要班长徐鸣挑选8名男生去完成，万馥香也主动要求参加。从平门到戏校吴衙场有5里多路，一车煤球重500来斤，万馥香是女生，体力相对弱一些，煤车拉到学校，她双手起了不少血泡。第二年，戏校里东山周洪根、西山朱长源、镇湖马亮3名同学体检合格参军，万馥香还用绸布做了大红花，挂在3位同学胸前，欢送他们光荣入伍。

1960年上半年，戏校开始采取两条腿走路的方针，一方面继续办校，一方面以一批高年级学员为骨干，成立锡剧团。万馥香和班长徐鸣抽调进锡剧团，王途光校长指定万馥香跟随锡剧演员薛静珍学戏，而徐鸣则跟张雅乐学习。

薛静珍是锡剧"姚派"创始人姚澄的大弟子，擅演花旦、青衣，嗓音清亮，唱腔圆润，表演细腻动人，演出的锡剧代表剧目有《庵堂认母》《罗汉钱》《拔兰花》等，深受同行的称赞和观众的喜爱。1959年，薛静珍从吴县锡剧团上调至苏州专区锡剧团演戏，万馥香拜薛静珍为师，学习"薛派"唱腔，深得老师的喜爱。薛静珍和万馥香有相同的身世，1931年薛静珍生于武进县一户姓叶的贫寒农家，8岁时送给无锡薛家当养女，改姓薛。万馥香比薛静珍小10岁，生父姓李，后改姓何，又随母亲姓万。共同的身世拉近了两人的距离，她们既是师徒，又是姐妹。1960年，薛静珍加入了中国共产党，这对万馥香影响很大，她向戏校团支部递交了入团申请书，远大目标是早日成为一名中国共产党党员。

锡剧团排演的第一个节目是锡剧独脚戏《断桥》，时间35分钟，万馥香演白素贞，徐鸣演许仙。节目排练了仅一个月，就到苏州戏院公开演出。徐鸣虽然在西山文工团演过戏，但那是农村演的草台戏，观众要求不高，听说要到苏州的戏院演出，心里很紧张，想打退堂鼓。

万馥香比徐鸣大1岁，为人大方，遇事有主见。徐鸣是班长，在学校生活上有些事情不会自理，如缝补衣服、拆洗被子等，万馥香总是大大咧咧地说，不会的事我来做。演出那天，徐鸣化妆后上场时心里还很紧张，脸色也有点变了。已换好戏服的万馥香拍拍他的肩膀说："许郎，别怕，有娘子呢！"万馥香一句俏皮话，把徐鸣说笑了，心里放松了不少。

这是苏州戏校建办后的首场汇报演出，苏州新艺剧场里座无虚席，前排坐满了专区宣传部、文教局等单位前来观摩的主要领导。徐鸣上台看到这么大的场面，心里又慌了，上台表演不到10分钟，把后段唱词忘了，一时不知如何是好。同台表演的万馥香知道他忘了后几句唱词，提醒他已经来不及了，马上接着唱道"哭啼啼把官人急，把为妻的屈情事细讲由来。悔不该你听信那法海禽兽，逼妻饮雄黄将恩作仇……"徐鸣缓过神来接着演下去，台下的观众一点也没看出破绽。

徐鸣是个有为青年，经过这一次"上场晕"（第一次上台胆怯）后，他对自己严格要求，每次上场演出前，他都要把戏中的台词在心中默背最少3遍。他问万馥香，怎样才能不怯场？万馥香告诉他，你上台演戏时，心中记着唱词、台词，眼神要与台下的观众交流，心里不慌了，就不容易忘掉台词或唱段。徐鸣在演出时照万馥香的方法去做，再也没有发生过怯场的事。徐鸣后来成为苏州市锡剧团团长，被同行戏称为苏州的"锡宝"，这是后话。

戏校锡剧团上演《白蛇传》后，又成功排演了锡剧《庵堂认母》《董家山》《打面缸》《收荷包》等折子戏。在这几部小戏中，万馥香和徐鸣大多饰和男女主角。彩排后先在内部试演，有时苏州地委宣传部的领导和专区文卫处的干部也会来看戏。试演得到大家认可后，再到苏州地区巡回演出。

一次，剧团受邀到江阴县演出锡剧《董家山》《打面缸》，这是在全省剧团汇演时得奖的优秀剧目。当剧团乘坐的一辆大客车行至江阴县阳山白

万馥香戏校留影

泥矿时，公路岔道上突然出现一个中年男子。汽车不停地响喇叭，此人站着就是不走，司机只得一个急刹车，大客车侧翻在路旁的农田里。此时农田里的稻子已收割，只是有少量浅水。万馥香坐在汽车的后面，被车内的道具压在水田中，弄了一身泥浆，鼻子也流了血。她爬起身来顾不得擦一下脸上的血迹，就跑到车前看那个男子有没有受伤。原来此人是个聋子，由于司机刹车及时，毫发无损，大家一场虚惊。

当晚，锡剧《董家山》在江阴县大会堂照常演出，上千人观看。剧中情节讲的是：唐代董洪被奸臣所害，祸及全家。其女董金莲逃出，居董家山，招兵买马，为父报仇。一日，金莲下山，遇尉迟宝林，把他擒之上山，欲托终身。尉迟宝林不允，后经周鼎劝说，始从。当饰演董金莲的万馥香唱道："听一言来喜吟吟，中声小将听分明；你若山前来归顺，情愿与你结婚姻。"听她的唱腔婉转圆润，每句唱词仿佛都带着魔力，让人听后，心灵是那么的舒畅。她长得又是那样俊美，尤其是那双迷人的凤眼，抛出来的是万种风情，又含蓄隽永，让观众如痴如醉。

有谁知，此时万馥香的衬衣还是湿的，翻车时被稻田里的水浸湿后来不及换衣，她一赶到江阴县大会场就化妆上台演出。

黄梅戏班

苏州黄梅戏班办于 1959 年下半年，开始戏班寄于苏州戏校内，有 30

多名学生。苏州建立黄梅戏班还有一段故事。1959年4月，中国共产党八届七中全会在上海召开，会议期间，安徽黄梅戏剧团为大会献演《女驸马》，受到与会代表的热烈欢迎。演出结束后，周恩来总理还上台与演员们合影留念。接着，上海海燕电影制片厂和安徽电影制片厂合拍的电影《女驸马》开拍。苏州专区有一位参加会议的领导，他原以为苏州一带流行的锡剧是优秀传统剧种，看到安徽的黄梅戏受到中央领导的重视，萌生了苏州专区也要建办黄梅戏剧团的想法，并派出一批学员赴安徽学习黄梅戏表演。

后来与万馥香在《女驸马》《天仙配》中同演主角的熊凤英、卫坤如、张继文等赴安徽学演黄梅戏时，那时万馥香还在东山的震泽县卫校读书。这年11月，万馥香插班进入戏校，黄梅戏班学员赴皖学习已3个月，她错失了这次机会。万馥香擅唱越剧与锡剧，但她对黄梅戏也情有独钟。还在她读初中时，一次，东山大众剧场里来了个安徽安庆的戏班，演出黄梅戏《天仙配》。东山观众喜爱看的是锡剧和越剧，看黄梅戏的观众寥寥无几。戏班连演了3个晚上，万馥香每夜都到后台看戏，心想要是能学会唱黄梅戏也很好，可后来黄梅戏班再也没有来过东山演出。

苏州地区赴安徽学习黄梅戏的戏班由文化局刘清副局长带队，共有30多人。学员们到合肥后，分成3个学习小组，分别安排在安徽省黄梅戏剧团、安徽专区戏剧团与安庆市剧团学戏。分散学习一个月后，3个班集中到合肥市省黄梅戏剧团排演《女驸马》《天仙配》两幕重头戏，还学演了不少黄梅戏的折子戏。熊凤英、卫坤如、王春楼、张继文、朱瑞华等学员崭露头角，成为演出中的骨干演员。

江阴青年卫坤如是戏校的团支部书记，万馥香是学校培养入团的积极分子，两人接触较多。卫坤如选赴黄梅戏班到安徽学习期间，有一次回校开展团组织活动，也邀请万馥香参加。万馥香向他提出，有机会也想去安徽学唱黄梅戏。卫坤如告诉万馥香，学校派你跟随薛静珍老师学演锡剧，你要安心学好锡剧。又悄悄向她透露，再过一个月，他们安徽学习就要结束了，回苏州开始排演《天仙配》《女驸马》等传统黄梅戏，你可以向王校长要求加入。

苏州黄梅戏班在合肥排戏时，安徽省黄梅戏剧团的严凤英和王少舫到现场指导。严凤英是著名黄梅戏表演艺术家，她自幼爱唱黄梅调，有天赋的好嗓音、超强的艺术领悟力，又善于博采众长，吸收京剧、昆曲、越剧、评剧的精华，融会贯通，表演细腻、传神，所扮演的舞台形象深受观众欢迎。王少舫是安徽省黄梅戏剧团副团长，1954年参加华东地区戏曲会演，饰演《天仙配》中的董永并获演员一等奖。严凤英、王少舫代表着当时黄梅戏艺术的最高水平。

半年后，黄梅戏班满载而归，不仅成功排演了《天仙配》《女驸马》等重头戏，还带回了《打豆腐》《打猪草》《夫妇观灯》《双插柳》《蓝桥会》《路遇》《告粮官》《刘子英打虎》等10多幕黄梅戏的折子戏。

戏剧班在安徽培训回苏不久，电影黄梅戏《天仙配》在全国放映，引起轰动，创下当时全国最高票房收入。一时间，到处是"树上的鸟儿成双对，绿水青山带笑颜"的歌声。借电影《天仙配》的东风，苏州戏校立即着手排演《天仙配》。这是黄梅戏班建立后排演的第一部戏剧，也是戏班半年赴安徽学习的成果汇报，专区文化部门领导要求只许成功，不可失败。

黄梅戏《天仙配》中，剧组决定熊凤英演七仙女，卫坤如演董永，张继文演天帝，万馥香从锡剧班调过来，饰演大姐。在剧中，大姐的戏不多，万馥香能担任这一配角，还开了一点小后门。原来，导演在定下主要演员后，戏中大姐这一配角演员，一时还没定下来。

万馥香得知消息后，找到熊凤英说："七妹，要不要认个大姐？"熊凤英与万馥香同岁，听后一时丈二和尚摸不着头脑，问道："什么认个大姐？"但她很快反应过来，也笑着说："你想当大姐，得王母娘娘答应。""你七妹先认了，老王母那边就好说多了。"万馥香仍半开玩笑说。熊凤英被她缠不过，灵机一动说："你看董郎，他说话可比我七妹有分量。"

熊凤英说的董郎就是卫坤如,他在《天仙配》中演董永。熊凤英心想,要是两人一起推荐,也许万馥香能演上大姐。其实,万馥香的消息就是卫坤如悄悄告知她的,要她自己争取。结果,领导否定了,原因是万馥香擅长演的是锡剧与越剧,黄梅戏没学过,《天仙配》中大姐这一配角也不一定能演好,要她安心在锡剧团学戏。

　　这时,苏州专区锡剧团里发生了一些变化,主要演员张雅乐和薛静珍要外出学习一段时间,跟随张雅乐学戏的徐鸣想回戏校继续读书,他和万馥香一商量,两人一起找到王校长提出了回戏校的要求。于是,徐鸣回到了戏校锡剧班,万馥香"跳槽"进了黄梅戏班,遂她的心愿在《天仙配》剧中演了大姐。

　　开始万馥香跟着熊凤英学习演唱黄梅戏,隔行如隔山,难度也不小。熊凤英也是位对自己要求很严的演员,剧中仅仅是"路遇"一段戏,她就反复排练,自己不满意绝不罢休。"路遇"是描述七仙女下凡化作村姑,路上拦住董永要与之婚配的故事。怎样才能把人物的内心世界刻画好呢?熊凤英反复琢磨,最终成功塑造了一个善良、顽皮又略带羞涩的七仙女形象。万馥香在剧中演的戏不多,每当熊凤英与卫坤如表演时,她在一旁跟着唱,竟也学会了戏中的大部分唱段。

　　一个月后,黄梅戏《天仙配》在苏城上演,获得圆满成功。演出的第一个晚上,这场戏演了2个多小时,苏州地委宣传部和专区文卫处的领导,苏州各个剧团的领导、专家、导演和主要演员都来观摩。演出一结束,掌声经久不息,台上的演员不得不多次谢幕。

　　接着,剧团又开始排演黄梅戏《女驸马》。《女驸马》原名《双救举》,起先流传于安徽潜山、岳西一带。1939年起,由潜山良友班演出。1957年,安庆筹建地区黄梅剧团,又重新开始演出《双救举》《双插柳》《刘子英打虎》等黄梅戏。1959年5月,安徽岳西组建高腔剧团,开始对《双救举》进行改编,定名《女驸马》,在安徽省第二届戏曲会演中获奖。

　　《女驸马》说的是冯素珍的父亲嫌贫爱富,退掉女儿冯素珍的婚事,

万馥香（左一）《女驸
马》彩排剧照

《女驸马》领导接
见万馥香（右二）等
演员

并把前来投奔的李兆廷赶出家门。冯素珍知道后女扮男装赴京救夫，参加
科举考取了状元，并被皇帝招为驸马，犯下欺君之罪，最后故事有个圆满
结局。

1959年10月，黄梅戏剧团开始排演《女驸马》时，严凤英、王少舫

被请来苏州指导。两位老师观看剧团演出的《天仙配》后，称赞苏州黄梅戏剧团在短期内取得这样大的成绩真不容易，称赞熊凤英、卫坤如等主要演员的演唱达到了较高的水平，饰演大姐的万馥香表演也很有造诣。接着，严凤英在安庆的学生田玉莲来苏州指导排练《女驸马》，由万馥香主演女附马李素珍，熊凤英演公主，张继文演皇帝。

万馥香跟着老师田玉莲和同行熊凤英学演黄梅戏，一招一式、一腔一韵地学《女驸马》的唱腔与表演，常常半夜才拖着疲惫的身子回家。由于太疲劳，她常常半夜里浑身酸痛，无法入睡。这时，她总默默告诫自己，年轻时不吃点苦，将来怎能有所作为。由于万馥香有演古装戏的功底，加上悟性好，能吃苦，很快进入剧中角色，演唱得到大家的认可。同时，万馥香将不少越剧、锡剧的身段融入黄梅戏，演出别有一番韵味。

黄梅戏《女驸马》排演成功后，先在苏州市区演出，继而到苏州地区轮流演出。夏日的一天夜晚，在常熟县许浦镇彭家桥广场上演出。临时搭起的戏台上挂着两盏汽油灯，场上黑压压的全是人，虽然天气炎热，戏台下出奇的安静，观众们都入迷地听着戏中主角"女附马"万馥香和公主熊凤英的演唱。周围的虫子朝灯光扑来，在戏台四周乱飞，有的直朝演员衣领里钻。看戏的人不断用手拍打脸上的虫子，万馥香却像什么也没有发生一样，专心演唱，随小虫在脸上爬、朝脖子里钻，直到演出结束。

上海"学艺"

1961 年 6 月，苏州专区歌舞团应邀赴上海演出，演出的节目有独唱、歌舞与歌剧《三月三》等 10 多个节目。演出结束后，上海市委宣传部接见全体演出人员。作家杜宣对带队的苏州专区尹楚升部长说："你们的歌舞团演出水平全国第一，不过是'五四'时期的，你们中间有许多青年很有培养前途。"

杜宣是 1932 年加入中国共产党，1933 年参加中国左翼戏剧家联盟的老革命，著名剧作家、散文家、诗人。他创作的一大批剧本、散文、诗歌，在中外文学界、戏剧界享有很高的声誉。中华人民共和国建立后，曾任上海市文联副主席、上海市作协副主席、上海市剧协主席、中国剧协顾问等职。

杜宣一句半开玩笑的话触动了苏州歌舞团的软肋，也引起了苏州专区领导的重视。事实上，歌舞团演员队伍中，绝大部分人员只是歌曲、戏剧爱好者，大多数人没有受过专业培训，不懂得如何发声和表演。开始歌舞团表演些独唱、歌舞，演员还可以胜任，但后来排演一场两个多小时的歌舞剧《红霞》时就感到有点力不从心了。

苏州专区通过与上海市委宣传部联系，派出万馥香、龚涛、陆志本、唐文俊、李洛丽、李有声等6名骨干演员，赴上海音乐学院学习声乐。这6名有培养前途的演员各有所长，万馥香是女高音、龚涛是男高音；李洛丽是女中音；陆志本、唐文俊是男中音，而李有声是上海师范大学声乐系毕业的老师，歌舞团成立时，从苏州一所中学抽调到团里任乐队指挥。

每个星期日清晨，万馥香等6人从苏州乘火车到达上海，到沪后她们又分成两组，3个人一组，再坐市内公交车分别赶到韩迪文和黄钟鸣老师家上课。授课方式是先讲音乐理论，然后一对一进行气息、发声、共鸣等基础培训。万馥香、龚涛、李洛丽为一组，给她们授课的是韩迪文老师。

韩迪文是上海音乐学院声乐系教师，40多岁，端庄文静，秀气的瓜子脸上一双凤眼总是笑眯眯的，批评学生时脸上也带着笑意，给人感觉很亲切。韩老师平时学院上课很忙，只有周日能抽出半天时间来辅导这些编外学生。周日学院教师休息，教室不开门，韩迪文只能让万馥香等学员到她家中授课，她培训编外学员基本不收费。

上海南京东路中百一店后面一幢二层小楼上有一个套间，面积约40多平方米，这就是韩迪文的家。韩家20来平方米的小客厅里，摆着一架钢琴，几把椅子，这就是万馥香她们上课的地方。韩迪文老师讲的第一课是"声音训练"。她说，所谓"声音训练"，就是利用人身上全部原有的技能，给予最好的发挥及音乐之间的统一性，使声音成为一种有丰富表现力的工具，对听者产生一种感染效果。韩老师又说："声音的训练是根据自然规律进行的，口、喉、管、颚等器官，发声时需有机的配合，才能获得良好的声音，否则只能发出噪音，而不是音乐。"

每次上课，20分钟左右的理论培训后，韩迪文就一对一进行辅导，不时纠正学员们在培训时出现的一些问题。一次，学员们练"发声"时有人站的姿势不正确，韩迪文马上叫大家停下来。她说："有些学员唱歌时不注意自己站立的姿势，这是不对的。"万馥香第一次接受这样正规的音乐课程，她唱歌时就不大注意站立的姿势，被韩老师一说，马上纠正过来。韩迪文逐一纠正学员的站姿后说："请记住，姿势是唱歌的首要条件，这是因为各个器官配合的需要。"她边讲边示范，接着说："正确的方法是唱歌时身体直立，头眼平视，肩膀略向后一点，腹部收缩，身体处于一种积极运动的状态，永远是一种轻松而向上向前的感觉，而不是紧张的。"

一次，万馥香练唱时，一下吸气太多，唱出的声音不自然，被细心的韩迪文发现了。韩老师半批评半开玩笑地说："小万，你是不是想把上海南京路上的空气全部吸到肚子里去？"韩迪文对大家说："唱歌时吸气不能过多，你不能把所有能吸的气都吸进去，这样是唱不好歌的。任何时候吸气只是在某一点上，最好是口鼻一齐吸气，呼气时不能过快，要平缓，胸不能缩回去，身体每一部分都应保持原有状态，吸气时做到心中有数。"万馥香不好意地红着脸笑了。

龚涛是唱男高音的，打开嘴巴的方式不对，韩迪文在授课时说，嘴巴打开有各种各样的方法，像"微笑""放松"等。在上第三课时，韩迪文说，实际上每个人打开口的程度是不同的，但状态是共同的，下巴要自然向后拉一点，舌尖部分放松，软颚自然而上，它不是歌唱器官，而是乐器壁，是不能改变的。所有声音都要通过共鸣，而不能用改变喉舌的方法。最后，韩老师启发式地问道："否则一个人唱一首歌或几首歌能改变，那唱几十首呢，如何去改变？"

有一次，万馥香周六晚上没睡好，一早又同大家一起赶往上海，授课时有点困，打了一个呵欠。韩迪文不高兴了，她批评说："打呵欠这是一种生理现象，如果在这一状态下用这种方式去打开喉咙，就会失掉明亮的声音，色调是苍白的、喑哑的。"过了一会，她感到好像批评严厉了点，又放缓语调说："当然，打呵欠是一种常见的生理现象，但大家唱歌时必须克服。"

万馥香上海留影

韩迪文的授课方法与众不同，每节课以实践为主，使学员在实践中掌握和领悟音乐理论，再用理论知识来指导自己的演唱。万馥香听课很专心，每次上课都认真记笔记。韩迪文在给其他两个学员一对一辅导时，万馥香也在一旁专心做记录，而韩老师给她纠正动作时，她就请龚涛替她记下来。后来，两人形成共识，且相当默契，双方为对方记下大量的培训笔记。

这是万馥香第一次接受正规的音乐理论培训，受益很大，她在听课"笔记"中写道：没有参加培训前（老师上课、训练），练唱15分钟就感到口渴、喉干，声音沙哑，人的精神也很疲惫。经过两个月培训，学会了科学发声的方法，音量足、音气准、呼吸顺畅，现在就是唱半个小时的歌，也不觉得疲劳。

韩迪文非常欢喜这3名苏州来的学生，尤其是万馥香，一头乌黑的齐耳短发，一双凤眼，脸上两个小酒窝，见面总是一声清脆而亲热的"韩老师"，听后真让人感到舒服。平时授课结束后，万馥香她们到外面随便吃点东西，然后乘火车返回苏州。一次，韩迪文请她们吃饭，可韩老师不大会烧菜，这可是万馥香大显身手的时候。万馥香最拿手的菜是"虾仁莼菜汤"，这是东山的名菜，在江浙沪一带也很有名。一桌菜上得差不多时，当万馥香把最后一道"虾仁莼菜汤"端上桌时，只见盆中虾肉洁白、莼菜碧绿，清

万馥香听课笔记

香扑鼻，使人食欲大增。

著名歌唱家毛阿敏也是韩迪文的学生，说起来万馥香还是她的师姐呢，不过两人相差22岁，整整一代人。毛阿敏1963年生于上海，原是上海染化七厂的职工，喜欢唱歌，读高中时就利用课余时间跟韩迪文老师学过两年美声唱法。后来，毛阿敏被南京前线歌舞团录取，成为专业演员。1987年，在央视春节联欢晚会上，万馥香演唱《王母咏叹调》，毛阿敏演唱《思念》，师姐妹俩还在央视舞台上同台演出过节目。

另一组赴黄钟鸣家听课的学员也成绩斐然。黄钟鸣，50多岁，也是上海音乐学院的教师，他在音乐上颇有造诣。平时说话轻声轻气，一发声高音响得吓人。据说，有一次黄钟鸣带着学生到乡下采风，在一条小河边，一个牧童牵的一头牛跑了，孩子追不上，急得直哭。黄钟鸣用男高音喊："嗬！不准跑，停下来！"那高音很有穿透力，这头牛真的停下来了。名师出高徒，后来陆志本成为歌舞团的男主角，唐文俊是演出时幕后伴唱的领唱。

在苏州歌舞团

早在1960年6月，江苏全省在南京进行群众文艺汇演，苏州地区参演的歌舞"清凌凌的水""白茆山歌"两个节目获奖。8月18日，苏州地区文化部门从苏州戏剧学校、黄梅戏班、市工人文工团和下辖 8 个县的师范与高中学校里挑选出一批文艺骨干，组建"苏州专区歌舞团"。

歌舞团最早建在苏州地区招待所附近，东吴饭店隔壁五号场一个大院子里，有住房、操场和演出的大礼堂。全团有 70 多人，全是朝气蓬勃的青年人。年龄大的 20 岁刚出头，年纪小的 18 岁左右。万馥香也从黄梅戏班调到了歌舞团，她刚 20 岁，在新组建的歌舞团已是大姐姐了，大家亲切地叫她馥香姐。

当年，苏州文化部门的领导人，大多是从战争年代走过来的文化老战士。不少人是解放战争中身背二胡、打着竹板、莲枪、花棍，渡过长江一路宣传进城的，在他们身上那种艰苦奋斗的光荣传统对青年人影响很大。歌舞团组建后，大家过半军事化生活，吃大锅饭，住集体宿舍，发生活补贴费。剧团里建立党支部，党支书张吟生，称指导员。团长陆素娟，业务团长朱玉英。张吟生高高的个子，40 多岁，解放前参加中共地下党，在无锡搞地下工作。张吟生在无锡工作时间较长，因而讲一口无锡口音的官话。他工作认真负责，一脸憨厚，为人正直，也乐于助人，对部下很关心，大家都很敬重他，亲切地叫他大老张。

歌舞团分戏剧、舞蹈、器乐 3 个组，也称 3 个团。戏剧团有 20 多人，团长陆志本，副团长万馥香。团员大多是从无锡、江阴、常熟抽调来的小姑娘，她们第一次离开家、远离父母，到团里时间不长就都想家了，有的还哭鼻子。万馥香既当爸（业务团长），又当妈（大姐姐），关心她们的工作和生活。一次，团里从江阴来的姑娘小李病了，万馥香陪她上医院就诊，还替她垫付医药费。顾月娥比万馥香小两岁，从小在城里长大，性格较懦弱，万馥香像姐姐一样呵护她。国家三年困难时期，两人发了工资经常在观前街排队买糕点，万馥香总是抢在前头排队，她力气大，性格也泼辣，一般人挤不过她。排练节目时，万馥香也一招一式地教顾月娥。小顾学戏也很努力，很快成为歌舞团的主要演员。剧团里的姐妹们都说："万馥香和顾月娥，一个是小生，一个是花旦，真是天造的一对。"

不久，歌舞团搬至观前影剧院（中山堂）住宿和活动，楼上是宿舍兼排演室，楼下是影剧院，有时也在剧院演出。影剧院的前面就是苏州著名的观前街，商店林立，尤其是"采芝斋"糖果、"黄天源"糕团等传统食品很有名。万馥香最爱吃黄天源糕点，还买了请客。开始，歌舞团演员工资每人一个月18元，后来增加到20—30元。万馥香是从黄梅戏班转入歌舞团的，是团里演出的台柱子，因而她的工资最高。每当团里发了工资，万馥香总对大家说："戏是大伙演的，我工资最高，我请客。"她性格大大咧咧的，花钱也大手大脚，加上要抚养母亲和弟弟，工资经常不够用。一次发工资后，她到观前街买了一大包糕点给姐妹们品尝。事后细细一算，糟了，给弟弟交学费的钱不够了，只得向别人借了几块钱，下月发工资后还清。

戏剧团团长陆志本是万馥香的最佳搭档，对万馥香的成长给予过很多帮助。陆志本是太仓浏河人，中医世家，后来考取江苏省重点中学—昆山中学。陆志本这个团长很有故事，他在省昆山中学读高二时，拼音每次考满分，文章也写得好。有一次，语文老师仇同讲完课，离下课还有点时间。

苏州歌舞团名录（第 22 名为万馥香）

平日里不事张扬的仇老师，突然来了兴致，拿起粉笔在黑板上龙飞凤舞起来，一手漂亮的行书，如行云流水，一挥而就。全班学生都啧啧称赞仇老师字写得好时，不料后座的陆志本同学举起手，大家满怀诧异地看着他。只见他很有礼貌地说："仇老师，您的书法中有个别字，逆来承受的'承'字错了，应该是'顺'字。"仇老师含着歉意点点头。

万馥香初中毕业后入卫校读了近两年，转入戏校后又以专业为主，普通话发音不够标准，对歌谱的识谱能力比较差，陆志本热心地帮助她、关心她。一天夜里，万馥香对自己识谱能力差很生气，说没有乐谱就好了，这么难，她不想学了，用被子蒙着头躺下就睡。陆志本也不生气，在她们的大宿舍里慢条斯理地给大家说起一件往事。他在读一年级时，算术老师给学生们讲了一个故事，有个同学很怕算术，最好到一个没有算术的国家去生活。后来果然被他找到了，进城一看，公园里的椅子3只脚高、1只脚低，没法坐；行人穿的衣服，前面长、后面短，难看极了。突然，他听到烧饼店里两个人在吵架，为买3只烧饼。一只烧饼卖3角钱，买3只。卖饼的店主说是一块钱，而买饼的顾客说是8毛钱。三三得九，这么简单的价钱都算不出来，因为这个国家没有算术……听得大家都笑了起来。万馥香从床上一骨碌爬起来，假意生气地对陆志本说："别说了，你是在说我，我认真学谱就是了。"

歌舞团排练的地方离苏州专区领导办公的地方不远，晚上排演节目时领导经常来看戏，无形之中给了剧团很大的压力。有压力就有动力，这可以促进歌舞团的工作。

歌舞团导演叫张永铭，副导演叫周竹寒，两人都很有艺术水平，据说两人都是旧时期的话剧团演员。起先，年轻人知道了两个导演的历史，有点不大服气。经过指导员大老张和歌舞团长陆志本、万馥香做思想工作，团员们都消除了对导演的成见，投入紧张的歌剧排练中。

老师们指导有方，加上演员们基础好，年轻人肯吃苦，歌舞团在短期内就排练出不少节目，有歌剧《红霞》《红珊瑚》《三月三》，声乐演唱、民间舞蹈、器乐演奏、苏州评弹、浦东说书以及独脚戏等，除了杂技、魔术外，各种节目应有尽有。

节目排演好后，先在内部演出，然后下乡到集镇、农村演出，有时还到工厂、部队为工人和解放军战士演出。演出的地方有田头、草棚、车间和部队训练场。外出演出时，演员背行李、自搬道具、睡大通铺，在学校或农民家里搭伙。1961年下半年起，在江南水乡黎明的曙光中，经常可以看到一只机帆船，拖着一溜几只小船，载着万馥香和她们的"水上剧团"，早早从苏城开出，忙碌地穿梭于江阴、常熟、吴江、东山一带，为父老乡亲们送戏上门。

一次，歌舞团到东山演出，好姐妹阿美娟为看戏摔伤了脚。在那个农村文化生活较为贫乏的年代，地区戏班来东山演戏，而且是万馥香演"花旦"（主要演员），一下子在小镇引起轰动，买票要排队，买前排的好票更要托关系。阿美娟没有买到戏票，见戏院的海报上万馥香主演戏中的"红霞"，她心动了，但没有戏票入不了场。好在戏院隔壁叶家的围墙不高，站上高凳透过围墙能看到戏院的后台，过去她与万馥香经常站在这里看后台戏。当万馥香唱到"一树红花……"时，阿美娟情不自禁拍手叫好，万馥香心中一惊，后台围墙外怎么有人喝彩？接着，又听到"啊"的一声。原来阿美娟只顾看戏，忘了脚下，一脚踩空摔了下来，好在凳子不高，脚上只擦破了点皮，万馥香知道后心中很过意不去。

1961年深秋的一天，一辆满载演员和道具的大客车在常熟县公路上行驶，这是地区歌舞团应邀到常熟县演出锡剧《董家山》《打面缸》等小戏，这些是江苏省锡剧团汇演获奖的优秀剧目。车上欢声笑语，歌声不断，坐在车后的万馥香一会唱歌，一会唱戏，显得非常活跃。不料司机为避让行人，一个急刹车，万馥香脸上划了一道小口子。这两幕锡剧中，万馥香演的都是"女一号"，大家担心地说："你脸破了，怎么上台演戏？"万馥香打趣地说："演戏不是要化妆吗，这样我上台就不用再化妆了！"说得大家都笑了起来。

黎里演出

　　1962年1月，苏州歌舞团应邀到吴江黎里镇演出一周，演出剧目有黄梅戏《白蛇传》《天仙配》，歌舞剧《红珊瑚》《红霞》《三月三》和歌舞表演等节目。

　　黎里是个文化古镇，位于吴江县城东南30千米处。镇区为一河两街，河两岸长长的驳岸，全部用青石垒筑而成。驳岸边竖嵌着的300多根石栏，古朴精致，既是很好的系船设施，又是珍贵的艺术佳品。街上保存有大批明清时建造的二层楼房，沿街铺面店堂毗连相接。黎里是著名爱国民主人士、诗人柳亚子的家乡。中华人民共和国成立后，这座古建筑得到很好的保护。1980年，柳亚子故居被列为吴江县文保单位，1982年列为江苏省文保单位。2006年被国务院批准公布为全国重点文物保护单位。

　　20世纪60年代，黎里镇还没有通公路，交通进出全靠水路。苏州歌舞团70来名演员，都背着铺盖、带着杯子、牙刷、毛巾等生活日用品，载着演出道具、灯光和乐器，从苏州南门人民桥乘坐3艘机帆船，浩浩荡荡驶往黎里镇。船队从苏州护城河转入大运河，经平望到黎里，沿途经过不少村庄。人们望着满船的道具和舱里嘻嘻哈哈的男女青年，也不知他们是干啥的。歌舞团长万馥香带头唱起歌来，看稀奇的人们这才明白过来，说是演戏的船队。

　　剧团安排在吴江中学食宿。吴江中学的大礼堂有一百多平方米，在地上铺上一层稻草，演员们把随身带的铺盖一放就是床。歌舞团的演员大多是在城镇长大的，没睡过稻草铺，有些人疑惑这能睡吗？万馥香从小生活在农村，家里经济条件差，一到冬天母亲总在她睡的床铺下铺上一层厚厚的稻草，睡上去又软又暖和，还有弹性。万馥香朝稻草上一躺，兴高采烈地对大伙说："稻柴是'国宝'，铺在床上冬暖夏凉的，可舒服了。不信，你们试试。"姐妹们往稻草铺上一躺，真的舒服极了。

　　黎里镇地势较偏，在那个年代群众文娱生活较为贫乏。苏州的大剧团要来水乡演出，一下成为黎里的特大新闻。一场戏演两个多小时，每张票五角钱，镇中心的大众剧场有600多个座位，每晚满座。第一天是慰问演出，歌舞团送给镇机关和有关单位一些票，请他们来看戏。演员唐文俊是黎里镇人，指导员大老张也送给唐文俊的母亲张玉宝一张戏票，来观摩第一场演出。这一看，万馥香的形象使她终身难忘。

1月25日晚6点，黎里大众剧场座无虚席。演出的第一个节目是歌剧《红珊瑚》，"飞渡滚滚波涛，解放祖国海岛，军威壮，胜似浙江潮！驱烟云，碧天净，红旗飘飘！"序歌响起，幕剧拉开，出现"渔霸逼债"的场景。"海风阵阵愁煞人！风声紧，浪滚滚，风浪不怜打渔人……"饰演珊妹的万馥香从幕后出台一个亮相，满场响起热烈的掌声。

《红珊瑚》是苏州歌舞团成立后排演的重头戏。故事发生在解放初期的珊瑚岛（浙江舟山的台州岛）上，渔霸七奶奶巴结国民党军官窦司令，把渔家女珊妹嫁给他为妾。珊妹为还债给重病的父亲治病，被迫答应。途中珊妹逃到一个海岛上，遇到解放军战士王永刚和疑似恋人的阿青而得救，又掩护他们躲过敌人的搜捕。为迎接解放军解放珊瑚岛，珊妹不顾受伤和个人安危，高举红灯为信号，指引解放军进岛。经过激烈的战斗，打败了国民党军队，迎来了珊瑚岛的解放。

万馥香在剧中饰演19岁的渔家姑娘珊妹，有"珊瑚颂""红灯颂""海风阵阵愁煞人"等主要唱段。"一树红花照碧海，一团火焰出水来，珊瑚树红春长在，风波浪里把花开……"吐字清晰，嗓音清亮，声情并茂。当珊妹（万馥香饰）唱起"珊瑚颂"，一位年近50岁的中年妇女离开座位，走到台前近看正在演唱的珊妹，这位大娘就是张玉宝。

演出结束后，张玉宝问儿子唐文俊，台上演主角的姑娘叫什么名字。儿子告诉她，叫万馥香。第二天，张玉宝大娘对老姐妹们说："快买票去看苏州来演的戏，那个唱主角的万馥香姑娘，人长得漂亮，身材好，演得好，唱得好，好好好！"张玉宝嘱咐儿子唐文俊，剧团演出结束后，一定要请万馥香等同志来家吃顿饭。

当年正是国家三年困难时期，不管是城市还是农村，各种食品都很匮乏，别说名贵的水产品了，就连蔬菜有时也吃不上。演出结束的前一天，也不知唐母张玉宝施展了什么本领，在黎里南街东南港 6 号家中办了一桌丰盛的宴席，让儿子唐文俊出面，邀请万馥香等几个主要演员来家吃饭。

黎里唐家是镇上的书香门第，唐文俊的父亲名唐德恩，解放前是个工商业主，公私合营后在供销社的水果部工作，母亲张玉宝在黎里食品公司任财务会计。招待客人的桌上有油爆虾、清蒸桂鱼、红烧鳗鲤和黎里传统名菜咸菜烧小肠。陪同万馥香一起吃饭的有陆志本、王春楼、顾月娥及唐文俊与弟弟唐文斌。吃饭时，张玉宝接连给万馥香夹菜，饭上全是菜，弄得万馥香饭也没法吃，怪不好意思的。唐母一会看看万馥香，一会又看看儿子唐文俊，对万馥香说："万姑娘你长得真漂亮，戏也唱得真好，谁家能娶到你这样的媳妇，真是前世修的福。"唐母心里还有话没有说出口，也

万馥香（左）和顾月娥在吴江黎里

2012年张玉宝100周岁（前排左五）同儿孙合影

许儿子唐文俊心中清楚，万馥香心里也明白。

张玉宝长寿，2018年9月去世，高寿107岁。2012年张玉宝一百周岁，儿孙为她举办百岁辰诞时，她还同儿子说起万馥香。这时万馥香已去世多年，但她留给老人的记忆太深刻了，终身难忘。

1962年4月，苏州歌舞剧团最后一次外出演出，到苏北、泰兴、泰县、如皋巡回演出一个月，回苏州后就解散了，万馥香与她的舞台姐妹又面临新的选择。

艰难的选择

1962年10月，成立两年多的苏州专区歌舞团解散。解散的原因是国家遇到自然灾害，上海、南京、无锡等大中城市的一部分企业也相继关闭，一大批工人为国家挑担子，下放农村落户当农民。

苏州专区的财政经济也遇到极大的困难，在精简机关干部、关停一些企业的同时，不得不撤销一些演出剧团。当时苏州专区有京剧团、锡剧团、滑稽剧团和歌舞团四家演出单位，前三家是苏州的老剧团，剧团中老艺人多，演员工资高，都是拖儿带女的，如撤掉这些剧团，这批人的家庭生活怎么办？再说，这些演员的工资比较高，转下去也难以被其他单位所接受，于是苏州地委领导经过再三考虑，只能解散年轻演员多、成立时间短的歌舞团。

歌舞团解散时的政策是哪里来回哪里去，农村来的演员原则上都回家务农。剧团人员都面临新的选择，一时"八仙过海，各显神通"。副团长朱玉英是地区机关干部，她回到了专区文化局。文化教员唐文俊原是吴江师范的教师，回到吴江县文教局，分配到松陵镇任文化站站长。

主要演员中，有不少人被苏州的几家剧团挑去，王春楼、张继文到苏州专区锡剧团。顾月娥、陆辰生被苏州滑稽剧团选中，改行演滑稽戏。沈秀芹、赵善彬去了苏州评弹团。熊凤英到了昆山锡剧团……周玉成回到常熟供销社，而黄梅戏《天仙配》中的男主角卫坤如来自无锡农村，只得回家务农。

主要演员陆忆生（以下均为化名）原在江苏省重点中学昆山中学读书，是从高二班选入苏州歌舞团的，他的祖母和父母都是中医，遵从他个人的意愿，回太仓浏河镇卫生院当了名医务人员，继承他祖母的中医中药研究工作。

在苏州歌舞团里，万馥香在锡剧《珍珠塔》、黄梅戏《女驸马》和歌剧《红霞》《红珊瑚》中演的都是"女一号"，专区文化部门领导特殊安排，通知她到江苏省文化局报到。

到南京省文化局工作，这对万馥香来说是天大的喜事。两年前，万馥香是从苏州戏校黄梅戏班选入专区歌舞团的，此时她的身份还是名学生，按规定得回戏校，等待毕业后分配。如果她到省文化局报到后，至少是一名文化局的工作人员，是一般人求之不得的。这时，万馥香的月工资是30

元，有知情人悄悄向她透露，她到文化局报到后，工作是跟随省昆剧团的老艺人当学徒，但属省文化局编制，工资将提高不少。

自从万馥香到苏州后，母亲万莹孤身一人，日夜思念女儿和儿子，老眼昏花，身体多病，在缝纫社不但少劳少得，并且治病吃药需要钱。而住在苏州姑姑家读书的弟弟，生活和读书也需要钱。如果调入省文化局工作，能增加工资，这对万馥香来说有很大的吸引力。

可对万馥香来说还有更大的诱惑。一年前，北京空政文工团作曲羊鸣、干事顾正平到上海招收演员，也到苏州来挑选了几名演员，歌舞团的万馥香也在录取名单之内，但苏州文化局领导考虑到省传统昆剧后继乏人，要安排她到省昆剧团去接班而没有同意。得到苏州歌舞团解散的消息，空政文工团的羊鸣、顾正平又来"挖墙角"了。他们瞒过苏州宣传、文化部门陪同的干部，羊鸣通过一名在东山工作的老战友，悄悄约万馥香在苏州大

2020年苏州原歌舞团部分人员合影。一排左起：朱瑞华、朱玉英、杨振华、张如花、顾月娥。二排右起：薛金凤、熊凤英、吴惠娟、董盛英、周成玉、徐菊英、江士娣、吴杏妹、蒋树宗。三排右起：王雁江、张继文、赵善彬、唐文俊、姚姚、秦若桥、阿武、陆志本

公园见了一次面。

他们问万馥香愿不愿意到空政部队去当兵，当一名英姿飒爽的女兵，还能发挥自己的艺术专长，到全国更大的舞台上去表演，这是万馥香梦寐以求的。她立即回答说："首长，我愿意去空政部队当兵。"羊鸣不能对她把苏州有关部门不放万馥香走的情况直说，只是含蓄地对她说："一切取决你自己，空政文工团的大门向你敞开着。"

这时，在万馥香的生活中又发生了一件大事，使她又在去北京与南京十字路口徘徊。这一年，南京军区前线歌舞团来了6个人，想在苏州招收一批演员，他们在苏州看了歌舞团的锡剧表演《双推磨》，也没多说就回去了。一周后，前线歌舞团来了一份电报，要剧中男主角陆忆生去一次南京。陆忆生按电报上的地址，找到了南京山西路前线歌舞团，团长张锐亲自面试，要他演唱了一段戏曲，当场录取了他。张锐向陆忆生明确表示，入伍时为战士，一年后升准尉。

万馥香和陆忆生是歌舞团歌舞队中的正副队长，多次在剧中演男女主角，在工作和生活中他们产生了感情，已基本确定了恋爱关系，而且都已见过了双方的家人，他们内心的喜悦溢于言表，觉得自己是世界上最幸福的人了。

在苏州拙政园的假山上，他们相对而坐，憧憬着明天的美好生活。万馥香到省文化局报到后，将安排在省昆剧院工作；陆忆生报到南京前线歌舞团后，担任男中音歌唱演员，一年内他们计划在南京结婚，建立自己的小家庭。

不久，太仓浏河镇来了两位部队干部，他们是南京前线歌舞团派来办理陆忆生入伍手续的。这时，浏河镇已进驻了社教工作队，一名工作人员指着陆忆生的档案袋冷冷地说："这个人家庭不符合入伍条件，我们地方上不能把这样的青年往部队送。"部队来的同志不明白，明明都已与地方落实好了，他们是来取陆忆生档案资料的，怎么现在又不放了？原来陆忆生的继父是一名中医，解放前在国民党军队的一家被服厂任过军医。陆忆生的参军政审通不过，两位部队干部也只能空手而回。

陆忆生前线歌舞团去不成了，万馥香孤身一人也不想去南京，两人一商量，觉得万馥香还是去北京发展前途大。趁空政文工团来招生的陆友、羊鸣、顾正平还没有离开上海，苏州到上海路不远，两人赶到上海巨鹿路空军招待所，问招收人员，万馥香入伍的事能不能定下来？陆友他们回答，我们要与地方搞好军地关系，地方不放，我们也没有办法。最后陆友说了一句带有暗示的话，一切取决你自己。第二天，陆友等三人就回北京去了。这话说得模棱两可，好像是回绝了，又好像旁边还开了一扇门，没有关严。万馥香心里也清楚，要是自己不服从分配"跳槽"去北京，空政不接收，那只能回东山当缝纫工了。

万馥香心神不定，过了三天，她请陆忆生又给羊鸣发了封电报，大着胆子问："万馥香准备来北京，空政收不收？"羊鸣很快回了封电报，电文是："我们的态度不变，一切由你决定。"既然空政文工团态度不变，陆忆生鼓励万馥香马上去北京。然而，到北京参军入伍，携带本人的档案是关键，苏州文化部门已安排她到省文化局报到，不服从分配去北京，档案肯定要不到，万馥香想到了宣传部尹部长。

尹楚升是 1940 年参加革命的老同志，时任苏州地委文教部、宣传部、教育卫生部部长，是苏州歌舞团的主要创办人之一，不少演员都是他亲自从一个个单位挑出来的，对每一位主要演员的情况都比较熟悉。尹部长平时话不多，但对歌舞团人员很关心，也善解人意，大家有了困难都愿找尹部长说说，看他能不能帮助解决。

在苏州体育场路 1 号大院 3 楼的一间房子里，尹部长夫妇一边请万馥香入座吃饺子，一边与她交谈。尹部长听了万馥香的请求，作为一名长者，他也感到应该让这个有艺术潜力的女孩子到北京去接受更多的培养和锻炼，才华才能得到更好的施展、发挥；但作为一名苏州宣传与文化部门的主要负责人，他也感到无能为力。尹部长告诉万馥香，省里决定了，你可以随便到哪个省剧团报到，就是不同意你去参军；要是你不服从分配，很可能要让你回东山。

万馥香伏在桌子上哭泣，她自己一时也拿不定主意，究竟该何去何从。尹部长从关心的角度，分析给万馥香听：你去空政部队参军，没有单位介绍信，没有档案是不行的，万一被部队退回来，歌舞团解散了，戏校学员都已毕业分配，苏州和省里的剧团都去不了，你将成为一个无业青年，你必须慎重考虑。

穿军装对万馥香的诱惑实在是太强了，从尹部长家中出来以后，她擦干眼泪，心一横，冒着被"退回"东山的风险，决定连夜到北京试一试。这天夜里，陆忆生把她送上了半夜11点多钟从上海到北京的直快列车。事后，陆忆生戏称帮万馥香"偷渡国境"。

由于万馥香是"私奔"部队，什么手续都没办，虽然穿上了军装，却无帽徽领章，成了空政文工团的一名"黑户口"。这一令她担心的情况延续了一年多，直到1963年12月12日，苏州文化部门寄去了她的档案和入伍介绍信，万馥香填写了"军人履历表"，补齐入伍手续，才真正成为中国人民解放军光荣的一员。

第四章

《江姐》演出前后

陆友、羊鸣苏城"挖角"

1962 年，是万馥香一生中的一个重要转折点。事情还要从 1961 年年底说起，这年年底，应上海市委邀请，北京空政文工团大型歌舞《革命历史歌曲表演唱》到上海演出，负责带队的是空政文工团总团政委陆友。

陆友，上海人，早年在上海从事党的地下工作和抗日救亡活动。1938 年春赴延安，毕业于延安鲁迅艺术文学院音乐系。陆友在华东有很多老战友和熟人，苏州也有好几位，经常有信件电话往来。《革命历史歌曲表演唱》在上海演出 40 场，历时 1 个多月。1962 年元旦过后，演出告一段落，经上海市的战友同苏州战友联系，在演出间隙，陆友到苏州市观看了一次苏州评弹。陆友喜欢听评弹，他到苏州与战友相聚，提出听评弹还有一层目的，不过他没有言明。1961 年起，空政文工团正在排演一台重头戏，即歌剧《江姐》。当时中国歌剧表现形式一般为"话剧加演唱"，以唱为主，唱、演都要好，演员的形体和表演动作都有很高要求。文工团里选出饰演"江姐"的几位主要演员，虽各有所长，但也各有千秋，如唱得好的形体表演不理想，而形体表演合格的，又唱得不够好。陆友心想，苏州人文荟萃，可称戏剧之都，这次前去观戏，说不定还能发现团里所需要的人才。

苏州专区（地委）宣传部对空政文工团领导的到来很重视，部长尹楚升安排专区文化局组织招待汇报演出。这台表演节目是苏州专区文化局精心安排的，以评弹为主，也有歌舞和传统戏曲表演，目的是向外宣传苏州的宝贵文化遗产。汇报演出安排在苏州观前街大光明剧场里，观众不多，主要给陆友等几位空政领导观看。几曲评弹节目过后，只见一位 20 岁左

1962 年万馥香汇报演出

右的年轻女演员上台，她边唱边表演"一树红花照碧海，一团火焰出水来……"姑娘模样俊俏，身段秀美，扮相洒脱，嗓音甜美。陆友忙问陪同的苏州文化部门领导，姑娘叫什么名字，得知名叫万馥香。陆友再一打听，得知万馥香是苏州地区歌舞团的一位主要演员，不仅演过黄梅戏、锡剧、歌剧等，还在学唱评弹。陆友感到团里这样艺术素质较齐全的演员不多，万馥香是一棵难得的好苗子，如果再好好培养一下，说不定能挑起歌剧《江姐》的大梁。

演出结束后，陆友向苏州专区陪同的领导试探性地说："小万是棵好苗子，要是能得到进一步培养，非常有前途。"见陪同人员没有反应，陆友又开门见山地说，想把万馥香调到空政文工团去。起初陪同人员说要请示上级后再答复，陆友不解地问："歌舞团调动一个人员，文化局还不能作主？"陪同人员又支支吾吾地说："万馥香参军入伍，进入解放军空军部队，不合适。"陆友感到奇怪，一个年轻姑娘参军有啥不合适的，追问道："小万身体不健康？"陪同的领导原想敷衍一下陆友，见他步步紧逼，只得实说万馥香不符合入伍参军的原因条件。说她的生父是国民党军官；继父有严重的历史问题，被判无期徒刑；母亲历史上也有些问题，这样家庭出身的青年，是不能送到部队去当兵的。陆友听后一时也无话可说，心里却有些忿忿不平地想：你们说她出身不好，你们能要她，为什么我们就不能要！她还小，可以培养的。可苏州不肯给，他也没有办法，况且他这次去苏州是战友相聚，没有带单位的招生介绍信。

陆友在苏州看完演出后，稍作停留就回上海去了。他虽然没能把万馥香要来，却把此事记在心上。陆友回到上海不久，空政文工团派出由作曲家羊鸣、干事顾正平组成的招生组从北京来到上海，计划在上海市招收10名女声小合唱演员。此时，陆友从苏州战友处得到了一个消息，万馥香所在的苏州专区歌舞团即将被解散，原因是专区财政经济困难。陆友觉得这是一个机会，就把万馥香的情况向羊鸣、顾正平二人介绍了一下，叫他俩立即去苏州，想办法把万馥香招来。

羊鸣、顾正平这次招生，是带着部队文工团招生的专用介绍信来的，也叫"特招"。他俩一到苏州，苏州地区武装部、文化局等部门的领导都非常重视，派专人热情接待，领着他俩到苏州专区好几个文艺团体去看演出，挑选演员。在苏州歌舞团，羊鸣、顾正平见到了陆友讲的万馥香。万馥香给他俩唱了几首歌，羊鸣、顾正平也觉得这个姑娘不错，把她列入了要招取的名单中。

两人去苏州招文艺兵，目的就是冲着招万馥香而去的，但又不能明说，怕讲穿了苏州专区的有关领导不高兴。部队文工团到地方招演员，到哪儿都会引起轰动，这次又是大名鼎鼎的空政文工团招演员，苏州地委有关单位都高度重视，层层筛选、把关，郑重其事地向招生组递交了一份推荐名单。羊鸣、顾正平拿到名单一看，名字好几个，偏偏没有万馥香的名字。两人感到没有完成陆友交给的任务，他们找到文化局的主要领导，点名这次要把万馥香招去。对方好像早有准备，答复仍然是万馥香参军不符合政审条件，像她这样家庭背景的人，我们不能送到部队去当兵。

羊鸣，原名杨明，有位"三野"的老战友叫沈柳春，在吴县东山中学做教师。羊鸣打电话请他来苏州大公园见面，顺便了解一下万馥香的情况。真是无巧不成书，沈柳春是万馥香读初中时的音乐老师，师生关系密切，对万馥香的家庭和本人思想情况知道得一清二楚。沈柳春告诉羊鸣，万馥香演过歌剧、昆剧、锡剧与黄梅戏，戏唱得好，演技也很不错，现她所在的歌剧团面临解散，她正茫然不知去何处，若能招入空政文工团，她是求之不得的。

当晚，苏州歌舞团在市中心剧场演出，因为是剧团告别演出，都是最精彩的节目，场内观众座无虚席。万馥香在黄梅戏《女驸马》中饰演主角冯素贞，坐在中间第7排10号、11号坐位上的羊鸣、顾正平，一直全神贯注眼睛盯着万馥香的表演动作，台上出现精彩唱词，他们还与观众一起不断鼓掌。万馥香可能已经知道沈老师陪着他的战友在看戏，故意在水袖挥动，俏眼飞舞中往第7排中间扫。这次是告别舞台演出，也是决定自己命运的表演，演员们都使出几年来积累的舞台演出经验，"八仙过海，各显神通"，万馥香的演唱更是声情并茂。台下观众连连喝彩，满场掌声，直到演出结束，看戏的人仍然依依不舍。

演出结束后，沈柳春陪着羊鸣挤进后台，找到了正在卸妆的万馥香。沈柳春在万馥香耳旁低声说了几句，约她来到剧院后面的小公园面谈。万馥香是一位十分聪明的姑娘，她已知道空政想招自己，自己也很想去，但她也明白自己家庭出身不好，参军的希望不大。在小公园见面时，万馥香对羊鸣、顾正平说，她做梦也想参军，成为一名光荣的解放军是她一生的追求。万馥香停了一下又胆怯地说："我家庭成分不好，自己无法选择，只能请部队首长解决。"羊鸣向万馥香表示，只要你本人愿意来，其他问题他们来想办法解决。

羊鸣、顾正平又去了几次苏州专区文化部门，对招收万馥香之事对方还是毫不松口。他们想"心急吃不下热豆腐"，这事还得慢慢来。离开苏州之前，他们又悄悄约见了一次万馥香，交给万馥香一个地址，说："你如果决定来北京，就到这个地方来。"望着羊鸣、顾正平远去的背影，万馥香默默无语，潸然泪下。

悄悄离家奔北京

1962 年 10 月 19 日黄昏，连续几天淅淅沥沥的秋雨，使得古城苏州显得有点阴冷。一辆遮着雨帘的三轮车，从东万巷经过大石头弄堂出来，驶向平门火车站。到车站后，车内钻出一男一女两个青年人，从车中搬下三件行李：一只半人高的圆桶形帆布袋，里面装着被子、蚊帐和几件替换的衣服；一只大格子红绿相间的网袋，装的是脸盆、口杯、牙刷、毛巾和小圆镜、雪花膏、百雀灵……一只小皮箱上了锁，这是当年演员离家跑码头时的"三件套"。"赶快买票，火车就要进站了！"男的催促着。女的还紧张地在朝站外张望，看是否有人追来。

车站月台上，空空荡荡，寒风阵阵，两人四目对视，又翘首向上海方向眺望。上海开往南京方向的列车终于开来了，两人悬着的心才定了下来。列车员催促着旅客赶快上车。女的站在车门口，眼眶里闪烁着泪花，强忍着眼泪，脸上还强装着一丝笑容，摇手向送行人告别。挥手，再挥手，火车越去越远，消失在茫茫夜雾中。万馥香终于踏上了从苏州驶往北京的列车，开始了她从《女驸马》《红霞》《红珊瑚》，走向歌剧《江姐》艰难而辉煌的艺术顶峰。这是万馥香在苏州歌舞团最好的搭档，陆忆生送万馥香赴北京时的一段描写。

夜幕降临，车窗外一片漆黑，看不清房屋和树木。此时，惊恐未定的万馥香心里一片茫然。人是冲破重重阻拦出来了，但前面的路依然渺茫，她也不知自己这次冒险赴京的最后结果。

半年前，苏州地区歌舞团解散，队员的去向不一，也给队员（演员）

们带来恐慌，不知自己的前途之舟会漂向何方。当时的安置政策是，农村户口的回农村务农，城镇户口的安排进企事业单位工作。万馥香的户籍在东山母亲处，属农村户口；两年多前她是从戏校选入歌舞团的，她也搞不清自己的户口究竟是农村还是城镇。

不久，人员安置又有新的变化。原来苏州锡剧团、昆剧团、京剧团及滑稽剧团中老年艺人多，需要充实新鲜血液。歌舞团在"大光明"剧场作最后告别演出时，邀请一些剧团的领导来观摩，看得中的演员就会被挑去，称"挑角"。万馥香名气大，几年来她在锡剧、歌舞剧、黄梅戏中，演的全是"女一号"，几家剧团同时争着要她。最后文化局领导出面协调，把歌舞团的"当家花旦"万馥香许给了江苏省昆剧团。剧团王团长还找万馥香谈了一次话，说共青团员要服从组织安排，党叫干啥就干啥，向党组织靠拢。万馥香表面上也答应到省苏昆剧团报到，现在却自作主张赴北京，领导得知后一定非常生气。

相依为命的妈妈是万馥香最敬重的人，也使她最放不下心。母亲万莹一直反对她转戏校，当演员。然而当女儿毅然从县卫校转到市戏校后，母亲当着她的面就再也没埋怨过。只是有一次小姐妹沈美娟来家，母亲对她说："美娟，看你考师范学校多好啊，毕业后当一名老师。我家馥香不懂事，劝她也不听，坚持要去读戏校，将来当戏子，这碗饭难吃啊！"沈美娟对万莹说："婶娘，新社会不叫戏子，称演员，也是一种职业。馥香喜欢唱歌演戏，将来也一定能有出息的，你就放心让她去吧。"当沈美娟把母亲万莹的话告诉万馥香后，她的心中一直觉得对不起母亲。

接到北京答应女儿馥香去空政文工团报考的通知后，母亲先是高兴，后又担忧，那些一直盯着他们家成分不放的人，不知又会怎么样。还有北京是通知她去报考，要是考不取怎么办，回来苏州这边还要她吗？她户口、口粮还在东山，要是转不出去，到了北京如何生活？万馥香安慰母亲说："北京那边还说，要是同意我报考，考取了组织是会替我办好的，你放心。"10月18日下午，万馥香又接到了北京打来的长途电话，问她有没有最后决定

万馥香故里庙渎上

好。事不宜迟，万馥香下决心一定要去北京，明天就走。第二天早上，母亲去缝纫社上班了，她匆匆准备了一下，给母亲留下一张字条："姆妈，我去北京了，是部队总团和杨老师来信叫我去的，我一定会好好努力，争取考及格，留在北京。爱你的女儿馥香。"

邻居家小韩比万馥香大3岁，两家住得很近，平时经常来往。万馥香有时放了夜学，到韩家帮忙洗衣服，韩母也会留万馥香在家吃晚饭，两人自称兄妹。得知万馥香要赴北京空政文工团参加考试，小韩请了假相送。从万馥香庙渎上的家中到漾桥头汽车站要经过东山缝纫社，而缝纫铺里母亲所踏的缝纫机，坐在沿大街第一排。万馥香心想，也不知道母亲能否答应她去北京，要是不答应，走过缝纫铺要是被母亲看见，拦住不让去可麻烦了。两人提心吊胆，几乎憋住气从缝纫铺门口走过，万馥香望店里一瞥，母亲的缝纫机空着，大概是刚巧有事走开了，真是谢天谢地。

要知道，最知女儿心思的人是母亲。万莹近几天见女儿总是心神不定，昨天晚上又在悄悄准备一些生活用品，她已看出了端倪，知道女儿要走了，但她又不说穿，装作不知道。早晨，万莹到缝纫社向负责人老吴请了个假，说身体不舒服，要去医院配药。万馥香和小韩两人边说边走，很快到了汽车站，小韩替万馥香购了一张东山到苏州的车票。万馥香要给钱，小韩说："你去了北京，好好努力，一张车票的钱，就别还了，我还是能替你买的。"

万馥香从小韩手里接过行李，正要上车，突然听见母亲喊着："馥香，等一等！"万莹气喘吁吁地跑过来。万馥香惊得"啊！"的一声，行李也掉落到了车门口。母亲含着泪花，从怀里摸出一个绢头包，对女儿说："馥香，娘知道你真的要飞了，也不拦你，喏，这是我预支的一个月工资。"母亲喘了口粗气又说："北京可不比苏州，京都皇城之地，吃饭睡觉样样价钱贵，你拿去应急吧。"万馥香打开绢头包，看到包着18元钱，这可是母亲一个月上班的工资。原来万莹向店里请病假后，找到了东山手工业联社负责人老杨，说明原因想预领一月工资。老杨是个有同情心的人，马上批了条子，支了这笔预款。

万馥香跪在母亲面前，哭着说："姆妈，女儿对不住你，我走后，你一个人在家要多保重，等我将来挣了钱，一定好好孝敬你。"万莹挤出笑容说："傻丫头，你放心去吧，要是考取了，在部队好好工作；要是考不取，回来没事做还可以帮娘踏洋机（缝纫机），别有思想负担。"汽车要开了，母女俩在漾桥头依依不舍分了手。

空政的"编外"战士

北京的10月，晨风中已感到阵阵寒意。杨玲梅用一条羊毛织的长围巾捂住了脖子，腋下夹了一块小牌，匆匆出了单位大门。刚走没几步，突然又想起还缺一条围巾，又返身回到宿舍，向女同事借了一条，乘车赶往北京东直门外的火车站。

昨天下午，空政文工总团陆政委交给杨玲梅一项特殊任务，要她明天上午到火车站去接一个人。杨玲梅聪明活泼，性格大放，平时见了总团领导说话一点也不拘束。听说陆政委要她去接一个人，心里已猜到八九分，但还是故意问："陆政委，接啥人？"陆友神秘地笑着说："你去接后就知道了。""是接万馥香？"杨玲梅突然问道。"你这个机灵鬼，一下被你猜中了，但这事暂时还得保密。"陆友故意板着脸对杨玲梅说。

杨玲梅生于1941年，原是苏州华盛造纸厂的一名工人。从小喜欢听评弹，后来师从金阊石路文化馆一位票友学习评弹，坚持数年，小有成就。1961年空政文工团第一次到苏州招收文艺兵，带队的陆政委、张队长见杨玲梅唱评弹颇有架势，而当时空政文工团500多位团员中，没有一个评弹演员，杨玲梅被作为评弹独苗录取了。在苏州时，杨玲梅多次看过万馥香的演出，万馥香也跟她学过评弹，两人是好姐妹。闺蜜要来北京一个单位工作，她的心中别提有多高兴了。

中午12点10分，又一列南来的客车进站了。杨玲梅在车站出口处人群中，右手举起一块小木牌，上面写着"欢迎万馥香"几个大字，非常醒目。杨玲梅是典型的苏州姑娘，美丽娇小，身材稍矮了点，她恐挤在候客的人群里，万馥香一时看不见，别出心裁制做了一块接客牌。

万馥香身穿一件咖啡色的女式中山装，拎包提箱，背着网袋出了站，忽见小姐妹杨玲梅在车站迎候她，高兴得大声尖叫，两人亲热地拥抱在一起。杨玲梅定神一看，万馥香脸色疲惫，头发有点乱。脚上穿的皮鞋右鞋裂了道口，衣服左边的纽子掉了一颗。手提箱破了一只角，网袋断了几根线，用一段红头绳连接着。"馥香，你这是怎么啦，像逃难似的。"杨玲梅忍不住问。万馥香一阵高兴过后，心情又变得沉重起来，忧伤地说："玲梅，我是逃出来的，单位已通知我去省苏昆剧团报到，要是知道我来了北京，不知会不会派人来京把我抓回去。"

一阵冷风吹过，万馥香打了个寒颤接着说："还有，我的户口、粮油关系还都在东山母亲处，要是无法转来北京，日子怎么过。"万馥香的担忧不是没有道理，在 20 世纪 60 年代，国家对粮食实行统购统销，全国城镇、农村每户有个购粮证，每月按粮证上供给的计划定粮买米，要是没了这本购粮证，将寸步难行。杨玲梅大大咧咧地说："船到桥头自会直，你别想那么多，既然陆政委他们通知你来，团里总会有办法解决的。"万馥香的心稍稍安了些，但她心里还有担忧没有告诉杨玲梅，陆政委是通知她来京参加考试，没有说一定招收她参军。

万馥香来到空政文工团，给人的第一印象是美丽、清秀、活泼。她皮肤白皙，眉清目秀，一开口说话，嘴角便挂着天真的微笑，脸上露出两个浅浅的小酒窝。只要见到文工团的同志，不管是谁，她都会叫一声"老师"，话语中略带一点点甜丝丝的苏州口音。

报考空政文工团的那一天，万馥香在考场上扮演的是黄梅戏《女驸马》中的"女驸马"冯素贞。只见她头戴状元帽，足蹬皂靴，身穿一件花团锦簇的大红袍，扮相俊俏潇洒。她唱完一段《女驸马》后，又唱了一段歌剧《红珊瑚》里的"海风阵阵愁煞人"，获得考官的好评，通过空政文工团的考试，被正式录取。

空政文工团共有三个团，一个歌剧团、一个话剧团和一个舞蹈队，万馥香录取后安排在歌剧团。因为她的档案还在苏州，没有填写"军人履历表"，穿军装，军帽上没有帽徽，还不能算一名正式的军人，但万馥香的心里十分高兴，她在当天日记中写道："我从小就有搞文艺工作的愿望，1959 年实现了。我从小就想当解放军，现在不但当上了解放军，还是空军部队，这说明只要自己肯努力，自己创造条件，目标是会实现的。"

杨玲梅睡在三楼 223 号宿舍，有两个单人床，同宿舍还有一位哈尔滨的小沈。团里安排万馥香睡的宿舍暂时只有她一个人，她嫌一个人睡寂寞，干脆搬来与杨玲梅一起睡。晚上团里熄灯后，两个人睡在一个被窝里，叽叽喳喳地说个没完，同宿舍的小沈又听不懂她们说的苏州话，开始很有意见。后来，两人关系相当融洽，万馥香搬走她还舍不得呢。

万馥香刚到北京时留影

空政文工团的大食堂在二楼，万馥香刚到部队，感到什么都新鲜，也很满足。文工团食堂烧炉子缺人，她主动要求了这个任务，理由是每天清晨战友们出操，她军帽上没有帽徽，在队伍中跑步不协调，她又不愿一个人留在宿舍里。于是，每天清晨 5∶30 分，部队吹过起床号后，万馥香就进炊事班生炉烧水，待战友们出操归来，热气腾腾的洗脸水已烧好了。食堂搬运煤球是一项重体力活，每次煤球厂把煤球送来后，负责伙房的事务长老袁，先要发动大家把煤球一个个捡到小筐里，再像蚂蚁搬骨头一样两人一筐把 500 多斤煤球抬到二楼，然后放入食堂灶间，麻烦极了。万馥香见大家在搬运煤球，找到一根木棍和两根绳子，把两只大筐子一叠，4 只筐子约 120 多斤煤球，很轻松地一肩挑到二楼，分几担挑完了。事务长很感激，大家也都很惊奇，一个小姑娘，力气真大。万馥香说，我来自农村，在东山家中 300 来米高的山顶上，我经常砍柴背下山，习惯了。以后，凡团里炊事班有较重的体力活，万馥香总以自己是农村出来的力气大抢着干。袁事务长说："想不到万馥香人长得秀气，干活能一个顶仨。"说完还翘起了大拇指。

刚到北京，万馥香生活上有点不习惯，经济上也较拮据，好友杨玲梅给予她很大的帮助。一天，万馥香收到在上海虹桥机场工作的叔叔何伯良

（继父何逸群大弟）来信，信中说他的母亲去世了，你在苏州读书的弟弟的生活费怎么办。早年，母亲与继父何逸群离婚时，因两个孩子还小，万馥香（即何仪珍）由万莹抚养，弟弟何兆钧判给何家养育。弟弟从小同祖母一起生活，何伯良在每月寄给母亲的赡养费中另外再增加5元钱，算是抚养侄子的。母亲去世后，何伯良汇款钱出无名，加上他自己成家有了孩子，经济也不宽裕，有点力不从心。万馥香知道叔叔来信的意思，立即回信说："抚养弟弟是我义不容辞的责任，伯良叔，您下月就别寄了。"

当时，空政文工团战士每月工资16元，万馥香每月寄给弟弟5元，交伙食费6元，还剩5元钱。大方的杨玲梅说："馥香，我交掉伙食费还有11元钱，家里没有负担，我们的剩余工资加起来可有16元，放在一起用好了。"文工团的外套军装是部队发的，但内衣得自己解决。万馥香会裁剪做衣，她们就买了便宜的布料，自己动手做，这样能节约一些钱。

爱美是年轻姑娘的共性，两人有时也会买一些化妆品打扮一下。到了星期日休息，她们逛逛王府井大街，吃个饭什么的，钱又不够花了。杨玲梅有个大哥在苏北当教师，她写信向哥哥诉苦，大哥瞒着嫂嫂，每月寄10元钱给妹妹，竟一连汇了3年。两人的共同工资每月再加上10元，有26元了，美得两人经常往王府井大街跑。

1965年前，北京部队文工团中，只有空政文工团有评弹演员，杨玲梅又是空政文工团的评弹独苗，经常被请到中央首长家中去唱评弹。一个星期六的上午，文工团张团长陪着杨玲梅到叶剑英元帅家中作客，杨玲梅为叶帅唱了一首评弹开篇《鸳鸯操琴》，听得叶帅不时点头微笑。中午，叶帅留杨玲梅等在他家中吃饭，一荤一素一只汤。饭后，许世友将

杨玲梅

军也来了，杨玲梅又给他们唱了《蝶恋花》《宝玉夜探》《思念》等几首评弹开篇。唱罢，叶剑英元帅拿出糖果、饼干招待客人。

叶帅抓了一大把饼干糖果放到杨玲梅面前，叫她快尝尝。杨玲梅很想吃，但又不好意思，推说肚子不饿，自己不喜欢吃零食。临出门时，杨玲梅眼晴的余光朝桌上瞄了瞄。叶剑英的女儿叶向珍好像猜出了杨玲梅的心思，亲切地说："小杨，你不喜欢吃零食，就把这些糖果带回去分给小姐妹们尝尝吧。"心直口快的杨玲梅说："叶老师，我真的放口袋了。"一旁的叶帅听到后幽默地说："真的拿，放口袋，那假的拿呢，等会我派人送过来。"杨玲梅红着脸说："叶帅，拿首长给的东西，团里领导知道后是要批评的。"叶剑英宽慰她说："我们都不说，团里领导哪能知道嘛。"回到团里，杨玲梅把糖果分了些给同宿舍的战友。晚上，她和万馥香睡在一个被窝里，偷偷把剩下的糖全吃完了，第二天跑到王府井大街把糖纸扔进垃圾箱。

叶剑英元帅虽是广东梅县人，但对江南的评弹情有独钟。一段时间里，每至周日，叶帅经常邀请杨玲梅去唱评弹开篇。每次从叶帅家回来，杨玲梅绘声绘色地把经过讲给万馥香听，还鼓动万馥香学唱好评弹一起去叶帅家中演唱。于是杨玲梅当起了万馥香的评弹老师，每周一课，坚持了半年多，直到万馥香接受了主演歌剧《江姐》而停止。

叶帅不但爱听评弹，有时还能唱上一段。一次，杨玲梅在唱弹词开篇《人民当家作主人》《一定要把淮河修好》时，叶帅还边唱边自己打拍子。每次演出结束后，叶帅总准备点饼干、糖果之类的东西给杨玲梅带回家。杨玲梅把带回的东西，分给万馥香和同宿舍的姐妹们一起分享。

空军司令特批入伍

万馥香到北京后，苏州原单位很快就知道了，写信到空政文工团，催万馥香赶快回来，到已落实的江苏省昆剧团报到。信中对万馥香无组织、无纪律的行为进行严厉批评，并告知她，否则一切后果自负。这里所说自负的后果，就是不给万馥香转迁户口和粮油关系。

东山镇也有一些人，一封接一封不停地写信揭发万馥香的家庭出身问题，把告状信寄到江苏省委、空政文工团、空军总政治部和中央军委。这些写信的人绝大多数是紧绷"阶级斗争"这根弦，出于爱党爱国的朴素感情，认为万馥香这样家庭出身的人不能当兵。有个人出面写的，也有联名投寄的举报信，但也有个别人写信挟着妒忌、报复的私心。东山镇某部门有一个工作人员，原来与万馥香家有点矛盾，他以组织名义出面写了一封长长的举报信，未经镇里主要领导同意，在信的落款处盖了镇政府的公章。信中检举说：万馥香的生父是国民党军官，养父解放后在"肃反"时被政府判重刑，正在东北服刑，母亲历史上也有问题，属于"地富反坏分子"，正在受当地政府的"管制"。万馥香是阶级异己分子的子女，绝不允许她钻进人民解放军的队伍里，更不能让她在伟大祖国首都北京当兵。

如果说这些普通举报信，作为一般群众来信处理，而这封盖着地方政府大印的检举信，威力可大了，引起解放军部队政治部的高度重视。这封信从解放军总政治部转到空军政治部，又追究查到了空政文工团，查问那么多举报信究竟是怎么一回事，是不是空政真的招收了一位有严重家庭历史问题的演员。

万馥香是空政文工总团政委陆友赴苏州观看评弹发现的苗子，后通过部队正规途径招来的，万馥香到空政后表现也不错。陆友想不明白，空政文工团招个演员，竟惊动了总政治部和中央军委。陆友也意识到问题的严重性，一点也不敢大意，着手考虑万馥香的去留问题。

陆友顶住很大的政治压力，与团长黄河、副团长刘敬贤和总团干事顾正平商量，研究万馥香的去留。要是把万馥香打发回苏州，他们最多向上作个检讨，因情况不明，招人不慎，造成严重后果，把人退回去就是了。如果这样，对万馥香的伤害太大了。顾正平是位女同志，万馥香是她参与从苏州招来的，她从女性较为脆弱的承受能力考虑，要是这样可能会发生意想不到的严重后果，我们应对一个有才华的姑娘负责。顾正平的意见是让她再去一次东山，接触一下万馥香的母亲，了解一下她的家庭情况后再作决定。为了慎重起见，陆友又征求团里同志的意见，歌舞剧一团团长王振魁说，万馥香不仅有戏曲表演的天赋，人品也不错，个人意见是向上面说说把她留下来。团长黄河召集孙维敏、詹英奎、黄寿康、何力、余保珍等老师和团员，召开了一个群众座谈会，大家说万馥香虽来团时间不长，与大家关系很融洽，最好把她留下来。

世上没有不透风的墙，这事被万馥香的好姐妹杨玲梅知道了。这位杨玲梅也真大胆，竟找到总团政委陆友，踏进办公室就说："陆政委，听说万馥香因家庭成分问题要退回去，那团里有一对双胞胎姐妹成分也不好，（刘文彩）不是也在吗？"意思是她们的家庭成分也不好，怎么能来。陆友听后一怔，严肃地反问杨玲梅："谁说要把万馥香退回去？小杨，今后说话要注意影响与团结。"杨玲梅感到自己一时说漏了嘴，脸涨得通红，低着头说："陆政委，我是为战友万馥香着急，只是对你说说，外面不会去乱说的。"陆友告诉杨玲梅，这事千万不能让万馥香知道，这会影响她的情绪。杨玲梅嘴里应着，心里想这几天她见万馥香没精打采的，可能自己早就知道了。

总团决定要把万馥香留下来，陆友感到光靠群众意见还不行，自己也无法决定这样大的事。那谁有这个能力、魄力能办成这件事呢？他想到了空军司令刘亚楼。只有找到刘亚楼，也许能留住万馥香，找其他人都不行。刘亚楼司令能挑这个担子吗？他心中也没底，这事已惊动了中央军委。出于一个军人对人对事的责任感，陆友决定向刘司令写报告试试看。

作曲家羊鸣（杨明）参与了招收万馥香的全过程，政委陆友和团长黄河定下调子，嘱羊鸣执笔写这份报告。羊鸣在给刘亚楼的报告中说，万馥香同志是一位共青团员，她热爱党，热爱社会主义，从事文艺表演多年，演出基本功扎实，艺术方面有造诣，文工团需要这样的青年演员。稍加培养，也许能挑起歌剧《江姐》主要演员的担子。虽然她的家庭出身不好，但我们党的一贯政策是重在政治表现。万馥香很年轻，才刚刚成年，是属于我们党可以教育改造好的子女……团里的意见是把她留下来。

羊鸣写好报告，又修改了几遍后交给了陆友，陆友拿着报告直接去了刘亚楼办公室。刘亚楼看完报告，当时没有直接表态，思考了一下对陆友说，他要抽时间亲自去看看万馥香的表演。刘亚楼没有最后拍板，陆友心里还是有点担忧，听说万馥香吊嗓不注意方法，嗓子一直沙哑，在这个节骨眼上，可一点也不能出纰漏啊。

过了几天，刘亚楼来到空政文工团排演大礼堂，专门观看了万馥香半个多小时的表演。万馥香表演了黄梅戏《天仙配》唱段、歌舞剧《红珊瑚》"珊妹借药"唱段，还演唱了一段评弹开篇《蝶恋花》。陆友陪着刘亚楼观看，发现万馥香可能是心情太紧张，这次演唱发挥得不好，尤其是评弹《蝶恋花》唱得有点走调，心里很着急。

看完表演，刘亚楼问了些《江姐》剧本的修改和主要演员的落实情况，没有说什么。陆友又担心起来，这万馥香究竟留还是不留，刘司令员得表个态。见刘亚楼一脸严肃，陆友也不敢直问，他怀着忐忑不安的心情送刘亚楼出门。走出空政礼堂，刘亚楼边走边对陆友说："她还是个孩子！家庭出身不好，她有什么责任？"刘亚楼一锤定音，陆友心里的一块石头落了地。在刘亚楼司令的亲自关心和批准下，万馥香终于穿上了军装，成为空政文工团的一名战士。

经过刘亚楼司令特批，万馥香参军的事也迎刃而解。她在1963年12月12日的日记中写道：今天最大的喜讯是苏州专区领导同意我来这儿了，并且还寄来了介绍信，我真高兴，这下参军可以确定下来了。当天，吴助理给了军人登记表让我填，并问我要不要回家去一次。我很想回去一次，久未出远门，毕竟还不行，很想家。但我目前担任了《刘三姐》中主要角色，怎么办？得考虑大局，就写封信回去吧，让母亲和弟弟高兴高兴。晚上听陆政委报告，对《刘三姐》排演评价还不错，说还要去上海演出，太幸福了。会议结束后，陆政委虎着脸对我说："小万，今后不好好学，得挨揍。"我知道他是假装的，也扮了下鬼脸逃也似的回了宿舍。

《江姐》剧本的创作

大型歌剧《江姐》是空政文工团的一幕重头戏，剧本经过多次修改才定稿，倾注了空军司令员刘亚楼全部心血。

刘亚楼原名刘振东，福建武平湘店乡人。1929年8月，他加入中共地下党，参加农民革命暴动。在战争年代，刘亚楼历任延安抗日军政大学教育长，东北民主联军参谋长，东北野战军第一参谋长。平津战役期间，他指挥第四野战军14兵团解放天津。中华人民共和国成立后，刘亚楼曾任空军司令员、国防部副部长、国防科委副主任等。1959年9月，刘亚楼被授予上将军衔。刘亚楼是位能文能武的儒将，不仅有杰出的军事指挥才能，而且多才多艺，他会拉二胡、弹吉他、吹口琴，《我是一个兵》《莫斯科郊外的晚上》等歌曲也唱得不错。

歌剧《江姐》剧本创作与演出成功，与刘亚楼对文艺工作的重视，对艺术的精益求精关系极大。刘亚楼任空军司令员时说，空军除了有一支几十万人的作战部队外，还应建立一支有几百人的文艺队伍。1950年3月，空军文工团在长春成立。1958年8月，各军区文工团撤销，空军党委将空军文工团的主要骨干集中到北京总部，组建空军政治部文工团总团，团长黄河，政委陆友，下辖歌剧团、歌舞团、话剧团和空军军乐队，共有500多人。

1959年，全军第二届文艺会演，推出了不少优秀剧目，而空政文工团的几台剧目社会反响平平。为此，刘亚楼批评空政文工团，说"主帅有问题"。一句话，把文工团的领导一个个弄得心里忐忑不安。1960年冬，刘亚楼随中国军事友好代表团访问朝鲜期间，看到朝鲜方面由3000多人演出的大型歌剧《三千里江山》，很受震动和启发。回国后，刘亚楼把空政文工总团的领导找来，要他们研究搞一台大型歌舞剧，以革命歌曲对部队进行传统教育。

空政文工总团传达落实刘亚楼司令的指示，创作人员各抒己见，参与编剧阎肃的建议："我看《红岩》那部小说不错，书里有个'江姐'，咱们就写个'江姐'吧。"总团领导同意了阎肃的创作计划。不久，阎肃就揣着小说《红岩》去辽宁锦州探亲休假。长篇小说《红岩》是重庆国民党集中营的幸存者罗广斌、杨益言创作的，1961年12月出版。小说描写与歌颂了许云峰、江竹筠等一批英雄人物形象。

阎肃对《红岩》很熟悉，个人经历很丰富，对创作《江姐》提供了很大帮助。早年他曾随家逃往重庆，长期生活在四川并参加过学生运动，四川的乡土风情、国民党的残暴统治、地下党员的英勇斗争对他来说都再熟悉不过了。解放后他又在农村参加土改和清匪反霸，歌乐山、渣滓洞都多次去过，对中美合作所更是愤恨至极。阎肃带着小说《红岩》，利用他的探亲假，18天的时间就完成了初稿。"几度墨汁干，木凳欲坐穿。望水想川江，梦里登红岩"就是阎肃创作歌剧《江姐》的真实写照。在空政领导的支持下，阎肃怀揣剧本，和编导人员几下四川，多次采访小说《红岩》的作者罗广斌和杨益言，并与江姐原型江竹筠烈士的20多名亲属和战友座谈。经数十稿修改，完成了七场大型歌剧《江姐》的剧本。剧本完成后，他又把稿本送给《红岩》的作者罗广斌、杨益言，征求他们的意见，两人看后都给予充分的肯定。

歌剧《江姐》剧本

阎肃创作《江姐》剧本时，在浙江金华还发生了一段颇有意思的插曲。1963年盛夏，金华金兰汤水库一带发现几个"形迹可疑"的人，这些人操着外地口音，白天在水库附近溜达，晚上跟随一些剧团看戏，还不时在附近的茶馆里出没，到处找人聊天。针对这一情况，有群众报告了金华县公安局，立即引起了公安部门的高度关注。刚刚建成的金兰汤水库，是金华上百万人生产生活的重要水源，万一被阶级敌人放上颗炸弹或在水库投毒，后果不堪设想。侦察人员前往盯梢，才知闹了误会，他们被县委领导请进招待所款待。原来这些"形迹可疑"的人员，是北京空政文工团的羊鸣、阎肃等艺术家，他们为创作歌剧《江姐》，专程来江南采风。

《江姐》初稿完成后，阎肃把稿子带回北京。他创作的剧本故事发生在1948年春到1949年冬，地点在四川，主要人物有江姐、华为、孙明霞、双枪老太婆、蓝洪顺……及反派人物沈养斋、甫志高、魏吉伯等。歌剧《江姐》共七场，从第一场重庆朝天门码头"川江号子"开始，到第七场重庆"中美合作所"渣滓洞集中营女牢江姐向门外走去，江姐在红岩上昂首挺立，《红梅赞》歌声响起到剧终。主要内容为江姐遵照党的指示，投入华蓥山开展武装斗争起，到她被捕入狱、壮烈牺牲为止，描写了革命烈士与国民党反动派之间尖锐、复杂、激烈的斗争，塑造了江姐这一英雄形象。

空政文工团羊鸣、姜春阳、金砂组成音乐创作组，开始《江姐》音乐创作。这3人可都不简单，都是部队有影响的作曲家。羊鸣，原名杨明，山东蓬莱人。1947年参加中国人民解放军，1954年加入中国共产党。1956年毕业于东北音乐专科学校，是空军歌剧团创作组副组长，歌舞团艺术指导。姜春阳，山东莱阳人。1948年参加中国人民解放军。1962年加入中国共产党。担任过师文工队乐队队长，空政文工团创作员。金砂，本名刘瑞明，重庆市人。1942年考入青木关国立音乐学院。1949年参军，任解放军第二野战军政治部文工团编导、空政文工团创作员。

三位音乐大师使出浑身解数，不分白天黑夜连轴转，很快赶写好了曲子。陆友在团里召开第一次审稿会，会上由阎肃念剧本，羊鸣、姜春阳、金砂三人唱歌词。审稿结果，阎肃第一稿剧本写得太长，"江姐"哭丈夫一场戏，阎肃最初写了100多句，陆友笑着说："还不把演员累死啊。"阎肃立即动手修改，压缩剩 20 多句，唱词简洁而精练。会审结果，与会者总体看法是好的，陆友总结说：“文学上能站得住，人物、情节、高潮都有。”三位作曲家听了很高兴，又摇头晃脑地唱了一遍，还带有表情和手势，唱得很得意，自我感觉良好。

谁知他们唱着唱着，几位领导听得皱起了眉头，摇着头说：“不行，还得改！”这几位领导在音乐方面可都是行家，都不满意。会议结束时，陆友作了一个结论：“剧本还得修改，这第一稿的音乐全部作废！太肤浅，不行，一个音符都不要，推倒重来！”

后来剧本修改了 3 年，直到 1963 年 9 月，《江姐》剧本才最后通过终审，进入试唱排练阶段。1963 年 11 月 29 日，空军司令刘亚楼等领导，由陆友陪同，在空军小礼堂观看了歌剧《江姐》的连排。刘亚楼一边看演出，一边和陆友小声交谈，对剧中的情节、唱腔、歌词、说白都提出了修改意见。刘亚楼留学苏联近 10 年，毕业于伏龙芝军事学院，在莫斯科大剧院看过西洋歌剧，对歌剧的套路比较了解。

刘亚楼观后提出的第一个问题是主题歌。他说：“主题还需好好琢磨一下，不够响，要一字一句推敲。《洪湖赤卫队》的主题歌就很突出，主要是顺口。现在的问题是整个曲子没有核心，没有主调。《红梅赞》曲子不突出，目前还不能成为主题歌。”刘亚楼停了下又说，“我主张现在的《红梅赞》不要，离开原稿来写曲子，写完后再填词。可不可以用这种方法来把主题歌写好？可以采用一些地方戏曲和民歌元素，移植与模仿，但是必须要有特色。”

剧本音乐创作人员之一的金砂，在《中国民族歌剧的探索》（上海音乐出版社，2021 年版）一书“谈谈《江姐》的音乐创作”一文中说：“歌剧的作曲，有歌谣体，山歌式，戏曲音乐，从头唱到尾，只重色彩的音乐等手法。歌剧《江姐》的作曲是运用戏曲音乐的手法。”他从实践上升到理论，总结为音乐素材的选取，人物形象和心态变化多视角描写，音乐戏剧性的多层次渲染，传统伴奏手法 4 个方面。是编剧、作曲、导演、乐队思想一致，并对音乐进行了总体设计的成果。

后来，《江姐》剧本先后经过 4 次修改，音乐反复加工，仅《红梅赞》就 8 易其稿，修改达 20 多次。一曲《红梅赞》传唱了半个多世纪，经久不衰，受到一代又一代人的喜爱，这与创作时精益求精的态度是分不开的。

送给周总理的毛衣

1963 年 11 月 22 日下午，空政文工团里传出一件不小的新闻，万馥香向几位一团的女友借钱没借到，竟开口向总团政委陆友借钱。一般来说，团员家中有事，手头经济一时拮据，战友、团员之间借点钱，应个急，这原本不是什么大事，可万馥香是空政文工团 500 多位人员中，挑出来饰演"一号江姐"的演员，又是共青团员，她的一举一动在团里影响很大，这就不是小事了。

晚上开会，先是团长黄河讲即将与煤矿文工团合并的事，政委陆友谈文工团思想建设的重要性。会议结束后，副政委王振魁把万馥香留了下来。

"小万，家里妈妈身体好吗？"王振魁关切地问。"妈妈来信说，她和弟弟都好。"万馥香感到奇怪，王副政委怎么突然问起妈妈的身体来。"听说下午你又借钱了，借钱派什么用处？"王振魁已批评过万馥香平时不注意节俭，花钱有点大手大脚，几次向同宿舍演员借钱之事，要求她演英雄就得学英雄，事事处处严格要求自己。万馥香"嗯"了一声，心想也许王副政委关心自己，问一下就过去了。

"向谁借了，借了多少？"王振魁又追问了一句。他已知道这次万馥香把事情闹大了，竟向总团陆政委借钱，还要了工业券，但没有把事情点破。万馥香的脸一下红了，向总团陆政委借钱的事一定是被王副政委知道了。她是个敢做敢当的姑娘，事情瞒不过去了。"向陆政委借了 11 元，他还给了我 2 张工业券，买了 2 斤绒线，准备给妈妈织件毛衣寄去过年。"万馥香一五一十回答说。

"向陆政委借钱影响不好，还有困难吗？"王振魁嘴上批评万馥香，心里对她待人热情大方、乐于助人的品质是很赞同的，接着说："今后如有困难，对我说，我们一团内部解决。"

"是，王副政委，记住了。"万馥香行了军礼，大大咧咧地哼着曲子走了。她要急于回宿舍，与杨玲梅商量一件大事。其实，万馥香借钱到王府井大街购买的2斤高档绒线，是准备给周恩来总理织一件毛衣，让杨玲梅为总理唱评弹时带过去。

事情还要从一个多月前说起，国庆节后的第一个星期六晚上，万馥香和杨玲梅正在宿舍里唱弹词开篇。一个教，一个学，悠扬的琵琶曲调加上吴侬软语的唱词，一下吸引了同楼层的不少演员。这时，队长竹雯霞急匆匆来通知说："快！杨玲梅，晚上7：30，你有重要演出，马上准备一下！"两人一听有重要演出任务，就猜到是去给中央首长唱评弹。杨玲梅是空政文工团里唯一的评弹演员，她的评弹开篇表演，唱词婉转，情感细腻，很受欢迎，一时还无人能替代。

杨玲梅简单化了个淡妆，抱起琵琶，由竹雯霞陪着上了来接她们的小车。是去叶剑英元帅家，还是陈云副总理住处演出？杨玲梅心里想着。谁知小车直驶中南海，下车后将她们带到了中南海小礼堂，原来是周总理举行招待会。

当时，每逢周末，中央都要举办一些招待会，大家用唱唱歌，跳跳舞，放松下一周来紧张的工作疲劳和心情，也能锻炼下身体。夜幕降临，小礼堂内灯火辉煌。杨玲梅刚跨入小礼堂，已在会场上等候演出的马玉涛对她说："小鬼，怎么才来？总理在等你呢。你是第一个上场演出的，总理要听《蝶恋花》。"并催促她赶快准备一下，晚会马上就要开始了。

《蝶恋花》是根据毛主席诗词《蝶恋花·答李淑一》改编的弹词开篇。当年毛泽东的诗发表后，被谱上乐曲演唱，也被改编成评弹，编成舞蹈。弹词开篇《蝶恋花》成功地突破了地方曲艺局限，一下子走向了全国。听说周总理点名要听这首评弹，杨玲梅很兴奋，稍稍酝酿了一下自己的情绪，抱起琵琶走上舞台，弹唱起来："我失骄杨君失柳，杨柳轻飏直上重霄九。

问讯吴刚何所有，吴刚捧出桂花酒……"

这天杨玲梅感到自己的嗓子特别清脆，高腔低转，声情并茂，一口气唱完，在满场掌声中退下场来，这才定心地稍稍观察周围。只见周总理穿一件淡烟灰色的中山装，坐在一张藤圈椅上，聚精会神地观看着演出，看到精彩处，微微颔首，脸上始终挂着微笑，还不时和着音调用手势打着节拍。朱德、陈毅、叶剑英等中央首长分别坐在总理两旁。

当歌曲《洪湖水》的音乐响起时，周总理从座位上站起来，说："来，大家跳舞吧！"大家也都站起身来，随着音乐节奏翩翩起舞。在舞池里，周总理的舞姿最潇洒。杨玲梅心想，要是能陪总理跳支舞多好啊！可邀请总理跳舞的队排得很长，马玉涛等著名演员都在等，怎么能轮到她这个小姑娘，她也不敢瞎想。

杨玲梅见朱德一个人坐在那里，就向他走去。朱老总穿了一双圆口布鞋，迈起步子来有点生硬，杨玲梅听说他"舞步"不佳，自己也并不熟练，便小心翼翼地迈着四方步，陪朱德跳了一曲。跳罢舞，杨玲梅坐到了熟悉的叶剑英身旁，给叶帅削苹果。

这个小机灵，可不简单！叶帅明白杨玲梅的心思，把她领到总理面前。周总理微笑着问杨玲梅："你是小杨吧！来来来，我们跳个舞吧！"杨玲梅第一次与总理靠得这么近，既激动又紧张，一时不知道该怎么办。刚跳了几步，她因紧张，不小心踩了总理一脚，不知说啥好，一时呆若木鸡。周总理见场面尴尬，看到杨玲梅穿着一件天蓝色的绒线衫，织得很漂亮，笑着把话岔开说："小杨，身上的毛衣织得真好，你自己织的？"杨玲梅一下有了话题，连忙说："总理，是我的好姐妹万馥香织的，她也是空政文工团的演员，我们睡一个宿舍。"周总理"嗯"了一声，一边与杨玲梅跳舞，还不时同她拉起了家常，问她是哪里人，爸妈身体怎么样，还赞扬她唱的评弹好听，鼓励她在部队好好学习。

杨玲梅边跳边应着，只感到自己因紧张，身体与脚步一点也不听使唤，平时能说会道的舌头也不灵活了，一颗心怦怦乱跳，跳得快蹦出胸膛了。

杨玲梅在北京人民大会堂演出

回到团里，杨玲梅一字不漏地把周总理邀请她跳舞，称赞她身上毛衣织得好，下次还要听她唱评弹的过程告诉了万馥香。说者无意，听者有心，万馥香心想，周总理说自己毛衣织得好，何不织一件毛衣，让杨玲梅下次带给周总理。她把自己的想法告诉了杨玲梅，两人一拍即合，马上行动起来。送给总理的毛衣，一定要购上等绒线，万馥香和杨玲梅到北京前门商场一打听，顿时傻了眼，商店里的好绒线不但价格贵，每斤还要一张工业券，她们都没有成家，哪里来的工业券。

事有凑巧，那天下午总团团长黄河与政委陆友来歌舞一团，同一团团长王振魁商量《江姐》彩排日程。团长黄河平时较严肃，也不多说话，大家有点怕他。政委陆友见人总是笑嘻嘻的，团员们有了想法都喜找陆政委说说。

陆友刚要出一团的大门，万馥香等候在门口，开门见山地说："陆政委，我有事找你。"陆友怔了一下，以为万馥香演"江姐"老是不入戏，在团里多次受批评，闹思想情绪，想不干了。"小万，有什么事？"陆友不解地问。"我想向你借点钱，购2斤上等绒线，给妈妈织一件毛衣。"万馥香有点不好意地开了口。"好啊，要多少？"原来为这事，陆友定下心来，语气中带着赞许说。陆友突然又想，北京购高档绒线是要工业券的，问她有吗？万馥香摇摇头。

陆友关切地说："生活上有困难尽管开口，要把'江姐'演好，不要辜负首长和同志们对你的期望。"接着，陆友又说，"等会我让小李把钱和工业券送来，钱等你有了还我，工业券就送给你了。"万馥香轻声应着，眼里噙满了泪水。

借到了钱，万馥香和杨玲梅到商店里买了2斤当时最高档的绒线。购绒线时还有个小插曲，缺了一毛（角）钱。营业员见两个年轻女兵摸遍身上还是少一毛钱，说就少一毛钱，我来给你们垫吧。这可不好意思，后来她们发了工资到商场把这一毛钱还了。万馥香在结束一天工作后，连开了好几个夜工，把新毛衣织好了，只等杨玲梅再次去人民大会堂演出。

机会终于又来了，12月傍晚的一天，空政文工团首长接到总理办公室的电话，国务院要在人民大会堂举行招待贵宾的文艺演出，周恩来总理、罗瑞卿总参谋长等中央领导参加。电话通知说，周总理点了空政文工团的毛主席诗词《蝶恋花·答李淑一》评弹节目。

接到演出通知，杨玲梅突发奇想，她向空政首长要求，能不能让万馥香一起去，她的琵琶也弹得不错，唱评弹虽然比她差一些，但也上得了场，可以让万馥香弹琵琶，她来唱评弹开篇。这样，到时候让万馥香亲自把织的毛衣送给周总理。杨玲梅也想得太天真，给中央首长表演文艺节目或伴舞，有关部门要经过严格政审，像万馥香这样家庭背景的演员是不能去的。领导当然不能对杨玲梅直说，只是对她说，万馥香有演"江姐"的重要任务，不能去。

如何把那件毛衣带去呢，杨玲梅颇费了一番心思。公开带去肯定是不行的，会受到团领导的严厉批评。杨玲梅把毛衣塞在琵琶的背袋中，不露声色上了小车。

当晚的文艺演出有侯宝林、马玉涛、马国光等著名演员，杨玲梅赶到会场时，马玉涛拉着她的手，亲切地说："小鬼，大家都在等你们，演出马上开始，总算你们赶到了。"第一个节目就是评弹《蝶恋花·答李淑一》，杨玲梅的苏腔唱得韵味极佳，台下观看的周总理带头鼓起掌来。演出结束前，有人通知杨玲梅，总理要接见她。杨玲梅心想，这是她把毛衣送给总理最好的机会。

杨玲梅来到周总理面前，总理一下就认出了她，说："小杨啊，你的嗓音真好，比上次演唱更加有韵味，对毛主席诗词意境也理解得更精准了，尤其是'忽报人间曾伏虎'唱出了气势，不错。"总理微笑着又说，"你们就不要走了，下面是侯宝林的相声节目，就坐在这里一起欣赏吧。"

杨玲梅坐在周总理与罗瑞卿总参谋长中间看节目，侯宝林演出的节目是"周总理访问亚非拉"，表演得很精彩，会场上笑声掌声不断。杨玲梅却有点心不在焉，心里暗暗叫苦，万馥香和她都想得太简单了，在这种场合，毛衣是根本无法拿出来送给总理的。

虽然毛衣没能送成，杨玲梅回团后被万馥香埋怨一番，说她办事不力。但她再次受到周总理接见，也为空政文工团争得了荣誉，心中兴奋极了。谁知晚上开团务会却受到团里批评。原来杨玲梅在陪周总理看侯宝林大师的相声时，她心不在焉的样子被近处的王副政委看在眼里。王副政委说，总理点的苏州评弹节目演出效果很好，总理又接见你，让你在他身旁一起看节目，你却东张西望的，思想不集中，这是对总理的不敬，要作深刻反思。

后来，杨玲梅又两次到人民大会堂为周总理表演评弹节目，有一次，周总理还带着夫人邓颖超一起来看苏州评弹。

排演《江姐》的日子

从1962年10月，空政文工团开始排演歌剧《江姐》。到1963年秋，《江姐》在北京空军礼堂公演，经历了近两年时间，300多个日子。司令员刘亚楼多次亲临排练现场，观看、指导剧组边排练边修改，总参谋长罗瑞卿也应刘亚楼之邀观看排演，提出修改意见。作为主要演员的万馥香经历了无数次的失败与困惑，半途甚至怀疑自己能否担得起《江姐》的主角？在空军首长、空政领导和文工团战友们的关心及帮助下，万馥香终于成功地饰演了"江姐"这一英雄人物。歌剧《江姐》千锤百炼，精益求精，一炮打响，红遍全国。一本《万馥香日记（1962—1964年）》，详细记录了《江姐》排演的全过程。

万馥香刚到部队，空政文工团刚好在排演歌剧《江姐》，挑选演江姐的主角，这关系到整部歌剧成功与否，一时不好裁定，只好让新老演员都穿上服装试一试。万馥香对自己能否被选上，并不抱多大希望。毕竟她初来乍到，空政文工团人才济济，她原本不想参加竞选，以免被别人评头论足，说苏州来的小姑娘不知天高地厚，她找了个身体不舒服的借口，在宿舍里休息。

歌舞一团通知演员参选那天，总团政委陆友也来了。陆友一看参选现场万馥香不在，心想这关键时刻小万跑哪里去了。一打听，说万馥香身体不舒服，在宿舍里休息，不参加竞选了。陆友有些疑惑，真的还是假的？万馥香是他亲自从苏州挖来的"苗子"，是他心目中扮演"江姐"的人选之一，很有可能被选上，若放弃，太可惜了。陆友来到万馥香宿舍，见她正坐在床上织毛线，精神面貌正常，哪有什么病？于是说她不求上进。

万馥香被陆友批评后，只得稍稍化妆一下，来到了空政的参选现场。万馥香是在山清水秀的江南水乡长大的，地灵人杰的洞庭东山赋予了她特有的身段与音色。她还是个20岁刚出头的姑娘，长得匀称、丰腴、端庄、大方，一上台就有一种高雅的气质，试装效果非常好。容貌、体形、气质等外部条件是合格了，但她的唱腔音色又如何呢？考官让入围的几位演员每人唱一段《江姐》选段。万馥香原是唱越剧的，由于唱腔融进了越剧与四川清音的曲调，她唱起来得心应手，游刃有余，评选结果，大家一致同意由万馥香出任"江姐"一角。

一个刚来不久的新学员，能挑起这副重担吗？有领导担心，也有人从政治角度考虑，持不同意见，说万馥香出身不好，这与革命英雄人物不般配。问题反映到司令员刘亚楼那里，刘亚楼拍板说："万馥香我了解，可以胜任。"《江姐》的角色定了下来，这对万馥香来说，这副担子有多重啊！多少个曙光初露的清晨，多少个夜阑人静的午夜，万馥香苦练体形、唱词、台形……有几次因减体重少吃而晕倒在排演场上。

1963 年 9 月，《江姐》进入试唱、排练阶段，经过严格的筛选，扮演江姐的演员有三位，万馥香、蒋祖缋、郑惠荣。后来，这三位女演员被社会公认为"第一代江姐"。

蒋祖缋是空政文工团合唱队队员。她学过西洋唱法，嗓子好，底气足，普通话也说得标准。缺点是没有学过戏曲表演，对于如何演唱民族风格的大歌剧，她没有经验，需要学习和锻炼。

郑惠荣原是煤矿文工团的歌剧演员，该团有较强的实力，与空政文工团关系较好，后来因煤矿单位有所变化，1964 年 2 月 1 日，合并到空政文工团来。郑惠荣是煤矿文随工团调来的，她一来就赶上了《江姐》开始试唱、排演。郑惠荣学过歌剧，主演过歌剧《白毛女》里的喜儿，《王贵与李香香》里的李香香，歌剧表演比较全面，有明显优势。但与万馥香、蒋祖缋二人的长处比较，又略显不足。

万馥香、蒋祖缋、郑惠荣三人在舞台表演上各有所长，又各有不足：万馥香从小学习戏曲表演，唱、念、做、打，基本功扎实，掌握了一般戏曲的表演方式和手段，舞台形体动作也非常好。缺点是因她过去长期学演锡剧、越剧、苏州评弹等剧种，吴侬软语说惯了，南方口音较重，剧中台词很难说得铿锵有力。与两人相比，万馥香最大的不足是体形过胖，普通话咬音不准，台上表现动作有点飘。万馥香在近两年多的《日记》中，多次记录着空军首长和团领导的批评、鼓励，导演与蒋祖缋、孙维敏老师的指导帮助。

万馥香 1963—1964 年《日记》

1963 年 11 月 21 日，今天大家分析了剧本，对《江姐》第三场有很大启发，我在第三场中，人物完全走出来了，我根本没有走进去，自己觉得很好笑。导演及时指出了我的缺点，说我台词、表演都退步了。有什么思想？我吃了一惊。平心而论，自己放松了，老以为自己没这份能耐，想不动脑子，看人家演，自己模仿一下就行了，这种想法使我退步了。练普通话不能放松，一定要狠狠抓。

排演结束后，陆政委（友）对我说：

"小万，你出来不容易，一定要珍惜这次机会，这么好的机会，一定要抓紧练！""对呀！能出劲出力的时候，为啥不全力以赴呢？不舍得下苦功，掉几斤肉，难道光想养肥自己吗？"

22日，今天几台戏连排，成绩下降。刚出场自己对剧情还较熟悉，表演了一下，结果到后来却是这样糟糕。一二场完全没进入角色，必须要好好下苦功练。第三场似乎感情上对头了，表演也较自然，但一下感情又不能正确表达出来，好像在台上不是在表演，而是在背台词。第四场稍稍好一些，也不理想。陆政委与同志们一定都非常不满意，心里好像在说，小万究竟能不能演好江姐？

失败是成功之母，我一定要奋起直追。蒋老师（祖缋）的表演是有进步的，特别是第六场，许多唱段里的高八度都能够"顶"得上去。蒋老师非常有毅力，我要虚心向她学习，学她的台词、唱词，舞台上的表演有分量，以后得好好请教她。晚上，请一机部吴主任来讲《江姐》，他是与江姐1947年后一起办《挺进报》的，以后又一起去川东，一直在一起工作有两年，使我们深受感动。

23日，晚上排演，刘司令员（亚楼）和陆政委（友）等首长来了，我正在演出厅里熟悉台词，连忙给首长们敬礼，帽子也戴歪了，出了个洋相。陆政委还笑着对我说："小万，我们替你打官司，不但戏要演好，苏州原单位的关系也要处理好。"

24日，上午开演员队会议，会上冷队长当众批评我了，说我表演不入戏，这还是我到空政文工团第一次挨批评。加油！只有这样，今后才能把《江姐》演好。别小孩子气，一定要珍惜这大好的机会。

12月3日　今天下午听了陈之俊同志的报告，她也是1947年与江姐一起办《挺进报》的同志，介绍了与江竹筠（江姐）的不少真实情况。听了她的报告，我觉得今后在排练中要掌握好这样几个方面：一是江姐是一个宁静、秀气、对人和善、虚心的人；二是江姐一般不大说话，说出来的话很有分量。

20日，今天感到很苦恼，主要是声音方面，我是比较矛盾的、痛苦的。没能很好解决。感到自己苦练得还不够，要知道"懒汉是不能搞文艺工作的"，我要千万记住这句话。

1964年1月8日，下午开会，分析1—4场存在的问题，导演讲得详细周到，指出我的缺点是普通话不标准、台词说得过快、人物刻画不深入。孙维敏老师说，要多看书籍，多看革命故事，从中吸取精华，加强对人物的塑造。我要向孙老师请教学习。

1月14日，下午排两场。第一场还过得去，但第二场排练不理想，自己对角色体会不深，结果对剧中人物往往掌握不住，不是过了，就是出不来。唱法虽有进步，导演不满意。听别人唱得好，心里实在羡慕，这不是一日之功，得拼命练啊。真假音也是个问题，光着急，心里火，也解决不了问题，我该怎么办？

1月21日，今天连排了第六、第七两场戏，效果又不理想。第六场是重头戏，导演说我的气概还未出来，要"理直气壮，大义凛然"，因理直气壮不够，下句当然接不上来。气足了，不全是声高声低的问题。我觉得江姐讲真理永远是我们的，那么成功也离我们不远了。第七场，排得有点头昏脑胀，糊涂了，精力也有些不够，导演为导我这个主角也累得够呛。

1月28日，两天排演，人很紧张，嗓子又出了毛病，真糟糕。排演效果不怎么样，陆政委、黄团长看了，叫我们停下来继续研究，各方面的问题还很大。原来是一场一场排，现在连在一起排，总觉得力量分配不均匀，人物性格上也不连贯了，必须解决好这些问题，否则，人家不认你这个江姐，真难啊！

万馥香《日记》1964年2月16—18日

1月30日，总团领导连续两天来参加讨论剧情，大家说小万问题最大。说我扮演的江姐，太浮躁。陆政委（陆友）说我演得毛毛躁躁，惊慌失措，没有身份，不够稳重。黄团长（黄河）还严肃地问："你们一团能不能把《江姐》演好？"王团长（王振魁）朝大家看，我把头低下去，不敢同王团长的眼神对视。唉！是我拖了全团的后腿，不吃不睡也要把这些问题解决好。

2月12日，晚上王副政委（王振魁）来宿舍看我们，说我胖了些，要注意控制饮食。大家说我屁股大，江姐不是这样的。真矛盾，胖了不能演江姐，可瘦了唱歌底气不足，也唱不好。我也想少吃一点，可肚子老叫唤。真的没办法，明天起就吃个半饱吧，等演好《江姐》，再痛痛快快饱吃一顿。

2月15日，这两天主要讨论《江姐》的演唱，导演说我一、二场表演得不错，五、六场效果也很好，尤其是第五场，改掉了以前表演中的毛躁与幼稚，对同志不亲，包括对敌人不恨，不够稳重的老毛病。陆政委、王（王振魁）团长也都在会上说，要向小万学习，祝贺她努力攻克业务关。第一次受到领导的表扬，心里很高兴，也有了信心，自己感觉终于入戏了。

1963年年底，从万馥香写给弟弟何兆钧的信中，也可看出她为演好歌剧《江姐》所付出的辛勤汗水。

钧弟，你好！

……我已24岁了，但我们每天要练功，练功是要从小练才行呀！可我现在年纪大了，手脚都有点硬，一天练下来腰酸腿痛。加上自己的右腿年少时上山砍柴摔坏过，腿脚条件不好，年纪又大，真的不想练了。但我上台演《江姐》又要这基本功，怎么办？练吧，自己比人家进度慢，又掌握不好要领，真是既难又急，早知道这样，我不来空了。话又说回来，既然首长看得起，导演上了我演江姐，不要成为"扶不起的刘阿斗"。在困难面前，我记住一条，就是"笨鸟先飞"这句话。

我每天比人家早起一个小时，先把腿脚活动一下，再把动作复习几遍，到老师来上课时,我再按照老师教的去练习动作。这样,我每天就要比别人多练好几遍功,就比别的同志学得快一点,舞台动作长进得快一些。但要知道,我是每天早起练"私"功的呀!再比如,现在我们老师上课教组合,动作复杂且难度大,每天教的内容,全靠自己去领悟。一天教很多内容,第二天又要往下教新课。课上,老师根本不复习昨天的动作,怎么办?跟不上也得跟,谁叫你来吃艺术这碗饭呢?谁让你担任主演《江姐》呢?我是上课时认真听老师讲课,一般老师边讲边示范,我也就在课堂上悄悄跟着做动作。在我们一团,我个子不高,但我选择了最后的座位,目的就想边听边练,不影响别人。听千遍不如做一遍,这样我又比别人抢先走了一步。每天上课一小时,下课后团里又有许多工作要做,没有时间复习上课的内容,我就利用晚上排演后,别人上床睡觉了,我再在宿舍的走廊里练几遍。

钧弟呀,我们团里的学员都是百里挑一,或千里挑一,从全国各地选上来的文艺尖子,不少人还是大学生,而我只有中专水平,无论是文化水平还是声乐、舞台表演水平,与他们都相差很大距离。我不怕人家说我笨,不懂就问,问同行,见老师有空就问老师。有时去演出的路上,大家都乘着车,说说笑笑的好热闹,我就一个人坐在车后面,脑子里默默背要领。静思剧中表演哪一拍是抬头,而哪一拍是举手的动作。现在,同志们都选我当小组长,去辅导那些基础比我差的学员,这样我的时间就更紧张了。当然,在日常生活中,我也有不少时间没有掌握利用好,白白浪费了,很可惜。

钧弟,姐姐今天说的这几个例子,是希望你有不学好不罢休的精神,只有自己要了,才能下苦功去学。我现在

1963年万馥香写给弟弟何兆钧的信

还做得很不够，特别是我是歌剧演员，我的嗓子不好，人家条件大多比我好，但我也不甘落后，笨鸟先飞，反复唱，反复练，奋起直追……

1963 年 11 月 13 日

刘亚楼多次改剧情

《红梅赞》是歌剧《江姐》的主题曲，在神州大地上传唱不衰，这与刘亚楼的关怀和亲自参与，以及对歌词的严格要求是分不开的。刘亚楼留苏期间，看过《天鹅湖》《卡门》等名剧，对西洋歌剧的套路颇为了解，也懂得民族唱法，所以他在《江姐》排练中提出的意见，绝不是隔靴搔痒，经常能说到点子上。对此，剧组人员都服他。《江姐》的剧本不知修改多少次了，万馥香等演员已排演多次，连剧作家阎肃也认为差不多可以了。可有一天，刘亚楼对他说，人家歌剧都有主题歌，《江姐》也要想办法写一个主题歌加进去。

一般歌剧创作，先要有主题歌，后有咏叹调，而歌剧《江姐》是先有咏叹调，原因就是开始歌词迟迟定不下来。按照刘亚楼的创作思路，要求编剧阎肃写一段主题歌的歌词。思路敏捷的阎肃立即动笔，写道："行船长江上，哪怕风和浪……"他又情不自禁地想到四川去了。刘亚楼看后很不满意，剧组人员也都跟着摇头，说不能仅局限川蜀之地。阎肃没办法，又写了数稿，都没有通过，最后刘亚楼下了"限时令"。阎肃无奈之际，从衣兜里掏出一页稿纸，试探性地对刘亚楼说："刘司令，上海音乐学院有位教授叫我写个关于梅花的歌词，我取名《红梅赞》，恐怕离《江姐》是远了点，您要不要看一下？"阎肃说这段话的意思，刘亚楼当然明白，说："念来我听听。"阎肃一听来劲了，便抑扬顿挫地吟诵起来："红岩上红梅开，千里冰霜脚下踩……唤醒百花齐开放，高歌欢庆新春来。"阎肃对这首《红梅赞》歌词没抱多大希望，只是想缓和一下尴尬的气氛。刘亚楼听完，高兴地一拍桌子说："这个曲词好啊，就这个，定了！"真是"柳暗花明又一村"，阎肃肩上如卸下千斤重担，总算完成了刘司令员交给的任务。接着，刘亚楼又召来作曲的羊鸣、姜春阳、金砂，高兴地说："一部戏，除了精彩生动的剧情，还得要有两三首好歌在剧中唱响。写出好的歌词不易，谱成优美的曲子也难，但我们要有信心攻下这个堡垒。"看三人站着听，他用手示意大家坐下后又说："我们的《革命历史歌曲表演唱》中有首《十送红军》，就很有特色，找不到和它雷同的，《江姐》这部戏也一定要有观众喜爱的好歌。"

主题歌《红梅赞》歌词有了，作曲的创作修改，刘亚楼也亲自一句句过目审定。羊鸣等先后谱了8首，反复比较选择，精雕细琢，修改了20多次才最终定稿。1996年，阎肃在谈及歌剧《江姐》创作时，深情地说："我始终是怀着深深的敬意感激、怀念我们的这位刘亚楼司令员，他是那样热情，那样炽烈地爱护、扶持歌剧《江姐》，那样鲜明、强烈、无微不至地关怀和支持文艺工作的。"2004年秋，阎肃应邀到苏州东山参加"洞庭（山）碧螺春茶文化研究会"，还说起歌剧《江姐》，说起主演《江姐》的万馥香。

刘亚楼对《江姐》主题歌的创作是这样要求的，对剧情的每个表演细节同样严格要求。1963年秋，《江姐》进入试唱排演时，刘亚楼还特地邀请总参谋长罗瑞卿来一同观看，请他提提修改意见。罗瑞卿也不客气，观看时直抒己见。第七场中《绣红旗》头四句唱词是："线儿长，针儿密，含着热泪绣红旗，热泪随着针线走，说不出是悲还是喜……"罗瑞卿听后，沉思了一下说："不如把第四句改成'与其说是悲，不如说是喜'。"虽稍作改动，意义有了升华。刘亚楼点头赞同，深情地说："个人的一己之悲，终究不如革命大局之喜，两者孰轻孰重，可以也应该明确地说出来，这样更符合以江姐为代表的全体难友的心声。"这样可谓"一字千金"的修改，使唱词的意境大为增色。阎肃和编导人员从中受到鼓舞。排演结束后，刘亚楼还听万馥香、蒋祖缵又唱了几遍，对她们说："曲不离口，才能熟记，别与前面的混淆了。"

歌剧《江姐》第一场戏是江姐高高兴兴出发，第二场是哭丈夫的人头，第三场与双枪老太婆见面又哭一通，第五场江姐被捕，第六场蹲监狱，第七场即江姐就义，音乐情绪一直在走"下坡路"。刘亚楼听后说："怎么使人越听越丧气，压得人透不过气来！"于是剧情再次修改，第四场增加了喜剧性的生活情调，情绪也活跃起来，戏更完美，也产生了极强的效应，令观众大笑不止，大大减弱了后半部戏悲哀的气氛，使江姐显得慷慨、英烈、豪壮。

《江姐》编剧、作家阎肃

看到第五场，刘亚楼又不满意了。剧情是叛徒甫志高趾高气扬地带着国民党特务上场，找到江姐所在的地下联络站。江姐对甫志高的突然来到，顿起疑心，一边给他倒茶，一边与他套话。刘亚楼看到这里不高兴了，气哼哼地说："不要让江姐给叛徒倒茶，可以安排江姐做别的事嘛。"随后，刘亚楼对扮演江姐的万馥香说："江姐是有斗争经验的老同志，你的动作有点浮躁，镇不住叛徒。"又指着扮演甫志高的演员刘痕不满地说："你演的甫志高一点也不紧张，潇洒得很，叛徒背叛了革命，心里都是很虚的，这个叛徒应该紧张才是，别忘记了自己演的是什么人。"

过了几日，刘亚楼又来看剧情修改后的排演。看着看着，他又说起来："我还是不满意戏中的甫志高，太潇洒了，这个叛徒不好演，要好好体会一下。"又说，"甫志高的戏出不来，烘托不出江姐的临危不惧。"批评几句后，剧组又接着排练，万馥香与刘痕更是用了心。刘痕上场摇头晃脑刚唱几句，刘亚楼在台下又嚷起来："你看，我们的演员同志又忘了，他又忘了自己在剧中的角色，一唱就忘，又开始潇洒起来了，他潇洒惯了！"

刘亚楼略带幽默的批评，在场的人都抿嘴笑起来。回驻地的路上，刘痕对大家说："刘司令的批评真有意思，我的老毛病总是改不了，听到后在台上也真想笑。"万馥香说："你这老是潇洒，苦了我们大家，只得一次次重排。你这潇洒的缺点改了，我的浮躁毛病也克服了。"扮演双枪老太婆的孙维敏揶揄了一下刘痕，开玩笑说："要是让我早点在华蓥山把你毙了，也就没事了。"说得满车人都笑起来。

晚上，空政文工团召集剧组人员开会，希望大家认真领会刘亚楼司令员的指示精神，再次精心修改剧本和剧情。第二天，刘亚楼又来看第六场排演，再次对唱词进行修改。在这场戏中，叛徒甫志高在审讯室里有一段对江姐劝降的戏，《你如今一叶扁舟过大江》原唱词：

多少年政治圈里论短长，到头来为谁辛苦为谁忙？

看清这武装革命是空流血，才知道共产主义太渺茫。

常言说英雄豪杰识时务，何苦再出生入死弄刀枪？

倒不如，抛开名利锁，逃出是非乡，醉里乾坤大，笑中岁月长，

江姐（万馥香饰）怒斥叛徒甫志高

莫管他成者王侯败者寇，再休为他人去作嫁衣裳！

刘亚楼看后，觉得甫志高这段唱词话语过白，有副作用，要作些修改。国家主席刘少奇、总政副主任刘志坚看后，也先后提出一些修改意见。编剧阎肃冥思苦想，一时想不出替代的合适词句。见阎肃迟迟未作改动，刘亚楼就把他叫到家里，说："阎肃啊，阎肃！我们三个姓刘的提出的意见，你怎么还不改？今天我要关你的'禁闭'！你就在我家里改，改出来我才放你走。"刘亚楼虽然是批评人，还是很注意说话的艺术的。

阎肃对刘亚楼的批评心服口服，还觉得有点幽默，有点轻松，但见司令员有点生气了，也着急起来。也许是急中生智吧，在刘亚楼家里，阎肃居然文思如涌，妙笔生花，很快就拿出新的一稿：

你如今一叶扁舟过大江，怎敌这风波险恶浪涛狂？
你如今身陷牢狱披枷锁，细思量何日才能出铁窗？
常言说，英雄豪杰识时务，何苦再宁死不屈逞刚强？
倒不如，激流猛转舵，悬崖紧勒缰，干戈化玉帛，委屈求安康。
绝路回首是常事，退后一步道路会更宽广。

刘亚楼听阎肃吟诵完，又接过稿子看了看，在几处再作了些小改动，才点头认可，宣布解除阎肃的"禁闭"。后来在正式演出时，刘亚楼又要求压缩时间，在剧中不要给叛徒甫志高更多的场面，阎肃就把"常言说……何苦再……"两句给砍掉了。大家都说，刘亚楼通过戏剧找到了一个往甫志高身上出气的地方，替江姐等烈士狠狠"收拾"了那些认敌为父的叛徒。

江姐就义前向难友们告别的那段唱词，也是刘亚楼让改，而且是他亲自改的。刘亚楼曾说：不要把艺术神秘化，政治工作者应该懂得艺术，文艺工作者也应该懂得政治。强调文章不厌千回改，艺术就是要精益求精。

剧中插曲《我为共产主义把青春贡献》有段唱词："春蚕到死丝方尽，留赠他人御风寒；蜂儿酿就百花蜜，只愿香甜满人间。"刘亚楼经过反复斟酌，将首句修改为"春蚕到死丝不断"。阎肃细加品味，觉得这一改，含意深厚，体现了共产党人至死不渝的坚定信念和人格力量。

1963年10月，歌剧《江姐》在北京公演后，空政领导遵照刘亚楼司令员的批示精神，广泛收集观众反映，不但天天印发演出简报，通报情况。还安排不参加演出的人员坐到剧场里去收集群众反映，在演到江姐爱人牺牲、江姐哭人头时，看身边有多少人落泪……此后，该剧边演边改、边改边演。

1964年年底，刘亚楼在上海治病时，仍关心着《江姐》的演出和对剧情的修改。空政文工团一到上海，他就召见文工团领导和主要演员。11月19日，歌剧《江姐》在沪首场招待演出，刘亚楼抱病参加。1965年春，刘亚楼的病情开始恶化，但他不管身体多么难受，仍然不时询问演出情况，有时还把编导和演员找来，逐条研究观众的意见，躺在床上艰难地修改剧情与歌词。最后一次，他还用手使劲地压着疼痛的肝部，语重心长地对编导和演员们说："你们的戏已经演了不少场了，到处受到好评，我赠予你们几句话，算是祝贺吧：谦虚谨慎，重视缺点，保持光荣，发扬光荣……"

"江姐"与"女飞行员"

1964年5月16日，北京空政文工团大门口，万馥香与杨玲梅依依惜别，两人在一起生活了将近两年，她们同吃、同睡、同训练，连部队发的工资也放在一起使用。冬天，杨玲梅惧寒，万馥香不怕冷，两人就睡一个被窝。半年前，杨玲梅在团小组长万馥香的帮助介绍下加入了共青团，两人的关系是战友、同志加姐妹。

大门口的军用吉普车揿着喇叭，催促杨玲梅快上车。临行，万馥香把那件心爱的红色毛线衫送给杨玲梅，这是她饰演"江姐"时穿的，杨玲梅多次流露出羡慕的眼神。"馥香，送给了我，你演出时穿什么呢？"杨玲梅不肯收下。"玲梅，你放心，我还备有一件呢，到了新单位，把你那个'女飞行大队长'演好，可不能辜负了刘司令员的期望。"杨玲梅眼中噙着眼水点点头上了车，在车窗前摇手与送行的领导和战友们告别。

万馥香在《日记》中写道：小杨走了，她是去接受光荣而艰巨的新任务。朝夕相处的好姐妹离开了，宿舍里空荡荡的，心里非常难受，我能说什么呢？应该为她感到高兴。从此，我们见面的机会少了，但愿我们今后都能一帆风顺，经常见面。

创作《女飞行员》是周恩来总理给空军政治部布置的一项特殊任务。1959 年 8 月，《年轻的鹰》代表空军参加全军第二届文艺会演，取得成功。周恩来总理亲自观看了《年轻的鹰》，并接见了全体演职人员。总理称赞说："这个戏演得很好，很成功，把空战搬上舞台是个独创，天上的仗拿到地上打，空战看不到飞机很新鲜。这个戏看一遍不行，我还要再看看。"他还对其他领导人说："这个戏对青年人教育很大，让孩子们看看很好。"于是，空军政治部创作了京剧《女飞行员》。

京剧《女飞行员》，又名《飞兵抢险》，1964 年刘亚楼在空军文艺创作会议上亲自定下这一剧目，由空军政治部宣传队担任排演。1964 年 5 月初，《女飞行员》开始排练时，刘亚楼到空政文工团来"点将"，他要总队队长黄河推荐一位能唱、能演、能表演舞蹈的"一号演员"，饰演剧中的女飞行大队长。黄河首先想到最合适的人选是万馥香，可此时歌剧《江姐》即将正式上演，并根据刘亚楼的指示，剧情还在不断修改之中，作为主要演员之一的万馥香是不可能再担任这一主角的。

一天黄昏，黄河晚饭后在空政大院散步，恰遇迎面急匆匆走来的万馥香，"小万，你过来，我们聊聊，有件事想听听你的意见。"黄河边走边说，示意万馥香到室内去谈谈。待万馥香坐定后，黄河把刘司令员前天来文工团大院的意思简单说了一下，请万馥香说说，看团里谁合适担任这一角色。万馥香稍稍考虑了一下说："要说人选，我倒有一个。"黄河急切地问："这人是谁？""杨玲梅，她与我一起到天津学唱过梆子戏，高难度的嗓音能吊上去，再努力些能唱好京剧。"万馥香见黄河在认真地听她讲，接着又说："小杨性格外向，人也灵活，一定能胜任。"万馥香与杨玲梅同岁，只比她大3个月，平时总以老大姐自居，称她小杨。黄河听后笑了笑，心想你这个万馥香，小杨是你叫的。他思考了一下说："行，是个人选。"可他叮嘱万馥香，他还要向刘司令员汇报，在团里没有最后定下人选之前，先不要告诉杨玲梅，也不要向外界透露这一消息。

万馥香和杨玲梅睡的宿舍在空政文工团3楼，房间靠近灯市口的路灯，晚上大院吹号熄灯后，路灯光照进宿舍，在窗口能借着明亮的灯光看书写字，平时她们只能拉上厚厚的窗帘睡觉。接连几天，杨玲梅半夜醒来，总见万馥香还没睡，在窗口织一件红色的细绒线衫，与她演江姐时穿的那件一模一样。杨玲梅好生奇怪，问她织给谁的？要这样夜半三更地赶着织好。万馥香回答她说，是送给好朋友的，说完还朝杨玲梅神秘地笑笑。好朋友！杨玲梅扳着指头算，蒋老师（蒋祖缋）算一个，顾干事（正平）也算一个，还有小丁、小李，不对，她们还没有到这种关系，该不会是送给我的吧。她也不睡了，从床上爬起身，假装生气地说："馥香，这几天你神秘兮兮的，该不会有事瞒着我吧。"万馥香连说："没有、没有，有事哪能瞒好姐妹，我俩快睡觉吧。"

星期六晚上，《江姐》剧组导演来了，与文工团一组全体人员到空军大舞台讨论演出情况，黄河通知杨玲梅留下来，到他的办公室有事。杨玲梅刚踏进总队办公室，黄河就对她说："小杨，空政决定调动你的工作，到政治部宣传队去担任更重要的任务。"杨玲梅从这几天万馥香神神秘秘的脸色中，总感到她有啥事瞒着自己，原来这事她早就知道了，心想万馥香也真不够交情，好姐妹还瞒着不说，让她猜得好苦。

别看杨玲梅平时也跟着万馥香大大咧咧的，领导真要交任务，要她挑担子独挡一面时，她怕了，连忙摇着手说："我是唱评弹的，唱京剧不行，还要担任京剧主角，团里有的是人才，还是让别人去吧！"黄河做了一会工作，见杨玲梅还是不肯接受新任务，使出了最后一招，对她说："这是刘亚楼司令员点的名，你想不通，自己去找刘司令员说吧。"杨玲梅愣住了，想不到刘司令员这样看重自己。刘亚楼司令员是全团都敬重的领导，她不作声了，表示接受。

杨玲梅到北京沙河机场不久，京剧《女飞行员》就开始排练，全剧7名演员，她任剧中女飞行大队长。担任主角的杨玲梅在剧中戏多，唱段也多，部里请了京剧演员叶盛兰来指导她。叶盛兰是著名京剧大师，京剧叶派小生艺术的创始人，嗓音宽厚圆润，气度大方，扮相英俊，表演细腻，行腔刚劲，华丽婉转，能演的戏很多，代表剧目有《群英会》《吕布与貂蝉》《西厢记》等。1955年任中国京剧院一团团长，随中国艺术团首次赴西欧国家访问演出。

在《女飞行员》排练的半年多时间里，叶盛兰每周一次到沙河机场教杨玲梅她们唱京剧，他耐心地从京剧的基础教起，教她们学叫板、上板、唱娃娃腔。演员们掌握一定的功底后，叶盛兰又要大家学梅兰芳唱段，亮亮嗓门，一步一步把她们引上京剧表演之路。叶盛兰对杨玲梅等学员要求很严，听课是不允许记笔记的，要大家用脑记，不能分心。一次，排练休息时，杨玲梅应众人之邀，唱了一段评弹。事后，叶盛兰语重心长地对她说："你这么一唱，学京剧分了心，大家也不专注了。"在叶盛兰大师的精心辅导和严格要求下，杨玲梅很快成为剧中一名合格的女飞行大队长，叶盛兰很高兴，邀杨玲梅到他家中作客，据说还准备收她为"关门女弟子"呢，后因杨玲梅调动工作而未成功。

京剧《女飞行员》排练成功后，杨玲梅她们先到北京等地部队轮流演出，接着剧团又到北戴河，为正在那里休假的首长演出半个月。1965年2月27日，《女飞行员》在北京中国京剧院剧场公演。杨玲梅设法要到了一张正排的坐中间的坐位票，送给了万馥香。当时，万馥香演《江姐》的时间很紧张，还是抽时间来看了演出。

一场戏45分钟，演出很快结束了。万馥香到后台看望杨玲梅，祝贺她演出成功。杨玲梅简单卸了妆，拉着万馥香就朝外走，说有一件特大的喜事告诉她。万馥香一时被弄得莫名其妙，只得跟着她朝外跑，原来杨玲梅要把她登上毛主席乘坐的专机的喜事与万馥香分享。

两人在剧场后院的凳子上坐下，杨玲梅绘声绘色地把她们登上毛主席专机的经过讲给万馥香听。一次，空军的一位首长到沙河机场排演场来看望大家，旁边陪同人员介绍说："这位就是剧中主角（饰女飞行大队长）杨玲梅。"她急忙跑上前去敬礼，说："司令员好，我们正在排女飞行员的戏，可大家都还没有上过飞机，机舱里啥模样还不知道，能不能批准我们上飞机去体验一下？"这位司令员爽快地答应了。没过几天，队里通知大家到机场等候乘机，不一会儿，牵行车拉着一架大飞机过来了，地勤人员悄悄说："这是毛主席乘的专机，是苏联送给主席的，刚换下来不久。"

杨玲梅越讲越起劲，她继续说："我第一个从后舱的弦梯爬上飞机，只见机尾部分有储藏室、卫生室与机上工作人员室；中舱是毛主席的工作室与卧室。我们走进主席的卧室，一张紫红色的席梦思大床映入眼帘。工作人员介绍说，这是毛主席休息的大床。大家一听乐开了怀，6个人一齐上去，在上面闭着眼睛躺了一会。专机飞到1200米高空，在上空转了一圈飞回了机场。在飞机上大家心想，这辈子可幸福呀，连毛主席乘坐

杨玲梅（前）《女飞行员》剧照

杨玲梅（后排左二）
等演员和叶盛兰（后
排左四）及空政领导
合影

的专机也坐过了。"

　　两位苏州的年轻姑娘，一对空政文工团的战友，一个扮演江姐，站在毛主席和周总理中间合过影，一个饰演女飞行大队长，坐过毛主席的专机，两个好姐妹，一对时代的幸运儿。

周恩来夫妇买票进剧场

　　1964年9月6日，这一天对万馥香来说是个兴奋的日子，周恩来总理和夫人邓颖超来北京中国儿童剧场观看了歌剧《江姐》，万馥香演了上半场，周总理夫妇观看非常专注，演出结束后还同演员们交谈。

　　万馥香在这一天的《日记》中写道："今天，想不到周总理和邓大姐会来看我们的演出，大家都很激动。我还是演上半场，演唱格外认真，恐怕有一点点疏忽，因为这是敬爱的周总理在看戏呀！第三场戏快结束时，我唱完'我懂得同志们一片心，阶级情谊海样深；要为战友报仇恨，眼前不能去硬拼……'往台下周总理和邓大姐坐的第4排中间座位看了一眼，周总理看得很认真，一只手拍着坐位的椅把还在打拍子呢。"

这年下半年,《江姐》全剧多次排演后,空政文工团陆友、黄河、刘敬贤等领导觉得差不多了,请示刘亚楼是否可以开始在北京公演。刘亚楼不放心,说他还要看一遍。8月2日,刘亚楼在空军会演时观看了歌剧《江姐》,表示演出效果基本达到要求,几处细节再改一改就可以搬上舞台演出了。

9月初,空政文工团政委陆友、团长黄河分别随艺术团出国访问演出。出国前,文工团召开了常委会,决定由副团长刘敬贤主持工作,争取《江姐》在国庆节前后公演,最后演出时间还需空军首长来决定。不少演员觉得老是排演,总是不让公演,心里着急,不时聚在一起嘀咕。一天傍晚,演华为的王志勇和演孙明霞的刘亚滨出了个点子,说万馥香和蒋祖缀主演江姐,让她俩去问比较合适。大家见政委陆友与团长黄河都有点怕,副团长刘敬贤较随和,大家也敢同他说话。在《江姐》剧组里,万馥香虽是主演,但资历较浅,她约了蒋祖缀老师一起来到刘敬贤的办公室,着急地说:"刘副团长,什么时候能让我们演呀?""我哪知道!"刘敬贤瞪着眼睛又说,"你们着急,我比你们还要急!""大家都等急了,你去问问嘛!"刘敬贤说你们耐心等待,有机会他同上面说说。

一看有门,孙维敏、黄寿康、刘痕等演员也跑到刘敬贤跟前絮叨这件事。刘敬贤被演员们弄烦了,鼓足勇气,跑到空军政治部副主任王静敏的办公室,说演员们觉得《江姐》成熟了,一致要求把它推出去公演。王静敏看着他,足足有五分钟没说话。他也知道刘亚楼对主题歌《红梅赞》格外关注,没有十足的把握是不肯上演的。王静敏反问道:"公演以后,你能保证主题歌流行全国吗?"刘敬贤被大家追问得没有退路了,不知哪里来的一股勇气,当即立下军令状:"我能保证!要是这个戏不能打响,主题歌不能流行全国,你撤我的职!"刘敬贤把话说到这个份上,王静敏沉思片刻,点点头说:"那好,你们就演吧。"

9月4日,空政文工团创作的歌剧《江姐》在中国儿童剧场首次公演,歌剧一团的演员们都铆足了劲,无论是演员还是乐队,演出都很认真,演出也十分成功。第二天晚上，外交部副部长刘晓听闻后，带着夫人到儿童剧场观看了《江姐》，称赞演得非常好，回去告诉了周恩来总理。

万馥香饰江姐剧照

第三天黄昏，中国儿童剧场门口熙熙攘攘，观众正在入场。一辆红旗牌轿车远远地停在了剧场路边，周恩来和邓颖超事先没有通知，也没带随行人员，如同普通群众一样来到剧场。他们随着看戏的人群来到剧场大门口，排队在售票窗口买了两张票，准备入场。门厅检票的工作人员一下就认出了周总理，顾不得检票扭头就往里跑，口中直嚷："周总理看演出来啦！"刘敬贤等团领导正在后台忙碌，听说周总理来了，又惊又喜，被弄了个措手不及，赶忙跑出来迎接。

好在他们在前排中间预留了四个空座位，便迎过去请周总理和邓颖超入座。通知空军首长已经来不及了，副团长刘敬贤和干事顾正平一左一右坐两边，陪同周总理夫妇观看。

演出开始，幕后伴唱"川江号子"响起："长江流水长又长，波浪滚滚向远方，高山悬崖挡不住，冲出三峡到海洋……"饰演江姐的万馥香从幕后快步来到台前一个亮相，剧场内响起热烈的掌声，周恩来和邓颖超也同观众一起站起身来鼓掌。

演出中间，刘敬贤适时地向周总理简短介绍剧情：重庆即将解放前夕，我地下党员江姐带着省委的重要指示奔赴川北革命根据地。途中听到丈夫牺牲的消息后，直上华蓥山，率领游击队展开武装斗争。因叛徒甫志高出卖，江姐不幸被捕。在重庆中美合作所渣子洞集中营里不畏各种酷刑，表现出共产党员坚贞不屈的革命气节。解放前夕，江姐在集中营组织和领导越狱斗争。敌人要提前杀害江姐，为了不暴露越狱计划，保护同志们，江姐毅然走向刑场……

周总理聚精会神地看戏，没说什么，只是他的手随着音乐旋律，在椅子扶手上轻轻打着拍子。第四场有这样一段剧情：沈养斋说，真是呀，不到下面，不知流弊之多；不出华堂，不知形势之危呀！……（忽发现蒋对章）咦？你是做什么的？蒋对章说："回禀长官，我就是他们抓来的蒋对章呀。"说完，演蒋对章的杨星辉，把口中烟嘴在袖口擦一擦递给沈养斋时，总理笑个不停。当看到误捉蒋对章那段戏时，周总理禁不住捧腹大笑，邓颖超也笑个不止。

第七场，在重庆"中美合作所"渣滓洞集中营女牢，黎明前夜，江姐说："同志们，来，我们绣新中国的国旗！"众人合唱："线儿长，针儿密，含着热泪绣红旗，绣呀绣红旗。……平日刀丛不眨眼，今日里心跳分外急。一针针呐一线线，绣出一片新天地！"大家都无言地沉浸在这剧情的海洋里，周总理的眼眶也湿了，他对身旁陪同的同志说："革命是有牺牲的，红旗是革命先烈用鲜血染成的。"

演出结束后，刘敬贤等团里领导请周总理作指示，提提修改意见。周总理微笑着把脸转向邓颖超说："你就说说吧。"邓颖超高兴地说："你们演得很好，情节很感人，歌曲也很好听。"得到总理和邓大姐的称赞，大家都很高兴。周总理、邓颖超平易近人的作风也使大家感到非常亲切。

毛泽东动情看《江姐》

周恩来和夫人邓颖超观看《江姐》，虽然没有消息报道，但这一"口头新闻"，迅速在首都文艺界传播开了：空军搞出了一台大型歌剧，把周总理都吸引住了。

歌剧《江姐》演出在北京产生轰动效应，也惊动了毛泽东主席。他对办公厅主任杨尚昆说："安排个时间，我们也去看看。"毛主席要去观看歌剧《江姐》，这可是件大事，中央办公厅主任杨尚昆立即着手安排。

　　1964年10月12日夜里，空政文工团副团长刘敬贤忙完了一天的工作，正在办公室休息，一个值班干事兴奋地跑来报告说："毛主席明天要来看演出，地点定在人民大会堂三楼小礼堂。"刘敬贤高兴得几乎跳起来，马上打电话给空军政治部副主任王静敏。王静敏要求对演员暂时保密，并对刘敬贤强调说："要保证毛主席安全。"

　　此时演员们大部分已上床睡觉，办公室一个紧急通知把他们叫了起来。刘敬贤下达了明晚的演出任务：明天晚上中央首长要来观看《江姐》，大家明天早起，再一丝不苟排练几遍。虽然没有讲谁来看演出，大家看到团领导脸上的笑容，已经隐约猜到了谜底。由于演出地点定在人民大会堂小礼堂，服装、道具、灯具全搁在儿童剧院，离明晚演出不足20个小时，搬东西、装台就显得紧张了。会一散，汽车轰鸣，大队人马直奔人民大会堂小礼堂。那一夜，所有演职人员都没有睡觉。

　　刘敬贤布置完任务，心里犯了嘀咕，他反复琢磨，上面说"要保证毛主席安全"是什么意思？他突然领悟了，是指主要演出人员的政治背景，他记得扮演江姐的三位女演员，其亲属都有点什么"问题"。在那个年代啥都要讲政治成分的，他不敢马虎，连夜抽调查看3位主要女演员的档

"绣红旗"剧照，中间者为江姐（万馥香饰）

案。一查发现"问题"还不少,特别是那位已经演《江姐》A角的万馥香,前不久还有信件转到团里来。3位《江姐》谁上谁不上,他不敢擅作主张,再次打电话请示王静敏。毛主席明天要看演出,要是临时换演员已经来不及了。王静敏可能再向上请示了,过了一会打电话给刘敬贤说,万馥香演上半场,蒋祖缋演下半场,郑惠荣作预备。

刘敬贤召开的会议结束后,回到宿舍大家兴奋得再也睡不着了。演员们议论纷纷,会上刘副团长说的中央首长是谁呢?周恩来总理已经来看过了,大家嘴上不说,心中却想说不定是毛主席要来看戏呢。万馥香的心情更为紧张,如果毛主席来看戏,自己还演《江姐》"女一号"吗?在演的过程中要是出了差错可怎么办?

万馥香在这一天的《日记》中写道:刚睡下,总团办公室通知召开紧急会议。刘副团长说,明天晚上中央首长来看演出,地点改在人民大会堂小礼堂,能准备的夜里赶快准备。大家丝毫不能马虎,明天再一丝不苟排练几遍。会议结束时,刘副团长又强调,因为有中央首长到场,演职人员一律不能带水果刀甚至钥匙环。大家私下里暗暗猜想,这位中央首长是谁呢?一定是毛主席,啊!那我们能见到毛主席了。

万馥香一夜没有合眼,后半夜还在反复背诵台词,剧中江姐从幕后朝天门码头出场的台步,她在宿舍里反复走了20多遍。这是《江姐》的开场戏,一定要走得潇洒,走得帅气,走得有气派!给毛主席一个好的印象。清晨,刘敬贤把万馥香、蒋祖缋、郑惠荣叫到了办公室,布置了晚上的演出任务。当万馥香听到团里安排她演《江姐》上半场时,心里既兴奋又担心。上半场戏难度较大,怕自己稍有闪失,影响演出效果。

10月13日晚上,毛泽东、周恩来、朱德、董必武、彭真、薄一波、罗瑞卿、杨尚昆等中央首长,在人民大会堂小礼堂观看了空政文工团的歌剧《江姐》演出。毛泽东看戏时很入戏,他神情专注,看得十分认真,脸部表情随着剧情的发展而变化。当看到"江姐"被叛徒出卖而被捕时,立刻板着脸,瞪着眼,嘴唇紧闭,一副生气的模样;当看到蒋对章与警察局长及沈养斋的一段戏时，毛泽东又忍不住哈哈大笑。

《江姐》最后一场戏：江姐拿起红旗，交给孙明霞，说等重庆解放了，把它交给党。孙明霞默默接过，热泪盈眶。江姐又拿起一个布包，交给杨二嫂，说这是我的一些衣物，你留着用吧！江姐向门外走去……看到这里，毛泽东说了一句充满感情的话："江姐那么好的一位同志，为什么让她死了呢？"周恩来听了会意地笑了笑，没有吱声。

演出谢幕后，毛主席、周总理和朱委员长等上台接见全体演员，要同大家合影留念时，大家都激动得很。演员们都不清楚自己站的位置，万馥香也不知该站在哪里，脑子里一片空白。周总理已观看过一次《江姐》，听刘敬贤简单介绍过几个主要演员。总理看了一下舞台上的演员，见万馥香在那里待着，亲切地说："小万，过来，你站这儿。"万馥香站到周总理左边，一看旁边高大的身影是毛主席，她激动得话也说不出来，只是不停地拍手。她在《日记》中写道："当时实在太激动了，一些细节记不起来，只记得大家都激动得哭了……"

毛主席观看后，对《江姐》有很高的评价。10月14日，毛主席见到空政文工团的有关同志，又对他们说："看了你们的歌剧，剧本改写得不错嘛！我看你们的歌剧打响了，你们可以走遍全国，到处演出了。"

毛泽东等中央首长观看《江姐》的那天晚上，刘亚楼正在南京军区空军部队主持一个会议。会议结束后，他守候在电话机旁等消息。空政的同志把人民大会堂演出的情景，一五一十地汇报给了刘亚楼听。得知演出获得成功，刘亚楼听后高兴得像个小孩一样跳起来。他连夜派了一架专机，把阎肃、羊鸣等创作人员，万馥香、蒋祖缋等主要演员全部拉到南京。空军司令刘亚楼要为他们设宴庆功！刘亚楼对南京军区空军的领导同志说："你们知道是谁？毛主席看了他们的《江姐》！我代表空军党委向大家敬酒！把戏搞得更好，不要翘尾巴……"

王振魁"秘密"东山行

《江姐》是中华人民共和国成立后，毛泽东主席看过的第一部，也是唯一一部歌剧，在全国影响很大。毛主席观看歌剧《江姐》的消息很快在全国各大报纸发表，在发表消息的同时，各大报纸还在头版显著位置刊登了毛泽东主席和空政文工团人员合影的大照片。合影照片中，站在毛泽东和周恩来中间的那个女演员万馥香更加引人注目。万馥香的名字一下传遍大江南北，被全国人民所知晓。

空政文工团以此为荣，把毛泽东与演员合影的照片印了很多张，团里的同志每人分发了一张，万馥香也拿到了一张。她拿到照片后，怀着激动的心情去了邮电局，寄给孤身一人在东山的母亲，让含辛茹苦把她抚养长大的母亲也分享自己的幸福。女儿有出息了，还和毛主席、周总理等中央首长一起拍照，母亲万莹当然高兴，她把照片带到缝纫社，同社里的老姐妹们一起分享她的喜悦。

消息在东山镇迅速传开，缝纫社的姐妹争着传看万家姑娘同毛主席等中央领导人合影的照片。有人提议，要万莹到苏州照相馆把照片翻拍后多印几张，送给老姐妹每人一张，让大家都沾点光。也有人给万莹出点子，翻拍后把照片放大，挂在缝纫社沿街的门口，让走过的人都知道东山人同中央大领导拍照片了。玉树堂附近的邻居也都来万家看照片，称赞和羡慕万家姑娘。当然，也有人不高兴，甚至嫉妒。

在那个讲政治的年代，万莹万万没有想到，正是这张女儿同毛主席、周总理合影的照片，加上她的稍事"张扬"，给女儿万馥香带来了一场灾难，也给司令员刘亚楼造成不小的麻烦，还惊动了公安部长罗瑞卿。

11月上旬，东山揭发万馥香家庭问题的检举信，一封接着一封，寄给空军政治部、解放军部队总政治部等领导机关，还寄到了华东局和江苏省省委。举报信的内容大体差不多，信中说：万馥香的生父、养父都是我们的阶级敌人，母亲是一个正在农村接受无产阶级专政的坏分子，她对新社会极其不满，拒不接受广大群众的监督和改造。走资本主义道路，夜里瞒着单位在家偷偷给人做衣裳。最近又有阶级斗争新动向，拿着毛主席和女儿万馥香合影的大照片，得意洋洋，满大街地张扬，到处给别人看，大长阶级敌人的气焰，十分嚣张！

一封寄给中央军委的举报信还说：万馥香本人也有严重问题，在演出英雄人物江姐期间，与一些人来往……这是一颗埋在伟大领袖毛主席身旁的定时炸弹，一定要及时把它挖出来。

揭发信不断升级，上纲上线，连一直保护万馥香的刘亚楼也感到有了压力。万馥香的父亲已是历史问题，而母亲究竟有多大问题，万馥香在演出期间接触的又是什么人？一定要把事情调查清楚。

1964年11月15日，空政文工团歌舞一团团长兼政委王振魁率领《江姐》剧组成员由南京抵达上海演出。到沪后的第二天就要演出，万馥香仍在剧中饰演江姐 A 角，演上半场；蒋祖缋演 B 角，演下半场。

空政文工团在南京、上海演出《江姐》期间，华东局、上海市、江苏省的领导还是收到东山寄来的举报信，先后向刘亚楼反映：有人老是往我们这里写检举信，检举你们空军有问题，检举你们空军演江姐的那个演员万馥香。刘亚楼感到这事不能再拖了，得尽快派人去东山弄清真相。

在南京演出时，刘亚楼给王振魁布置了一个秘密任务：要求王振魁率团到上海演出时，抽时间专门到万馥香的家乡——苏州东山镇调查一下，看看实际情况与举报信究竟有多少差距？刘亚楼还特地嘱咐王振魁："不要声张，悄悄去，多了解一般群众。"

到上海演出的第三天，王振魁带着文工团总干事顾正平，他们先坐火车到苏州，又从苏州南门汽车站坐了近 2 个小时的公交车，到东山已是中午时分。顾正平是到苏州招收万馥香的当事人之一，对万家的情况比较了解，对东山也熟悉。东山镇中心的洞庭饭店很有名，两人在饭店吃好中饭，一打听，万馥香母亲就租住在离饭店仅一百米距离的玉树堂。

玉树堂是东山大户席家的一幢大宅院，共有 30 多间房子，万馥香母亲租住的东屋原是席家种花的花房，年久失修，房子陈旧，光线较暗。见有客人进屋，一个戴着眼镜、背有点微驼的老太，放下手中的针线活，给来客倒水。她就是万馥香的母亲万莹，她还只有46岁，看上去像个老太太。一个10多岁的小男孩在屋前小院中，同小伙伴种花。这是万馥香的弟弟何兆钧，他在苏州读书，只是节假日回东山家中。

万馥香家没有房子，从万馥香读小学到初中，已经先后搬了三次家，先从殿渎里搬到维德堂，又搬到玉树堂住。这些住房都是大户人家的房子，房楼质量还可以，但她家没钱，只能租人家低矮、光线较暗的偏屋住。万莹靠替人家做针线活养大两个孩子，长年累月光线不好，把眼睛搞坏了。

王振魁在屋内四周望了一眼，家中除了一台旧的缝纫机和一架风琴，一张旧桌子、几只凳子外，没有什么像样的家具。目睹万馥香家贫困清寒的状况，王振魁心里暗想："就算这个老太太过去的经历有点复杂，丈夫是国民党军官，成分不好，那又怎么样？就凭她现在这么大的岁数，一个老眼昏花的老太太，还能掀起多大的风浪来？说了谁信！毛主席和万馥香等合个影，就不能让人家的老母亲高兴高兴了！"

玉树堂出门就是东山最热闹的王家门前，王振魁、顾正平从万馥香家出来，随便来到门口一户邻居家，问问她母亲万莹的近况。主人姓李，是位中年妇女，她说："万莹一个女人家拖两个小人，真不容易！为了过日子，夜里在家踏洋机，给附近人家做衣裳，收点针线费，就说是走资本主义道路？我看没有人情味。"

家住响水涧上的小韩是万馥香少年时代的伙伴，在县消防单位工作，这天刚好在家休息，接受了王振魁他们的调查。在举报信中有小韩的签名，说他也参与了举报万馥香。小韩得知后大呼冤枉！原来是别人冒写他的名字投寄的。小韩说，我和万馥香是从小一起长大的，万馥香和毛主席合影的照片，她邮寄家中恐怕遗失，是先寄给他，再由他送到西街缝纫店给万莹的。她母亲拿到照片后，缝纫店职工都说，万莹生了一个好女儿，东山飞出了一只金凤凰。根据小韩的推荐，王振魁他们又找了几位比较熟悉万馥香母亲的人了解情况，大家都说万莹人品好，缝纫技术也好，听说只是历史上有点过错，但有人老是说她过去的事。所以她很低调，在店里埋头做活，与左邻右舍关系都很好，说她生了一个有出息的女儿。

最后，王振魁、顾正平来到就在万馥香家东侧的东山镇政府，党委副书记袁茂峰接待他们。他说，东山镇出了万馥香这么一位演员，在苏州演戏时就参加了共青团，后来又到部队参了军，主演了江姐，能和毛主席握手、合影，这是东山镇的骄傲和光荣！大家都为万馥香感到高兴呢。袁茂峰还向王振魁他们反映了一个情况，镇里有关单位有个男青年，曾经追求过万馥香，万馥香到苏州工作后，两人断了关系，这个青年人冒用组织的名义写信，镇里发现后已严厉批评了他。

傍晚，王振魁、顾正平从东山乘末班车回苏州，又连夜坐火车回到上海。回到上海后，王振魁简单整理了一下，把万馥香的家庭情况和调查记录向刘亚楼作汇报。

罗瑞卿发火打"官司"

王振魁和顾正平赴东山调查刚回到上海，刘亚楼因病情加重，住进了上海市华东医院。两人连夜整理了一个调查报告，考虑到刘司令员在病室里，调查报告写得简单扼要，以说清事情为主。刘亚楼在病床上听完汇报，脸色很平静，当时没说什么，只是嘱咐王振魁别把事情透露出去，以免影响万馥香的演出情绪，因为歌剧《江姐》还在上海演出中。

几天后，刘亚楼的秘书给王振魁打来电话，在电话中说："明天罗瑞卿总参谋长要来看望刘司令，刘司令已经知道了，他要你把万馥香的调查情况向罗总长汇报一下。不要太长，能短则短。"接到电话，王振魁吃了一惊："为了空政的一个演员万馥香，竟然把罗总长也惊动了！"罗瑞卿当时身兼多职，是国务院副总理、国防部副部长、中央军委秘书长、总参谋长、国防工办主任，工作那么忙，还来过问空政文工团的一点小事，万馥香的事情也闹得够大的了。

　　第二天，王振魁按约定的时间来到华东医院。王振魁走进病房，里面静悄悄的，只有两个人。刘亚楼侧身躺在病床上，罗瑞卿坐在刘亚楼身旁，两人好像已经说过话。王振魁走上前去："罗总长好！"向罗瑞卿敬了个军礼，又转过身子向病床上的刘亚楼敬礼。刘亚楼摇摇手，意思说免了。刘亚楼用手示意王振魁坐下，向罗瑞卿介绍说："这是我们歌剧团团长兼政委王振魁。他这个团长亲自带了一个干事去东山调查的。我们很重视这件事情。"

　　一个总参谋长，一个空军司令员，直接谈论一个演员万馥香，这事非同小可。王振魁还没来得及开口，罗瑞卿直截了当地问道："到东山镇去了？"从刘亚楼、罗瑞卿两人的简短话语中，王振魁察觉到，有人把告状信寄到中央军委去了，罗瑞卿总长已看到了这封信件。

　　罗瑞卿前来探望刘亚楼的病情，万馥香的事成了他俩谈论的主要话题之一。刘亚楼进病房之前，已经与王振魁就万馥香一事交谈过，并安排他们去东山调查，现在就等他向罗总长汇报了。

　　王振魁向两位首长汇报说："我们刚从东山镇回来。这一趟我们先到万

玉树堂老宅

馥香家里，在当地群众中作了些调查，后又去了东山镇党委和政府核实情况……"

"当地群众有什么反映？"罗瑞卿打断王振魁的汇报，又直接发问。王振魁感到自己虽作了准备，但汇报还是有点长，罗总长不可能详细听他汇报。王振魁忙答道："据我们了解，不像告状信里说的那样，什么东山群众都有意见。万馥香家的邻居，她母亲缝纫铺里的同事，当地群众，包括东山镇的党委、政府都觉得，东山出了这样一位知名演员，是东山的骄傲和光荣。"

罗瑞卿又问："她母亲现在的表现呢？"王振魁回答："万馥香母亲周围群众基础很好，都说她不容易。地方党委、政府也没说她有新的现行问题。她的岁数大了，身体不大好，只有一个10来岁的儿子在苏州读书，节假日回来同她一起生活。没听说她有反党反社会主义的言论。"

刘亚楼朝王振魁递了一个眼神，意思是说尽量简单些，罗总长问什么你就答什么。王振魁明白了司令员的意思，不作声了。罗瑞卿稍作沉思又问："她把照片弄了多大镜框？"这是罗瑞卿在告状信里看到，说万馥香的母亲把毛泽东观看歌剧《江姐》的照片放得很大，满大街拿给人看，到处张扬、炫耀。罗瑞卿问的就是这张照片。王振魁到过万馥香家中，应该很清楚。王振魁答道："大概有八寸吧，那是文工团送给万馥香的，我们团给歌剧《江姐》的演员每个人都送了一张。"王振魁停了一下又说："镜框我们看到了，就挂在中间饭桌上面的板壁上。镜框里有10多张照片，大多是万馥香在苏州歌舞团演出时的剧照，也有万馥香初中毕业时的照片。有一张是她母亲年轻时的照片，好像在上海一家照相馆内拍的，穿着旗袍，高跟鞋，长波浪披肩头发，她母亲年轻时很时髦。"

刘亚楼感到王振魁的汇报还是不简洁，对王振魁说："你向罗总长说说她男朋友的事。"王振魁身为歌剧团的团长兼政委，对团青年演员的恋爱、婚姻了解得一清二楚。这次他们去东山，就见到了举报信里说的那个男朋友小韩。小韩家与万馥香家都住在响水涧上，两家住得很近，关系也很好。万馥香从小经常去帮韩母做家务，有点像韩母的过房女儿。万馥香后来去北京，东山的户口、粮油关系都是小韩费了不少周折帮忙转到北京去的。"是有这么个青年，姓韩，是邻居。"王振魁说完不作声了。

"哦，是这样！"罗瑞卿对这件事重视起来，因为举报信上说小韩已经结婚，好像说有不正当关系。王振魁为这事找万馥香谈过，把情况了解得很详细。事情的经过是这样的，歌剧《江姐》赴上海演出，万馥香打了一个电话给小韩，请他来上海看《江姐》。小韩单位里请不出假，就请邻居张秀凤的丈夫徐新男到上海看戏。张秀凤是万馥香从小认的干娘，干爹来了，得好好招待。万馥香在演出的间隙，请了一天假，陪着干爹游览了上海的南京路、外滩 24 层楼的国际饭店。

"万馥香的干爹是她干娘找的第二任丈夫，很年轻。看过一次我们的演出，我们团里很多同志都见过，万馥香也没介绍，大家还以为是她的男朋友呢。"王振魁说完，发表了一下自己的看法，又说："万馥香还没有结婚，即使是男朋友来上海见个面，看场戏，陪着玩一玩，我看没有什么不正常的，同志关系嘛。"

听到这里，刘亚楼躺在病床上，对罗瑞卿说："为了这些事，一直有人到处写信，状告万馥香和空政文工团。"罗瑞卿听完汇报，全清楚了。他把手一挥，大声说："小万的事你们别管了！要打官司，我来打！"罗瑞卿总长说了话，刘亚楼和王振魁的心定了。后来，罗瑞卿又与华东局、江苏省委的领导打招呼，万馥香的事情总算没有人纠缠了。

1966 年"文化大革命"开始后，罗瑞卿作为"四家店"之一被打倒。因当年罗瑞卿过问过万馥香的事，给江苏省的领导打过招呼。苏州街头出现了"万馥香是罗瑞卿的黑爪牙！"的大标语。苏州市的造反派到北京串联时，多次窜到空政文工团的驻地，吵吵嚷嚷，要把万馥香揪回苏州去批斗。幸好团里的领导和同志都注意保护她，不是把万馥香藏起来，就是连哄带吓把造反派撵走，万馥香才逃过一劫。

《江姐》赴南方演出

《江姐》剧组即将到达上海时，《文汇报》刊发了公演消息，一时观者如潮，第一天就座无虚席。因总长罗瑞卿、司令员刘亚楼的保护，万馥香仍在剧中扮演"江姐"女一号演员 A 角。剧组在上海演出期间，《文汇报》用整整一个版的篇幅刊登了歌剧《江姐》的演出照片，长相俊美，气质端庄的万馥香格外引人注目。上海附近苏州、无锡、昆山的观众也赶往上海观看。

在苏州工作的唐文俊，3 年前与万馥香在苏州歌舞团一起工作过，看了《文汇报》刊登《江姐》演出的大幅剧照，11 月 22 日下班后，从苏州坐夜班火车赶到上海观看。第二天一大早，他来到福州路排队买票，一看买票的队伍排了有一百多米长，而且还是卖三天后演出的预售票。一位售票处的工作人员手持电喇叭，不停地在喊："后面不要排队了，请明天来购票……"唐文俊赶来上海看戏只请了 2 天假，他原想不惊动万馥香，她演出任务够重的了，看完戏就回苏州。因购不到票，无奈之下从传达室打了一个电话到剧组寻找万馥香，试试看她能否解决一张当晚的戏票。万馥香在化妆室接电话后，派人送了一张当晚 3 排 12 座的戏票。

当晚，上海市政协礼堂演出大厅里座无虚席，约有一千多人观看。万馥香仍演上半场"江姐"，当她从幕内唱着走上场，在戏中重庆朝天门码头一个亮相，那气势非常壮观，全场响起了雷鸣般的掌声。唐文俊回头一看，第四、第五排的中间座位上，坐着不少华东局和上海市的主要领导，演出结束谢幕时，魏文伯、陈丕显、曹荻秋等领导上台接见演员，合影留念。

剧组在上海停留 48 天，演出 43 场，场场爆满，观众达 7.18 万人次。上海人民广播电台用录音广播、实况转播、教唱等形式，介绍《江姐》达 29 次。一时间上海的大街小巷里到处响起"红梅赞"的歌声。

《江姐》在上海演出结束后，移师南下，先后在南京、广州、武汉、深圳等地演出，在中华大地掀起一股《红梅赞》的旋风。《江姐》每到一地，剧院每天清晨便排起长龙般的购票队伍，预售票要提前五六天，而且团体票也只能限购20张。万馥香等"一号江姐"还被邀请到兄弟剧团谈体会，介绍演出经验。

1965年年初，《江姐》在广州著名的南方剧场演出。当时京剧《红灯记》也在广州演出，演出的地点是一般剧场。这期间，万馥香还应邀去叶剑英元帅家中作客。据万馥香回忆，叶帅也喜爱文艺，书房里有一把二胡，客厅里有昆剧唱片。进门时，叶帅和小女儿正在白光演唱的《渔光曲》中打乒乓球。在叶帅的提议下，万馥香演唱了《红梅赞》《绣红旗》《我为共产主义把青春献》等《江姐》的主要歌曲，每曲唱完叶帅都带头鼓掌。临行时，叶帅亲自进花房采了些金橘，装在万馥香的口袋内，说吃了能清嗓。

之后剧组赶到深圳演出，当时深圳还是个小地方，只有一家剧场和附近一个吃狗肉的店铺。去那儿演出，主要是方便香港同胞来看戏。香港来的观众果然特别多，其中主要是工人，每场演出情绪都很热烈，台上台下融为一体。每次演出结束后，万馥香等演员多次穿了戏装到火车站欢送这些观众上火车回港。

3月的一天，香港、九龙的学生与工人等观众1000多人来到深圳观看《江姐》。上半场演完后，剧场休息时，歌剧团的领导让演员们在剧院的小园里与观众见面。当观众发现站在喷水池旁江姐的扮演者万馥香、双枪老太婆的扮演者孙维敏时，大家都震惊了。纷纷上前，有的与"江姐"合影，有的要求签名，甚至有索要万馥香工作单位地址的，日后好与之通信。

一位与她合完影的女学生说："看你的表演，我很感动，江姐是我们大家的学习榜样，你把江姐演活了，我感到江姐好像就在我们身旁。"休息时间很快要结束了，万馥香站着为观众签名的手都写累了，一时不知放在哪里签名合适，站在身旁的"双枪老太婆"拍拍自己的后背说："小万，用这背当桌子，本子放在这上面写吧！"孙维敏是万馥香尊敬的老师，在

《江姐》排练中给过她许多帮助。见万馥香有些不好意思，孙维敏催着她说："剧场快开始演出了，签吧，没事！"等待签字的观众既高兴又感动。突然，一个观众拼命从人群外面挤过来，对万馥香恳求说："请签上您的芳名，我是替邻居家一位腿脚有病无法来看戏的朋友求签的，她看到您的签名，一定会获得鼓舞和力量的。"

到武汉时，当地正好在召开贫下中农代表大会，《江姐》为会议作了演出。当演到剧中的甫志高出卖江姐时，有观众拣了一块石头要砸台上的演员甫志高，被周围的观众发现后拦住……演出结束时，一个戴着眼镜的中年妇女拦住了万馥香，说："我没见过江姐，我想江姐就是你这个样子，美丽、端庄、坚强，气质不凡。"接着那个女教师模样的大姐话锋一转，又说："你唱的歌真好听，能再给大家唱一首吗？"她原以为只是随便说说，万馥香却认起真来，就在剧场门口唱起了《红梅赞》。

由于众所周知的国内外原因，60年代初期，国家和人民遇到了前所未有的困难。歌剧《江姐》的主题曲，"红岩上红梅开，千里冰霜脚下踩，三九严寒何所惧，一片丹心向阳开……"人们一听到那充满革命激情的优美歌声，就会想起江姐崇高的英雄形象，从而增添了战胜困难的信心和力量。万馥香的名字也和江姐一样，被大家熟悉和热爱。

万馥香在歌剧《江姐》中成功塑造了江姐的光辉形象，获得了千万观众的赞扬和空军部队首长的认可，也为她带来了荣誉。1965年6月9日，万馥香迎来了人生中第三件大事（入团、入伍、提干），入伍仅一年零七个月就晋升为中国人民解放军空军少尉军官。她在《日记》中写道："上午9点，大会奏军乐，一批批人上台接受空军首长受衔，我的心像沸腾的水一样翻滚、激动，自己站在台上，伸手接过军衔时，手都凉了，心跳也好像停滞了，人变得那样笨拙，感到真是可爱又可笑。我这么一个农村来的人，能获得这样高的荣誉，感谢党，感谢空军首长，我一定要加倍努力，争取早日加入中国共产党。"

年轻的万馥香迈好了人生的第三步，憧憬着自己更美好的明天。

将军的临终关怀

　　1964 年下半年，正在出访巴基斯坦的刘亚楼将军突然感到身体不适。回国后体检，医院认为他病情严重，怀疑患了肝癌。中央军委当即决定让刘亚楼停止工作住院治疗。11 月 16 日，数十位国内一流专家组成医疗小组对刘亚楼的病情进行会诊，基本确诊是肝癌。医疗小组将刘亚楼的病情上报党中央和中央军委。毛泽东、周恩来等中央领导人都震惊了，刘亚楼只有 50 多岁，还很年轻啊。

　　得知刘亚楼的病情，中央领导当即指示："赶快治疗，哪里条件好到哪里治！要全力以赴。" 11 月 26 日，毛泽东在刘亚楼的信上批示："亚楼同志，此件已阅，很好。闻你患病，十分挂念。一定要认真休养，听医生的话，不可疏忽。"毛主席还专门派自己的保健医生去给刘亚楼治病。刘亚楼的肝硬化经确诊发展成弥漫性肝癌后，周总理说，不管花多少钱也要抢救刘亚楼。他还特别指示："暂不要将亚楼同志患肝癌之事向外透露，对家属尤其保密。"

　　刘亚楼对歌剧《江姐》倾注了全部心血。早在《江姐》开始在北京公演时，他就对空政文工团领导说，演出后要剧组人员登门拜访专家，向

三代《江姐》同唱《红梅赞》(中为万馥香)

《江姐》演出剧照，左一为万馥香

部队官兵和观众征求意见，听听他们是怎么说的。遵照刘亚楼的指示，每次演出散场后，剧组演职人员大多身穿便装，跟随观众挤上公共汽车，一路听取他们观看后对演出的评价。回到团里后，每个人连夜整理出收集到的观众意见，然后逐条研究，能改的第二天就改。刘亚楼特别规定，这是以后演出中的一条制度。

　　一次，演出结束后，万馥香换了便装，用围巾遮挡住脸，挤在公交车上听人们议论。一个戴着眼镜教师模样的青年人说："这两个演江姐的演员长得真漂亮，唱得也好，就是歌词中好像有个词音咬得不太准。"万馥香知道这位观众说的是自己，回到团里，万馥香连夜请教团里歌唱得好，普通话说的标准的郭莲美老师，请郭老师帮她一遍遍纠正字音。据说过了几天，这位教师模样的青年又去看了，细心的他发现"江姐"的唱词音咬准了，感到很奇怪，自己随便议论说的话，"江姐"怎么会知道呢？

刘亚楼卧病在床，却时时惦记着《江姐》的演出。空政文工团一到上海，他就召见文工团领导和主要演员，嘱咐大家说："上海也是文化之都，观众水平高，演出要从细节入手，一丝不苟演好每一个动作，唱好每一句歌词。"11月19日，《江姐》在沪的首场招待演出，刘亚楼的病情已很严重，他抱病参加了《江姐》在徐家汇剧院的演出。演出结束后，刘亚楼又拖着病体，让警卫员和医务人员扶着来看望剧团全体人员。他关怀地对大家说："要注意劳逸结合，不要演得太累。"

当演员们看到刘亚楼疲倦、瘦削的面容时，都感到一阵阵的心酸。大家紧紧地围绕在他的周围，也不敢大声说话。为了防止刘亚楼过度兴奋和疲劳，谁也不敢和他多说话，只是围着他不停地抹眼泪。医务人员怕刘亚楼交谈时间长了，病情加重，接见很快结束了。大家把刘亚楼送出剧院后，万馥香和许多演员抑制不住自己的感情，眼泪一下子夺眶而出，有的失声痛哭。

那天晚上，刘亚楼拖着病体，还在后台和一团（歌剧）团长王振魁单独谈了一次话，嘱咐王振魁给空政文工团的领导捎个话：一定要加强文工团的思想政治工作，演员队伍发现问题，要及时解决。尤其是对几位扮演江姐的年轻演员，生活上要关心、爱护她们；政治上要严格要求她们。另外，在实践中要多给她们一些锻炼的机会，让她们在实践中成长。王振魁流着眼泪应着说："司令员，记住了，我们会遵照您的指示认真落实。"刘亚楼说了一会，还想关照点事，因病情严重无力再说下去，医务人员见状，礼貌地请王振魁离开。

1965年3月下旬，刘亚楼的病情开始恶化。5月7日下午3时45分，空军司令员、开国上将刘亚楼在上海逝世，享年55岁。

5月18日，《空军报》刊登了歌剧《江姐》中江姐扮演者万馥香、蒋祖缵、郑惠荣三人合写的怀念刘亚楼的文章《牢记您的教诲，做红色文艺战士》，文中写道：在上海，歌剧《江姐》的演出进一步受到外界的好评，您又语重心长地教育我们：越是受表扬越要找缺点；赞扬的话越多，越要倾听反面意见。在深圳，歌剧《江姐》受到了港澳同胞的热烈欢迎，您为了使我们保持清醒的头脑，在"三八"节那一天，特地指示秘书从千里以外的上海给我们打电话，用"谦虚谨慎，重视缺点，保持光荣，发扬光荣"十六个字为我们祝贺节日，而这时您已经是在重病中了！我们团的领导确定江姐这一角色由一个人通演下来，您听到这个汇报，担心我们唱坏嗓子，影响以后长期的演出，便指示我们不要改变两个人合演的办法，并让团里的领导向我们解释，做好思想工作……

第五章

时代风雨

痛苦分手

1964年11月，23岁的万馥香人生达到辉煌的顶点，成为全国家喻户晓的"明星"，可她的情感生活却跌入了低谷。与苏州歌舞团4年同甘共苦、相濡以沫的男朋友分手，这是她无法接受的，但为了《江姐》，为了这份自己喜爱的事业，她不得不作出痛苦的抉择，同意了男友分手的要求。

11月20日下午3点多，上海福州路政协礼堂大门口来了一个英俊的年轻人，他看着门口挂着的"江姐"万馥香的大幅剧照，在门口徘徊犹豫。他叫陆忆生（以下均为化名），向单位请了两天假，特地从苏州乘火车来到上海看歌剧《江姐》。可这时连明天的票也卖完了，他必须作出决断，要么回苏州，要么给正在热演《江姐》的万馥香打电话求票，她那么忙，那么红，能理我吗？

陆忆生的电话打通了，只听见电话那头一个女中音在说："快请他进来！"万馥香演的是《江姐》上半场，她刚下场，听到陆忆生来了上海，连忙叫剧团里的同事小陈出来请他进去。陆忆生对小陈说，万馥香演戏很忙，我不进去打扰她了，只是想告诉她一声，我来过上海。小陈进去后，万馥香又亲自打了电话过来，说既然你到了上海，请你一定要进来见个面，票我已经为你准备好了，看场戏再回苏州。

小陈又出来请了，可陆忆生还是说："既然票紧张，我不麻烦了。"陆忆生是带着情绪来沪的，他很生万馥香的气，他们分别3年，每月通一封信，她到上海来演出，连电话也不打一个。陆忆生在话筒里说："我是赶来上海看《江姐》，看你演出的戏，不是来看你的人！"万馥香怔住了，一时说不出话来。听话筒那头没了声音，陆忆生又说："要是方便的话，请给我解决 2 张票，如果有难度，那就算了，你这样忙，我就不进来了。"电话那头，万馥香哭了。

　　陆忆生在电话里听到万馥香的抽泣声，心软了，跟着小陈进了剧场。陆忆生刚走进剧场休息室门口，等候在门口的万馥香，一把把他拉了进去，激动地说："你这个人怎么像个姑娘似的，要到上海来，也不早点给我打电话，躲在门口不作声，怎么？不想见我？"万馥香还是这样大大咧咧的，一点也没有名演员的架子。

　　万馥香和陆忆生的恋爱关系，已经过了双方母亲的"大考"，两位母亲都打了满分。一次，陆忆生把万馥香带到了太仓浏河镇家中，同母亲说小万是东山人，自己的同事和女朋友。万馥香亲热地叫了声"好娘"（即伯母），陆忆生的母亲笑得嘴也合不拢，啊！姑娘真漂亮，身材苗条，皮肤雪白，一双凤眼忽闪忽闪的，脸上一对小酒窝更惹人喜爱。但陆母担心，这么漂亮的姑娘会不会是只"花瓶"？要是嫁到我们这种家庭来，将来是否会过日子？陆母多了个心眼，到菜场里买了不少鱼肉菜蔬，说她要去干会儿农活，等会回来烧饭吃。

　　陆母走后，万馥香把衣服一脱，立即动手杀鱼切肉，洗菜涮锅，她让陆忆生当助手，施展她烧菜做饭的一流手艺。不到 2 个小时，陆母回家，看到一桌子 10 个菜全部烧好，都还冒着热气。陆母惊呆了，是不是七仙女请来了 6 个姐姐帮忙，要不怎么烧得这样快。陆母把万馥香拉到身旁坐下，指着儿子陆忆生说："这样漂亮又能干的姑娘，天底下到哪里去找？"接着又用毛巾揩了揩万馥香脸上的汗珠，说："馥香姑娘，要是今后我家大陆子（陆忆生小名）欺负你，告诉伯母，看我怎么收拾他。"

　　万馥香母亲对陆忆生的考核是缘于一件小事。一次，苏州歌舞团到东山大众剧场演出，演出前陆忆生在门口拉小提琴，幽雅的琴声吸引了许多人。这小提琴东山人还没见过，万莹家隔壁 60 多岁的二好婆也挤在人群里看稀奇，腿力不好被人挤翻在墙脚下。陆忆生发现有人倒地，还是个老人，连忙放下手中的小提琴，把老人背到了家中，这一幕刚好被万莹看到。

演出结束后，陆忆生带着礼品，跟着万馥香来见她的母亲。啊，就是刚才背二好婆来的那个小伙子，不但人长得帅，心肠也好，听说戏也唱得不错，万莹给陆忆生打了满分。

不一会，《江姐》演出又要开始了。万馥香对陆忆生说："没事，下半场蒋老师演，你就多坐一会吧！"两人在演出大厅的休息室刚坐下，没说几句话，剧场工作人员通知万馥香，剧团要开个小会，布置晚上演出任务。两人分手时万馥香告知陆忆生，明天演出的戏票，她手上一时也没有，不过可以想办法，明天上午9点，你来门口等候，我会派人送出来的。

第二天上午，陆忆生刚来到演出的大礼堂门口，一个解放军战士在门口等他，给了他2张票。下午他和大妹两个人看了全场《江姐》的戏。陆忆生也是位出色的演员，在苏州歌舞团时，他与万馥香是最佳男主角与女主角。他发现万馥香演的上半场，戏多，唱段少；蒋祖缋演的下半场，戏少，唱段多，所以戏称万馥香是"半个江姐"，万馥香自己也感到这一评价恰如其分。后来，万馥香"半个江姐"的叫法在苏州朋友圈里传开了。

演出结束后，万馥香来送行。陆忆生对她说："明天下午你有演出任务吗？"要是有时间，他准备向单位再请一天假，明天中午在好婆（祖母）家，请万馥香吃顿饭，把两人的事好好谈谈。第二天刚好全体演员休息一天，万馥香答应了。

陆忆生的好婆家住在上海南昌路150号，万馥香换了便装，稍稍打扮了一番，更显得美丽大方，买了些给老人吃的糕点与水果，乘车来到了陆忆生祖母家。小客厅里摆了满满一桌子菜，陆忆生一个人坐在桌旁，两眼红红的，像刚哭过。祖母知道两人的关系，推说有事走开了。

万馥香一进屋就感到气氛有些不对头，她关切地问："忆生，怎么啦，病了吗？"陆忆生没有正面问答，而是平静地说："馥香，我们分手吧。"万馥香大吃一惊，她一点思想准备也没有，控制不住自己的感情，一下哭出声来："忆生，你千万不要有这种想法，我虽然出了点名，但我的心不会变的。"

万馥香苏州歌舞团同事：左起唐文俊、周成玉、熊凤英、陆志本

　　陆忆生认真地对万馥香说："馥香，我是真心的，为了你好，为了你的前途，我们还是趁早分手好。你想，你已是全国闻名的大明星了，我是一个乡卫生院的药剂师，怎能配得上你。"万馥香的脾气又上来了，她站起身，指着陆忆生说："你把我看成什么人了，你再说一遍，我一记耳光打上来。"万馥香说完，生气地把面前碗筷一推，意思是不吃了。

　　沉默，长时间的沉默。万馥香不停地剥瓜子，又把剥好的半碗瓜子肉推到陆忆生面前。她控制了一下自己的情绪，对陆忆生说："忆生，目前我演出任务重，个人的问题还不能考虑，等我三年好吗，我们年龄都还不算大，三年后我们成家。"

　　陆忆生低着头，喃喃地说："我是陆家的长子，家里人都要我立即成家，你的情况近年又不能结婚，我已找到了女朋友。"其实，此时陆忆生还没有女朋友，目的是为了万馥香不要因他们之间曾经的关系而分心，在事业上有更好的发展，找到比自己更好的另一半。

　　万馥香"哇"的一声哭出声来。陆忆生没有劝阻，让她伏在桌子上哭了一场。他知道万馥香难割舍这份感情，他也放不下这份情感，但为了她的事业和前途，必须要让她彻底忘记过去。陆忆生的心在流血，但他一定要表现出无情，使万馥香能忘却这段感情。

万馥香哭了一会，冷静了下来，她对陆忆生说："既然你已有了女朋友，那我们交个一般的朋友可以吗？"陆忆生装着笑脸说："当然可以，我们永远是朋友，苏州歌舞团的兄弟姐妹也都永远是朋友。"万馥香站起身来，大方地伸出手，与陆忆生握了最后一次手，也是生平第一次手，两人理智地分手了。

两人都履行了自己的诺言，永远是朋友。1968年，陆忆生同刘兰兰（化名）结婚时，万馥香寄去了贺礼，有意思的是刘兰兰还是万馥香的师妹，与万馥香长得一样漂亮，一样能干，一样优秀，也一样贤惠。1969年，陆忆生的儿子小明出生，万馥香寄去贺礼，还附一短信，风趣地说："小明，叫我姑，还是叫我姨？"这信很有意思，陆忆生与万馥香是同事，也可算兄妹吧，小明应该叫万馥香姑姑。而刘兰兰和万馥香是师姐妹，小明应该叫万馥香阿姨。小明慢慢长大，同万馥香见面时，有时叫她姑妈，有时叫她阿姨，万馥香也都答应，小明叫得都没有错。

1974年，万馥香和李世纯结婚，陆忆生和刘兰兰都向单位请了假，赶到北京参加万馥香的婚礼。当然了，这是后话。

母亲之死

1966年9月1日下午，苏州东山大园里寿坟山下，炽热的阳光照得山野一片白色，风不吹，树不摇，树上的蝉鸣声一阵盖过一阵，山潭里爱吵闹的青蛙躲在洞穴中无声无息，像是睡着了。虽说已过立秋，可这年东山的秋天特别热，接连几天近40℃的高温，热得人透不过气来。

中午1时左右，一位中年女子肩扛一条扁担，扁担头上挂着一个蓝色小包，神色慌张，步履匆匆，从西街玉树堂出来，朝西转过曹公潭。她朝后张望一番，确定无人跟踪，快步走过东山吴县中学大操场，悄无声息来到学校后面的一个小山潭旁。她叫万莹，是万馥香的母亲。

万莹在小潭右边一座小石桥上停下，见四下无人，迅速放下扁担，打开布包，从包里取出一大叠旧报纸，又把扁担上的绑绳解开，从扁担背面取出一把用白布包得严严实实的长刀。尔后她用绳子把长刀和包着的旧报纸捆在一起，在小石桥上用力抛入潭中。"扑通"一声，布包慢慢沉入潭底，水面又恢复了平静。

约半个小时后，一群割草的孩子从山上下来，看到山潭里河水清凉，高兴得放下草筐，一个个争先恐后跳入水中"潊起冷浴"起来（游泳）。那时山乡孩子潊冷浴还只会原始的"狗爬式"，即四肢一起在水中扑腾，就像小狗在水中游。小潭面积不大，约100多平方米，一群孩子在水中乱扑乱踢，不一会儿就把小潭闹了个底朝天。突然，年龄最小的毛毛发现身旁浮起一个蓝色布包，包里鼓鼓囊囊的不知是什么东西，吓得他惊叫一声逃上了岸。孩子们开始以为是死人，吓得也都慌忙从水里逃上岸。胆大的用石块掷水中的浮物，大家也跟着掷石块。掷了一会看看没动静，一个叫多管的孩子捡了根树枝把布包捞起来，打开一看，是一叠旧报纸、一本旧画报，再把长条状的布条拆开，是一把雪亮的长刀。孩子们不知是啥东西，连忙把这些捞起来的东西交到了公社"群专部"。

这年6月份以来，"文化大革命"刚开始，人们都紧绷着阶级斗争这根"弦"。东山莫厘峰上经常发现"特务"发的"信号弹"（其实是天上的流星），一有人来报告，附近大队的基干民兵立即出动，对莫厘峰下的山坞进行拉网式搜索，有时一夜数警，连夜组织民兵上山搜查，当然是一无所获。

这些东西交到公社"群专部"，头头仔细一看，竟是一把军刀和一捆解放前的报纸。于是，县中操场后面山潭里发现特务扔掉的日本指挥刀、反动传单的消息不胫而走，传遍了东山大街小巷。洞庭公社人武部立即调集了几台抽水机，数小时内把山潭水抽干，发现潭底还有一只半导体收音机和其他物品。

公社运动指挥部里，老秦等几个人把布包里的旧报纸小心摊在台上一看，发现报上刊登的一则房产官司上有"万淑英"等字。万淑英是谁？有知情人说，万淑英就是万莹。

万莹把东西扔入山潭后，慌不择路地回到玉树堂家中，关紧大门，静听街上有无动静。她突然想起，布包里的东西虽然用刀和石头压着沉了下去，但旧报纸浸湿后，吸足了水，会不会浮起来，要是浮上水面，被人发现就坏事了。万莹心里七上八下地担心着，吃好夜饭熄灯上了床。晚上8点多，东山手工业联社的吴主任带着指挥部的人敲响了她的家门。

万莹为何要把这些东西扔掉呢？原来从上月起，东山的一些所谓"革命组织"，以"破四旧"的名义，对镇上不少"地富反坏右"分子家中抄家，是"四旧"，一律砸毁和焚烧，一旦发现解放前的报纸或钱币，那情况就严重。万莹的丈夫在监狱服刑，她家属于内控的"反属"。说不定那些人会突然来家中抄家，她恐怕家中那把丈夫留下的很有故事的日军指挥刀被抄出来，于是用旧报纸包了，偷偷扔到潭中，谁知竟引火烧身，闯下大祸。

万莹被关在手工业联社的办公室，当时的"文革"运动指挥部进行连夜突审。"万莹，你老实交待，你为啥要对抗运动？"指挥部一位姓秦的组长问道。

"我没有对抗运动，是一时思想糊涂，扔掉了丈夫吃官司时藏在家里的东西。"万莹回答说。"你那把日本指挥刀是哪里来的，为何在家里藏了那么多年？"秦组长又问。"是何阿四缴获日本人的，我是思想糊涂藏在家里。这次怕你们来抄家抄到，所以扔到了潭里。"万莹低着头喃喃地说。

"还有手枪、子弹呢？藏在那里，快彻底交待。"秦组长突然发问道。"啥手枪？我家中根本没有……我一个妇道人家，你们去搜好了。"万莹吓得惊慌失措，回答也语无伦次了。万莹的惊慌表现，使审问的人更感到她心中一定有鬼，通知另外一组人员赶快搜查万莹的住宅。

万莹家一贫如洗的，大批人员折腾了大半夜，结果大失所望，连她家中天花板上、墙壁内、地板下都像梳子一样梳了好几遍，没有搜到什么手枪、炸药、手榴弹之类的武器。

深夜2点，手工业联社的办公室里挂了一盏雪亮的汽油灯，几个审问的人车轮大战，对万莹的审讯还在不断升级。"万莹，我们在你家中搜查到了武器，你要说清楚这些武器是从哪里来的，私藏着准备派何用处？"审问人厉声发问。万莹"啊！"的一声，惊得睁大了双眼，还没有来得及回答，审问人身旁的一个妇女忽地立起身来，用威胁的语气说："'坦白从宽，抗拒从严'，这是我们党的一贯政策，顽抗到底，只有死路一条。"接着她话锋一转说，"万莹，你要彻底交待，你们母女是如何勾结，如何策划，让你女儿万馥香钻进空军部队，钻进首都北京，隐蔽在伟大领袖毛主席身旁的！"

　　听到这里，万莹身体一下瘫了，她用双手捂着脸，哭着说："是我思想一时糊涂，藏了这些反动的东西，不要牵连我的女儿，牵连我的馥香，她是一名解放军干部。"嘴里还自言自语地说，"我的女儿，我的馥香，姆妈对不住你……"看管的人员见万莹精神有点失常，加上夜已深了，准备留下两个看管人员外，回家睡觉。

　　这时，万莹说要小便。联社办公室的厕所在小院东北角，离办公室约30来米，要经过一口古井。看管人员感到路很近，再说跟随一个妇女去小便有点不妥当，就嘱万莹快去快回。精神有点失常的万莹经过古井，猛地朝井中跳了下去。听到"扑通"一声响，看管人员感到情况不妙，立即奔跑过来，可为时已晚，投井的万莹已没了一点影子。等指挥组紧急调来抽水机，把水井抽干，捞起还沉在井底的万莹，她早已没有了生命迹象。

　　万莹去死时，女儿万馥香在北京被苏州去的红卫兵追寻，要揪回苏州批斗，没法回家。16岁的儿子何兆钧虽在苏州，也无法回东山料理母亲的后事。万莹的遗体被火化后，经办人员把她的骨灰用一只简单的木盒装后带回东山，准备随手扔在荒野地里。万莹生前所在地的生产队队长严阿六说："不能这样，也是一条人命，让她入土为安吧！"严阿六冒着极大的政治风险，在生产队的小山坡上，为万莹筑了一个简易的坟。三年后，万馥香和弟弟何兆钧回东山，寻找母亲的葬身之地。也许是九泉下的母亲有灵，

万莹墓

姐弟俩正愁如何寻找，在阁老厅前遇到一位大叔，向他打听母亲坟地之事，那位大叔正是严阿六老队长。

据 1966 年 9 月 9 日，吴县公安局东山分局"关于万莹自杀的情况报告"是这样写的："万莹，现年 48 岁，又名万松英、万淑英、万凤英，何万淑英，吴县东山镇人。死前是吴县东山缝纫社社员。家庭情况：丈夫何逸群在东北劳改，女儿万馥香现是空军总政治部文工团歌舞一团少尉演员，儿子何兆钧在苏州读书，家中无人。"

附录中，有万莹家中抄家物件的记录：

解放前吴县 12 区地图一张、东山镇地图一张。

民国时上海《伉俪月刊》一本，封面有蒋介石与宋美龄结婚照。

空白的"中华民国国民身份证"两张、军刀一把、外国巡捕叫子一只、何阿四（逸群）照片 11 张、1949 年后何阿四入狱后与万莹来往信件 46 封……

就是这些东西，夺去了万莹年轻的生命。

"文化大革命"结束后，万莹的冤案得到平反昭雪。1978 年 12 月

吴县革委会工业局关于万莹平反《通知》

11日，吴县革命委员会工业局"关于对万莹同志复查结论"称：万莹，又名万淑英，女，1919年生，家庭出身商人，本人成分工人，原洞庭缝纫社工人。经复查，万莹同志在"文化大革命"中，被作为敌我矛盾审查，是错误的。审查期间，在林彪、"四人帮"反革命修正主义路线迫害下，于1966年9月不幸逝世，现予平反，恢复名誉。其善后工作，应按手工业工人对待。

战友们保护

夜半，万馥香突然醒来，她只觉得心中闷得慌，再也无法入睡，什么原因她也不清楚，只是母亲的面容在脑中反复出现。母亲怎么啦？她心中一惊，身体应该不会有事吧。她干脆不睡了，起身给在苏州读书的弟弟兆钧写信，要他近日能否回一次东山，看看母亲身体可安好，运动中有否受继父的牵连而被冲击。写完信，东方已经发白，她把床头桌上的日历翻过了一页，是1966年9月2日。

"文革"开始后，江青以"排斥样板戏"为由，将歌剧《江姐》打入冷宫，万馥香被迫离开舞台后，她的心里感到空荡荡的。因家庭出身问题，万馥香思想上一直有压力，没有像团里有的人那样参加什么"造反"组织，忙于所谓的"大革命"。这天中午11点左右，万馥香接到一封电报，是东山手工业联社"造反"组织发来的，只短短一行字："万莹畏罪自杀，已火化。"万馥香看到电报上"万莹畏罪自杀"几个字，只觉得天旋地转，再也无法控制自己的情绪，伏在桌子上号啕大哭起来。

万馥香怎么也想不通，坚强、善良、豁达，平时乐于助人的母亲有什么罪，她为何要自杀？电报既没有说母亲死亡的时间，也没有通知她回去的意思，万馥香连忙给苏州的弟弟打了一个长途电话，几经周折弟弟兆钧接了电话，说他还不知道母亲去世的消息。大概因万馥香是名人，所以地方上拍封电报来告知她一下。

两年前，万馥香在北京、上海等地演《江姐》时，地方上不断有人给军委和总政等单位写信，状告万馥香。时任总参谋长的罗瑞卿通过刘亚楼了解到了真实情况，一次，他见到江苏省领导同志时，说希望他们为万馥香的事多做一些解释工作，暂时平息了这股"告状"风波。就是因为罗瑞卿保护过万馥香，还说了要为她"打官司"，"造反派"便将万馥香与罗瑞卿挂上了钩。

"红革总"战斗队是东山的一个"造反派"组织。"文革"初期，主要由学校、医院、企业和农村的一些活跃分子组成，在东山地区展开批斗"走资派"活动。在一次群众组织的头头讨论会上，一位姓董的教师说："东山的'走资派'都是些小鱼小虾，批斗分量不够，能不能找一条'大鱼'来，重重打一炮！"突然有人提出："万馥香不是名人吗，罗瑞卿保护过她，要是能把万馥香从北京揪回东山来批斗，我们小东山的'红革总'战斗队就出名啦！"

苏州中学有个叫施林生（文中均为化名）的学生，是东山响水涧上人，他的母亲也在缝纫社工作，对万馥香家的情况很熟悉，据说同万家还带点亲戚。学校停课"闹革命"，他闲赋在家也加入了这个群众组织。施林生回校把东山"红革总"战斗队准备赴北京的事一传播，"苏高中"红卫兵的一个组织也闻风而动，与东山的"红革总"代表一起乘火车前往北京。

"文革"时期可用一个字来形容，就是"乱"。一切都乱了套，到处"造反"，造反有理，要造当权派的反，要有敢把皇帝拉下马的造反精神。北京空政文工团里也不平静，在极"左"路线的干扰下，空政文工团内部开始批判"三名三高"，组织者要找典型。一天，歌剧团负责人找万馥香谈话："小万，批判'三名三高'要找典型，我们想来想去，这个典型别人没资格，只能是你了，希望你能起个带头作用。"万馥香答应了。她还天真地想，是啊，团里是我最出名，当典型就当典型吧，"斗私批修"不是坏事，严格要求自己嘛。她糊里糊涂当了一回批斗的"靶子"，心想批一回也就结束了，但事情远远没有她想得那么简单。

一次，团里的一个群众组织召开深批军队文艺"黑线"的批斗会，动员万馥香参加。万馥香想，在这场运动中人人都要口诛笔伐声讨"黑线"，还要联系实际进行"斗私批修"，于是就去参加了。会议开到一半，组织者突然点名要万馥香上台发言，要她检举揭发罗瑞卿指使她破坏革命样板戏的"罪行"。万馥香一头雾水，罗瑞卿是国务院副总理和解放军总参谋长，她连罗总长的面也没见过，怎么"指使"她破坏样板戏？会议组织者多次诱导暗示她，可以随便说几句给罗瑞卿上纲上线的话，就能让她回到台下去。万馥香坚持不说假话，她站在台上一声不吭，足足立了近两个小时，直到批斗大会结束。

回到空政文工团大院，战友们都围上来说："小万，你真傻，这样的会你怎么能去参加呢！"也有人说："馥香，在会上你随口说几句就是了，何必给自己过不去，立了那么长时间。"当然，绝大数战友感到万馥香坚持不说违心话是对的。

一天早晨，空政文工团大门口来了一群身穿军装、臂戴红袖章的年轻人，他们先是在大门口排成一列横队，掏出"红宝书"，念了几句"最高指示"，对门口站岗的战士说："我们是苏州来的革命群众代表，要揪罗瑞卿的'黑干将'回苏州批斗。"站岗的战士被弄得莫名其妙，回答说："大院里没有你们要找的'黑干将'，快离开。""有，万馥香就是罗瑞卿的'黑干将'，我们要把她押回苏州批斗。"带头的施林生说。"这里是军营，不能随便进去！"站岗的哨兵把他们拦住了。这群人非要进去，双方僵持着，争吵起来。

万馥香在团里非常招人喜爱，不但人长得漂亮，手脚也勤快，力气也比一般女兵大，凡团里搞卫生、搬运布景道具等体力活，她总是做得最多。

而且她服从领导，尊敬同志，艺术上也很钻研。所以，领导和同志们都非常喜欢她。

这时，在《江姐》中饰演双枪老太婆的孙维敏老师刚好走出空政大院，听到双方的争吵声，知道了这群人来者不善，马上说："你们说万馥香，喔，小万一早有事出去了，还没回来呢！"等这群人走远了，孙老师回大院找到万馥香说："小万，你还是到同事或朋友家里住几天吧，说不定他们明天还要来，避避风头再说。"万馥香说："孙老师，我哪里也不去，我又没做坏事，为啥要怕他们。"孙老师心想，小万啊，人太耿直，要吃亏的。

万馥香在部队学《毛选》

两天过去了，这群人没有来，万馥香的心也稍稍平静些，也许他们回苏州了。第三天上午，万馥香上街买了点东西，回来刚走近空政文工团大院门口，见苏州来的这群人又守候在门口了，心想怎么办？门口的人也看到了她，如果此时她返身离开，一定会引起他们的怀疑。万馥香把军帽向下压了压，又用长围巾捂住了嘴，大大方方进了大院，守在门口的人没有认出她。

不一会儿，苏州来的这群人不知通过什么途径，竟从另外的入口进了空政文工团大院，在院子里呼口号，拉横幅，又来到文工团办公室，要王副政委交出"黑干将"万馥香。万馥香正躲在宿舍里，听到声音心里也有点慌了。战友李燕平、余保珍、何力等给她出了个点子，干脆穿着工作服到炊事班去帮厨。

施林生他们在大院里挨个房间寻找，没有找到万馥香，又来到文工团一团办公室，向王副政委要人。王副政委两手一摊说："你们这不是胡闹么，万馥香不在这里，出差去了，你们搜了大半天也没有找到，怎么反来向我来要人？"见这群人不作声了，王副政委面孔一板说："这里是军营重地，部队是有纪律的，不允许任何人来胡闹。"接着，叫办公室人员把他们送出去。

这群人做梦也没有想到，万馥香会穿着白色的工作服，在炊事班里烧锅炉。他们又在驻地闹了一会，见实在找不到万馥香，以为她真的出差去了，只得悻悻地离开了。

以后，苏州的红卫兵和东山的造反派组织又多次到空政文工团来，扬言要把万馥香带回苏州批斗，团里的领导和战友一见到那些苏州"造反派"，就把万馥香藏起来，说她不在团里。那些人即使闯进空政文工团大院，也不知往哪里去搜，吵闹一阵便离去了。

医院交友

1973年春天，万馥香腹部感到隐隐阵痛，她是个能吃苦、忍耐力很强的人，开始她也没当回事，还以为是少年时治疗血吸虫病的后遗症，过一阵就好了。随着疼痛日复一日的加剧，大便中时常出血，还出现心慌、气短等症状。她到北京的医院一检查，医生诊断她患了子宫肌瘤。

一位医生告知她，子宫肌瘤是妇女的一种常见疾病，一般都是良性的，不用惊慌。又说，如不及时治疗，恶性度极高，对人体造成严重伤害。还有这种病对未婚妇女生育也有很大影响，将造成不孕或胎儿流产。万馥香还没有结婚，她紧张了，住进解放军空军总医院准备手术治疗。

万馥香一住进医院外科病房，消息就在医院里传开了。"我们医院来了一个名人，是空政文工团的一位演员，叫万馥香，她饰演过江姐，受到过毛主席和周总理等领导人的接见，非常有名气。"外科病房里有一群十七八岁的小护士，听到这个消息，感到非常好奇，都想去病房看看，这个万馥香能演江姐，究竟长得怎么样。

这些十几岁的小护士出于好奇心，一起来到外科病房。刚到病房门口，就听到里边传出来咯咯咯的笑声，特别清脆和爽朗，非常好听。大家进去一看，更是非常激动，万馥香长得非常漂亮，尤其是她的一双眼睛，长长的睫毛忽闪忽闪，一笑两个酒窝。给她们的第一印象是特别平易近人，没有一点名演员的架子，非常有亲和力。

见病房里来了一群小姑娘，万馥香招呼她们坐到自己的床沿上，还拿出带来的糖果、花生等请大家品尝，同大家亲切交谈。问他们老家是哪里的，入伍几年了，她们一点儿生疏感也没有，就像一群小山雀似的叽叽喳喳交谈起来。

在这群小护士中，有一个20来岁的姑娘，叫王建平，父母都是军人，是在南京出生长大的，她17岁参军，入伍已3年了。万馥香是苏州人，两人的距离一下子拉近了。她们虽然相差10多岁，却成了好朋友。在万馥香住院的日子里，小王一有空闲就朝外科病房跑，照料万馥香手术后的生活。两人非常谈得来，谈家庭、谈生活、谈事业……

万馥香的手术非常顺利，恢复得也很快，住院一周就出院了。万馥香出院那天，王建平邀了一个好朋友一起送她回文工团。从空军总医院到灯市口的文工团住地，乘车有好几站路。王建平上的是夜班，下班后就直接送万馥香回单位。车子刚开了一半路，小王因下班后没有休息，在乘公交车的路上发生了晕厥，一时什么也不知道了。等王建平醒来，发现自己躺在公交站的椅子上，万馥香不见了。

过了一会儿，万馥香回来了，手里拿着一包红糖。回来时看到不少人还围着王建平，她连忙挤上前问："小王，好点了吗？快泡糖水喝，对缓解晕厥有好处。"说完，她从自己包裹里取出口杯，到附近找开水。王建平喝完红糖水，精神好多了，万馥香笑着说："小王，你把我吓得够呛，还以为发生了意外呢。"王建平只得实说，自己刚下夜班，是没有休息造成的，过一会就好了。万馥香听后有点生气了，把王建平责怪了几句，心里很过意不去。

汽车终点站到了，下车后离空政文工团还有很长一段路，王建平仍无力不能行走，附近没有别的交通工具。同行的一个小护士年龄还小，万馥香背起小王朝前走。王建平心里很内疚，生怕她手术开刀后的伤口再次裂开，几次叫她放下，可万馥香咬着牙把她背进了空政大院。王建平在文工团吃了晚饭，恢复体力后才离开。她们就是这样建立了亲姐妹般的关系，几十年间一直未中断。

20世纪70年代中期，万馥香转业到北京市东城区某服装厂工作，后来又先后到了北京红旗越剧团和中国音乐学院。王建平复员后在北京一家地方医院工作。两人经常走动，到双方的单位或家中见面。她们无话不谈，尤其是家庭和事业方面谈得很投机。在这段时间里，她们都结婚生子，但友谊一直没有中断过。后来，王建平参加了中国共产党。1987年，万馥香加入中国民主同盟。

据王建平回忆，万馥香特别会做衣服，每次到换季的时候，她都会给王建平做，做得很像样，非常好看和得体。包括小王的朋友，万馥香都给她们做过衣服，而且不收钱，大家都非常喜欢她。万馥香经常到王建平的单位去，她一来，医院也有不少同事经常和她聊天。医院每年都要组织召开年会，工会主席总是想到万馥香，请她来助演。她从不推辞，有时间总是会来参加。1992年11月到1994年上半年，万馥香已被诊断为卵巢癌晚期，

万馥香（左）与王建平

手术化疗后头发都掉了，戴着假头套，受到医院邀请，她还是立刻答应下来，并在舞台上展现风采。她与医院书记合唱一首黄梅戏《夫妻双双把家归》。万馥香先开口，唱道："董郎！"这时，医院书记没有进入角色，慌忙中回了一句："娘子！"两个人就唱起来，台下响起热烈的掌声。

流泪的"红娘"

1967年10月1日，北京灯市口空政文工团小礼堂内，一对新人正在举行婚礼。礼堂上方贴着用红纸写的《最高指示》："我们来自五湖四海，为了一个共同的革命目标走到一起来……"下面一块黑板上贴着"李洪业（文中均为化名）、杨洁萍（文中均为化名）喜结良缘"一行红字。新郎新娘穿着新军装，脸上挂着幸福的微笑，在证婚人万馥香的主持下，相互三鞠躬，然后把桌上的糖果分送参加婚礼的战友们。

婚礼简洁而热闹，万馥香替一对新人分送完喜糖，有人提议，要"红娘"万馥香唱首歌，向新郎新娘表示祝贺。万馥香微微一笑，把两条短辫朝后一甩，也不拿话筒，落落大方地走上台，用女高音唱了首《我为共产主义把青春献》。热烈的掌声响过后，战友们又起哄，要李洪业、杨洁萍谈谈恋爱经过，也有人要"月下老人"万馥香介绍是如何帮两人牵上红线的。

听到这样的提议，平时大方开朗的万馥香再也无法控制自己的感情，委屈和苦楚的泪水噙满了眼眶，她用手帕轻轻揩着。万馥香怎么啦？为啥掉泪啦？大家纷纷议论和猜测。

万馥香的婚恋受到过多次挫折，也发生过戏剧性的巨大变化。万馥香成年以后，以她出众的才貌和人品，在苏州期间就受到众多小伙子的青睐和追求；她成了"江姐"之后，收到的许多观众来信中，求爱信就占了一大半，但她为了喜爱的事业，自己的终身大事一拖再拖，没有去考虑。

著名作家、长篇小说《苦菜花》《迎春花》和电影《女飞行员》的作者冯德英，是空政的创作人员，与万馥香很熟。1965年年初，冯德英见万馥香年龄不小了，给她介绍了一个对象。那时候，部队干部连谈恋爱都要向组织汇报，天真的万馥香就这么做了，她把冯德英介绍的对象和经过，一五一十汇报了领导。于是组织找到冯德英，说："小万正在演《江姐》，我们现在还不能让小万谈恋爱，你不要再给她介绍对象了。"冯德英受到了领导的批评，不高兴地找万馥香"问罪"："小万，你这样汇报，今后谁敢给你介绍啊！"万馥香听后也很尴尬，说不到28岁不结婚。

一次演出期间，在剧中扮演"华为"的青年男演员小王，突然递给万馥香一张条子，她一看，是情书，还说是文工团一位女政委介绍给他的。万馥香吓了一跳，去问那个女政委，有没有这件事。女政委又好气又好笑，点了下万馥香的额头说："小万，你呀，这种事情，你要是同意，下次见面点点头就行了，干吗非要来问我呢？"结果闹出了一桩笑话，事情自然不成功……也没有人再敢为她牵线了。

杨洁萍与万馥香的关系是战友加姐妹，眼看好姐姐万馥香的婚姻一直没有解决，心里比自己的婚事还着急，她发动"亲友团"为万馥香在地方上物色对象。杨洁萍的母亲李阿姨是无锡石塘湾人，解放前在苏州石路一家大户人家做梳头娘姨。李阿姨在石路梳头时，结识了在石路帮佣的王阿姨，两人年龄相仿，又是同乡，以姐妹相称。

一次，杨洁萍回苏州探亲，托母亲给闺蜜万馥香介绍个对象。李阿姨是个热心人，受了女儿之托，突然想起老姐妹王阿姨的儿子小李子在部队当兵，听说还提了干，不知找女朋友了没有。李阿姨特地回了一次无锡娘家，登老姐妹门一问，真是无巧不成书，王阿姨的儿子还没有女朋友，她也在为儿子小李子的婚事着急，四处托人找合适的对象。

李洪业，生于上海，28岁，高中毕业后考入西安工业大学，大学毕业后参军，在部队已服役6年，是一名解放军重庆航空学院通讯部队的教官，军衔中尉。当听说李阿姨为自己儿子介绍的对象叫万馥香，24岁，苏州东山人，是空军部队的一名少尉军官，还演过"江姐"，王阿姨喜不自胜，与儿子真般配，要李阿姨赶快去说媒。

国庆节到了，首都北京街道两旁到处是醒目的"最高指示"和红灯笼，天安门广场上摆满盛开的鲜花。李洪业请了一周假，从山城重庆乘飞机来到北京。他已过了结婚的年龄，一方面是部队军事生活紧张，谈女朋友的机会少；另一方面是他择偶标准比较高，友人介绍的对象没谈成。

杨洁萍是男女双方的联系人，她一直为万馥香的婚事操心，这次母亲介绍的合适人选，她绝不轻易放过。第一次见面约定在颐和园昆明湖畔的玉澜堂，这是杨洁萍精心挑选的地方，这里依山临湖，风光秀丽，环境幽静，最宜谈情说爱。当两人相见后，杨洁萍说了声："你们谈，我去定餐。"朝万馥香使了个眼色，意思是这次再谈不成功，可不会再原谅你了。

在那个年代，男女结婚的年龄普遍较早，28岁的李洪业没结婚，也算大龄军人了。万馥香原以为对方这么大岁数还未找到对象，也许长相很一般。见面后一看，李洪业身高一米八，国字脸，浓眉大眼，两目炯炯有神，长得非常英俊，举止彬彬有礼；而万馥香是空政文工团的"一号美女"，长相有点像杨贵妃，又被评为团里的业务能手，才貌德行均无可挑剔，可谓是天生的一对，地造的一双。双方一见钟情，很快确立了恋爱关系。

李洪业是第一次来北京，杨洁萍陪着这一对恋人游览了天安门广场，

万馥香北京留影

故宫、天坛、玉泉山、香山寺、长城、十三陵等名胜古迹。在长城高高的居庸关上，望着两旁屹立的山峰、重迭的翠嶂，万馥香真情地对杨洁萍说："洁萍，我的事情解决了，你的终身大事可也要抓紧考虑。"杨洁萍扮了鬼脸说："我年龄还小，在谈恋爱这方面比你灵活，不用你操心。"

转眼三年过去了，万馥香和李洪业两人鸿雁传书，瓜熟蒂落，到了结婚的时候了。李洪业的母亲催着儿子打报告向组织申请结婚，盼着早一天抱孙子。李洪业在重庆部队里，要是婚后夫妻俩暂时不能在一起生活，老人准备来北京带孩子。

正当万馥香翘首以盼，等待李洪业组织批准结婚喜讯时，李洪业请假又匆匆来到北京。在颐和园两人三年前见面的地方，李洪业喃喃地对万馥香说："我的工作是航空学院教官，掌握国家航空机密，对配偶有严格的要求，鉴于你的家庭情况，组织上没有批准。"李洪业说完，难过地低着头不作声。

他原以为万馥香听后会哭一场，两人已交往三年，这个消息对她打击太大了。万馥香听完后很平静，她凝望了一会昆明湖上一对戏水的鸳鸯，对李洪业说："既然组织上不批准，我们分手吧，毕竟你还年轻，愿你早日找到理想的另一半。"万馥香怕控制不住自己的感情，轻声哼起《红梅赞》，礼貌地伸出手来，与李洪业握握手走了。

杨洁萍得知消息后大吃一惊，她找到李洪业住的旅馆，责问他这究竟是怎么一回事。李洪业正伤心，也在气头上，他略带责备的语气说："三年时间被耽搁了，现在我已经这么大岁数，到哪里去找合适的女友？"

杨洁萍一怔，也没带好气地说："这能怨我吗？""怎么不怪你，你赔我一个女友！"李洪业调侃地对杨洁萍说。

"万馥香是不能赔给你了，要么我赔给你！"杨洁萍也开玩笑说。"你说话当真？"李洪业一下来了精神，他细细打量杨洁萍，身材高挑，皮肤白皙，双眼皮，一张娃娃脸非常可爱，尤其是那双俏丽有神的眼睛总是给人带来欢乐，她与万馥香一样美丽可人。杨洁萍想不到自己一句戏言，李洪业竟认起真来，一时窘得满脸通红。

杨洁萍的内心很纠结，这开玩笑成真的婚姻，万馥香知道后会怎么想，她如何向万馥香开口说。谁知，后来事情的发展超出了她的想象，也出乎的顺利，她与万馥香迅速换位，万馥香竟成了她和李洪业的证婚人，于是出现了本文开头的那一幕。

杨洁萍出身工人阶级家庭，部队组织上很快批准了李洪业和杨洁萍结婚的申请。万馥香知道后很高兴，替他们缝被头、置床单、做衬衣，筹备张罗婚事，又粉刷墙壁、贴窗花、插瓶花布置新房。婚礼上，万馥香还当起了他们的"红娘"。

结婚仪式结束后，三人在王府井大街找了一家饭馆，吃了一顿饭。不知是万馥香心里早已有打算，还是临场发挥，她要了一瓶红酒，每只杯中斟了半杯酒，举起酒杯祝词："李洪业，我俩缘分未到，不可强求。我的好妹妹杨洁萍人长得不错，也上进，现在我把她正式交给你，希望你珍惜她，爱护她，直到永远……"李洪业和杨洁萍惊得目瞪口呆，万馥香转换角色也太快了，真厉害。

太仓之行

1974 年 8 月的一天，太仓县浮桥公社东风大队"太棉"一号棉田里，出现了一位帮助采棉花的解放军女战士，她那合身的军装，秀丽的面容，娴熟的采棉动作一下引起了人们的注意，这位女军官就是万馥香。下午社员们劳动休息时，大家知道万馥香曾是 10 年前歌剧《江姐》的"一号"演员，她主唱的《红梅赞》传遍大江南北，于是姑娘们嚷着请万大姐为大家唱一首《红梅赞》，吴妈妈家的两个女儿溪珍和艳珍带头拍手鼓起掌来。万馥香微微一笑，放下手中的棉筐，登上田边小阜，亮开嗓子唱了起来："红岩上红梅开，千里冰霜脚下踩……"优美的歌声在棉田上空飘扬，连田边公路上的行人也停下脚步听她唱歌。

万馥香赴太仓是看望在那里插队落户的弟弟何兆钧。母亲万莹去世后，弟弟兆钧是万馥香唯一血脉相连的亲人。弟弟在太仓农村生活得怎么样，学业有没有荒废，还有他爱上了拉小提琴，学得怎么样？弟弟也已 26 岁了，有合适的对象吗？这些都是姐姐万馥香关心的事。

何兆钧 8 岁时随祖母到苏州读书，祖母去世后，他又生活在姑母家里，在附近苏州市第二初级中学读书。"文革"开始后，学校停课闹"革命"，这使姐姐万馥香非常担心，她多次去信关照弟弟，不要到处乱跑，在家多看点书，有时间帮姑母多做事。当弟弟来信说，受姐姐的影响他也爱上了音乐，正在学拉小提琴，万馥香非常高兴，为他寄去了琴谱、乐谱等供兆钧学习。1968 年 10 月 29 日，弟弟何兆钧赴太仓县浮桥公社东风大队插队务农，这使万馥香更加担心，从小因营养不良而身体瘦弱的弟弟能否适应农村的体力劳动，生活又能自理吗？弟弟在农村生活已 6 年了，于是她从北京先到上海，再乘车辗转来到了太仓。

从兆钧的来信中，她知道弟弟他们从苏州至浮桥公社东风大队插队落户有三个青年，同班同学沈秋苏和好朋友李庆新，他们吃住在第 6 生产队吴雪娥家中。有意思的是吴雪娥和丈夫孙国才都是唱"滩簧"的，女儿溪珍、艳珍（小名王燕）都喜爱音乐。

滩簧，又名花鼓滩簧及"花鼓小戏"，原是一种素衣清唱的代言体戏文，是苏剧的前身。滩簧起源于明万历年间，兴盛于清中期，光绪初传到上海，形成"苏道"与"海道"两个流派，开始走向职业化，在上海、苏州及太仓、昆山一带非常流行。孙国才、吴雪娥原是唱"苏滩"的职业演员，剧团解散后，孙国才当了名大队会计，妻子吴雪娥参加生产队劳动。当得知何兆钧是当年红遍全国的"江姐"万馥香的亲弟弟时，一下把距离拉近了，夫妻俩把这三个青年当亲人一样来照顾，以致许多年以后，当这三个插队青年成家立业，自己快当爷爷（祖父）了，见了吴雪娥都仍叫妈妈。

接到姐姐要来看望自己的来信，何兆钧高兴之余犯了难，姐姐平时最喜欢吃青菜，她从北京千里迢迢来到太仓，总不能仅烧几道蔬菜招待她吧。

万馥香与弟弟何兆钧在太仓农村留影

他到生产队会计处预支了几元钱，当天凌晨起身，来回走了12里路，到离东风大队最近的九曲公社市镇上买了一条河鳗与几斤肋条肉回来。吴妈妈烧得一手好菜，她向生产队请了假，在家烧菜为万馥香接风。

从太仓浏河汽车站到东风大队有6里多路，公路两边都是青青的水稻和绿色的棉田，万馥香坐在弟弟来接她的自行车后座上，只见近处是一片绿色的海洋，而远方一抹蔚蓝色的天空，微风吹来，稻田和棉田里散发出醉人的清香。这里与自己的家乡东山一样美好，万馥香情不自禁地唱起那首她学生时期唱过的《鲜花调》（即茉莉花）："好一朵茉莉花，好一朵茉莉花；满园花开香也香不过它，奴有心采一朵戴，又怕来年不发芽……"

明白高照，清风阵阵。朦胧的月色中，吴雪娥家门前的田埂上，棉地旁，桑园边，站满了村里前来看大明星的男女老少。20世纪六七十年代，农村文化生活还较匮乏，年轻人夜晚赶10多里路，去看一场草台戏或电影是常事。听说东风大队吴雪娥家来了一位当年演"江姐"的大明星，一时成为浮桥公社的大新闻，大家都想来看看，当年站在毛主席、周总理中间合影的万馥香长得啥样子，一定很漂亮，气质不凡，最好能听她说说话，唱首歌。

吴家堂屋里还在吃晚饭，大门口已挤满了看热闹的大婶和大嫂，还有像小鸟一样叽叽喳喳的孩子们。万馥香知道人群都是冲她来的，干脆放下碗筷，招呼大家到屋里坐坐。开始，挤在门口的人有点拘束，谁也不好意思先进屋。后来一看万馥香一点也没有大明星的架子，一口软糯的苏州话，大娘、大嫂地叫着，请着，大家都消除了顾虑，一下涌进了屋里。人实在太多了，屋里挤不下，吴妈妈出了个点子，对大伙说："请大家到门前场地上等候，让万馥香大姐吃好夜饭，同大家见个面，唱支歌怎么样？""好！"门口几个小姑娘高兴得拍起手来。

男主人孙国才从大队部借来了一盏汽油灯，充气点亮后挂在家门前的一棵树干上，顿时照得附近一片明亮。晚饭后，万馥香化了淡妆，她脱去军装，上身穿着白衬衫，下身是天蓝色的长裙，缓步走到场地中央。在汽油灯下，万馥香一个亮相，淡妆中蕴含娇美，矜持中显出大气，亭亭玉立，飘飘欲仙，那容貌，那气质，那歌声，乡亲们从来没有见到与听到过。"万馥香真漂亮！""她就是'江姐'！""江姐就是这个模样！"人们小声称赞着。

那个年代，扩音设备尚未普及，唱歌也没有话筒，全靠歌手的嗓音。弟弟兆钧擅拉小提琴，一起赴太仓插队的李庆新二胡拉得也不错，两人为姐姐伴奏，万馥香为乡亲们唱的第一首歌是《我为共产主义把青春贡献》："春蚕到死丝不断，留赠他人御风寒；蜂儿酿就百花蜜，只愿香甜满人间……"清脆响亮的女高音在夜空回响，仿佛有一股无形的穿透力，震荡着人们的胸腔。

夏日夜晚，田野里的青蛙响起了"三重唱"，很有节奏。先是蛰伏溪畔洞中大蛙低沉的叫声；安静一会儿后，水田中的青蛙声响成一片；青蛙叫声刚停下，杂乱无序的泽蛙（一种体形较小的褐色小蛙）声也响成一片，它们周而复始，整夜不息。人们惊奇地发现，当万馥香的歌声响起时，蛙鸣声戛然而止，歌声落时，鸣声又起，形成一种人与自然的和谐。

浮桥公社的宣传队得到消息也来了，队长知道万馥香参加空政文工团前是苏州歌舞团的台柱子，锡剧、越剧、黄梅戏都唱得很好，万馥香刚唱完一首《五湖四海太阳红》，这是歌剧《江姐》第四场中的齐唱。翠娥起哄说："要不要万老师为大家唱一首我伲苏州的家乡戏？"大伙立即回答说："要，请她唱段锡剧《双推磨》！"唱就唱吧，万馥香不愿扫大家的兴，可这段戏要两人唱才有戏味，谁来演剧中的男主角何宜度呢？

"我来演！"弟弟何兆钧放下小提琴，不知从哪里弄来一只旧毡帽，穿了一件旧青布罩衫，走上场来。万馥香也用吴妈妈的头巾扎了头，腰间围了块饭单（做饭围在腰间的布），姐弟俩唱了起来："一人推磨独自拗，两人推磨像龙化水……"赢得满场掌声。原来兆钧在姐姐的影响下，不但能演奏乐器，也会唱戏和唱歌，见姐姐有了难处，他主动上场为姐姐"救场"。

第二天，万馥香来到大队党支部孙书记家中，了解弟弟兆钧在东风大队插队后的生活和劳动情况。当得知弟弟到农村广阔天地锻炼后，政治上要求进步，已经加入了共青团，已向党支部递交了入党申请；劳动中学会了种田、育棉、养猪等农活，万馥香心中很高兴，弟弟长大了。

1977年5月23日，何兆钧在太仓农村劳动9年后回到苏州，安排至苏州横塘粮管所工作。他边工作边读书，完成了大学学业。此后当过职工教师、工会主席，1981年加入中国共产党。

迟到的爱情

人生易老，岁月无情。转眼间万馥香已34岁，婚姻问题成了她的老大难。亲眷、同事、朋友，大家都在为万馥香的终身大事着急。

万馥香在歌剧《江姐》中饰演"一号江姐"时，她还只有22岁，容貌秀丽，才华出众，择偶可以说是"抓一把"任其挑选。尤其是演"江姐"成名后，一时间成百上千的信从各地飞向万馥香，有的是称赞，有的仰慕，有的是求爱，情书就有几十封。还有空政文工团的演员，都是从全国各地挑选来的优秀青年男女，绝大多数是未婚的，向他求爱的男青年就有好几个。那时万馥香以事业为重，对那些求爱者说，我年龄还小，不考虑谈恋爱。

随着万馥香年龄一年年增大，还有家庭出身等因素，择偶屡屡受挫后，她给自己定了一条新的标准，她说，我一不爱钱，二不爱高位；我重出身，爱人才，慕人品。只要他根正苗好，有才华，有知识，忠厚老实和能堂堂正正做人，我就喜爱。另外，她还有一个附加条件，说最好还要有音乐天赋，与我有共同的爱好，这样婚后才有共同语言。

同事和朋友们听了都摇头，说你这个标准太高了，你这样的另一半到哪儿去找啊！万馥香幽默地说："标准是高了点，可也总不能把'江姐'嫁给一个'卖炭翁'吧！"

万馥香的婚姻成了亲戚朋友关心的大事，"馥香，我给你介绍一位，姓管，是部队的一位干部，很有才，也爱好音乐，过几天约你见个面？"在上海工作的何英培伯伯打来了长途电话。万馥香在电话里同意说"听上去条件不错，也不知人家开出的要求！"几天后，万馥香请假特地去了一次上海，同伯伯介绍的对象见面。两人在黄浦江畔聊了半天，双方介绍了自己的工作和家庭情况，彼此都很满意，还留了通信地址。后来，姓管的青年一直没来信，万馥香也不知原因。过了一阵子，英培伯伯才转告她，对方的工作单位是设计飞机图纸的，是她的家庭出身又带来了麻烦，管姓青年向她深表歉意。万馥香的心态很平静，她不责备人家，谁让自己出生在这样一个家庭呢。

何伯良是万馥香继父的弟弟，也是她的叔叔。何伯良早年参加新四军，中华人民共和国成立后转业到上海虹桥机场工作。他写信给侄女万馥香，给她介绍了一个对象，是上海一所中学的外语教师，年龄与她同岁，多才多艺，人也很正派，一听说万馥香的名字，对她很崇拜。万馥香又一次来到上海，还约了弟弟一起去同对方见面。谈了一段时间，准备谈婚论嫁了，对方在信中突然吐露出有一个亲戚在台湾，先前没敢告诉你，现在条件成熟了，考虑后还是让你知道为好。万馥香一听傻了，组织上肯定不批准。她在回信中说："我们分手吧！我是名军人，组织上对军人配偶有严格的要求。"这一桩谈得即将成功的婚事又告吹了。

小王是万馥香的战友加闺蜜，自己女儿已6岁，要上幼儿园了，可万馥香仍是孤身一人。为了她的婚事，小王像月下老人那样为她"拉红线"已有好多次，可万馥香总是高不成低不就，一次也没成功。一天，小王又给她介绍了一个对象，是北京大学的一名姓严的教授，还是个党员干部，研究音乐理论的。这个严教授很有意思，相约万馥香到小王家见面时，竟脱掉外衣忙了大半天，为她们烧了一桌子菜。小王家人都很识趣，匆匆吃了点饭菜就推说有事走开了。万馥香和严教授两人边吃边谈，感觉很投机。事后，万馥香很礼貌地送客人出门，但好几天没给回音，小王找到她说："对方很满意，你快表个态，人家在等回音。"万馥香说："人长得矮了点，不太中意。"小王生气地说："你呀，你呀！这么大岁数了，还在挑三拣四的，看你变成老太婆。"万馥香笑笑说："别急，有好男人在等我呢！"

　　俗话说，有情人终成眷属。不久，万馥香这样高标准的择偶条件，竟真的被她找到了，他叫李世纯。

　　说来话长，万馥香当年演《江姐》，曾在全国掀起一股唱江姐、学江姐的热潮，作为饰演江姐的演员，万馥香曾收到几千封歌迷们的来信，空政文工团的领导不得不让专门人员帮她处理这些信件。那时候，在追随她的歌迷中，有一个刚从北京航空学院毕业的小伙子，分配在北京某航空公司任工程师。万馥香的戏演到哪里，他就尽可能追到哪里，就是为了看万馥香的人，听她唱的歌。

　　万馥香给他留下的印象太难忘了，她是那么美，如菊花淡雅，像荷花芬芳，似牡丹热烈，若丁香圣洁。只觉得她浑身洋溢着蓬勃的青春气息，肌肤是那么白净，长长的睫毛盖着清澈的眸子，一双美丽的凤眼含蓄又泛着迷人的秋波。

　　这个小伙子是河南商丘人，家境贫寒，只因上学时成绩优异，老师嘱他报考理工科大学。而他自己呢，则对文艺有着浓厚的兴趣。他有天赋的好嗓音，平时也喜欢唱歌，经常参加学校、单位的歌咏会。小伙子高高的个子，人长得很精神，找对象条件也不低，30多岁了，尚未找到自己合适的配偶。

万馥香与李世纯的相见相识到相爱，颇具戏剧性。1973年，单位"停演闹革命"，一会儿"斗私批修"，一会儿又写学习心得，孤身一人，感到寂寞的万馥香常去一个朋友家串门。这个朋友的邻居李大妈的儿子是个朱姓记者，当年万馥香在苏州歌舞团演出时就采访报道过她。当大家听到30多岁的万馥香还没有结婚，也着急起来，参加了为万馥香"寻婚"的小组。这位朱记者的妻子在北京三机部工作，认识部里文艺宣传队队长李世纯，他除精通专业外，也能唱歌，还会作曲。经过两家热心人的撮合，34岁的李世纯终于与他仰慕已久的"江姐"单独见面了。离他初见"江姐"，追看万馥香演出的时间相隔了十年。

事后，有同事问李世纯："你当初'追星'时给万馥香写过情书吗？"李世纯摇摇头说："人家可是大明星，追求她的人多着呢，咱可不干那冒险的事。"万馥香的回答更有意思："两个'老大难'都找不到对象，所以就碰到一块了。"

可真实的情况是两人第一次正式见面时就非常浪漫。他们相约在李大妈家的小客厅里见面，李大妈把门轻轻虚掩上，回到自己房中，竖起耳朵听隔壁的声音。只听李世纯先唱起了一首苏联歌曲《莫斯科郊外的晚上》："深夜花园里四周静悄悄，只有风儿在轻轻唱，夜色多么好，心儿多爽朗……"唱着唱着，万馥香也和了上去，两人一起唱道："我的心上人坐在我身旁，默默看着我不作声。我想对你讲，但又难为情。多少话儿留在心上，我想对你讲……"接下来，李世纯唱印度歌曲，万馥香唱朝鲜歌曲，两人在屋里一首一首地接着唱。

李大妈听着听着着急了，哪有这样谈对象的，光唱歌不说话。李大妈的媳妇听出了门道，对李大妈说："妈，成了，他们是一个声音，你就等着吃喜糖吧。"那时年轻人谈恋爱都喜欢逛街，进商店购物，可两人再次见面时仍蹲在屋里唱歌……真是以歌传情，情深意长。

李世纯是在万馥香最困难的时候同她结婚的。这一年，万馥香脱下

万馥香和李世纯结婚前合影

军装，被迫放弃了她热爱的岗位和事业，转业到北京东城区一家服装厂管理处工作，当了一名仓库保管员，整天收收发发，与一捆捆服装打交道。李世纯不在乎，有一次见面，他对万馥香说："是金子总会发光的，我愿做一块擦亮金子的手帕。"听到这样的话，万馥香抱住李世纯，激动得热泪盈眶。

迟到的爱终于来到了，谁知他们的爱情又经受了严峻的考验。那个年代，干部谈恋爱需向组织汇报，由组织出面对配偶进行"政治审查"。一天，组织上找李世纯谈话："小李，她本人表现不错，但家庭出身就是这样，你看着办吧。"李世纯当即表态："如果你们觉得我在这岗位上和万馥香结婚不合适，就调换我的工作好了。"结果组织上同意了他们的婚事，两人当年就举行了简朴的婚礼。

这是一个和睦、幸福的家庭。虽然因双方家庭都比较贫困，婚后生活不富裕，甚至为了省钱连新房的粉刷、铺地砖都是两人自己动手完成的，但共同的爱好使他们的生活很和谐，也充满温馨。久在异域他乡，万馥香难免流露出丝丝缕缕对故乡的青山秀水，对太湖旖旎风光的思念之情。她把自己的心思告诉了去南方出差、取道苏州看望弟弟的丈夫李世纯，希望他在出差途中注意观察和感悟，把流行苏州、太湖一带的民歌写下来。

李世纯是位出色的业余歌手，他到上海出差半个月，在妻弟何兆钧陪同下去了一次东山，归途中已打好了《东山更比天堂美》《东山碧螺春》等苏南民歌腹稿，回京后把歌词默写出来读给万馥香听。

"人人都说天堂美，它比不过姑苏东山山和水，山有花果山呀水有太湖水，碧波潋滟莲花开，莫厘峰下百鸟鸣，彩云飞；东山美呀美山水，山青青，水翠翠，人儿更加美，东山牛郎勤耕耘，东山上织女执梭飞。紫金庵里有三宝，雕花楼前松林翠。太湖那个水旁架金桥，明朝姑苏更比天堂美。"想不到丈夫对自己家乡这样熟悉，感情这样深，万馥香的眼睛噙满了眼花，她连夜为这首民歌谱了曲。第二天清晨，这首优美、抒情的江南民歌歌声从李世纯家中传出，给古老的巷子增添了一分姑苏的秀气。

元旦过后，单位派万馥香到外地出差两个月，参加一次培训，任务重，时间紧，她有一个月没有给家里写信，这可急坏了丈夫李世纯，担心妻子是不是病了，到单位去打听了好多次，还给万馥香的同事、朋友打电话，询问有没有妻子的消息。

万馥香出差回单位后，大家给她打趣说："七仙女总算回来了，可把董永急坏了。"说得万馥香很尴尬，回家对李世纯说："你这个人怎么这样，我出差才这么几天，弄得单位里大家说我，以后叫我怎样做人！"憨厚、

万馥香与丈夫及儿子李霖

质朴的李世纯对妻子说："以后你出差我不这样了，只是每天给你写一封信问候。"万馥香"噗哧"一声笑出声来，真是只"呆头鹅"，心里都甜丝丝的。

第二年，李世纯和万馥香有了爱情的结晶，儿子李霖出世了，给这个温馨的小家庭带来了新的欢乐。

继父归来

1978年，何逸群获国家特赦，从河北唐山释放回原籍，但严格说应是从河北唐山丰南林场辞职回家，因为再有两年他就可以按职工待遇退休。1976年，唐山大地震，何逸群做事的唐山丰南林场房屋也震塌了，使他心有余悸。再说离家28年了，他非常思念妻子万莹与儿子兆钧，还有女儿何仪珍（万馥香），既然政府特赦了，他就辞职回来了。

对于这位继父，万馥香心中有怨恨，一时难以接受。就是因他年轻时的失足，给家庭带来如此多的灾难，母亲被逼身亡，她和弟弟又历尽人生坎坷……开始当她得知继父将回家乡，不愿见他，但后来还是原谅了他。继父的过失是旧时代造成的，毕竟对自己有养育之恩，何况他现在已是一个花甲老人，孤身一人，最需要亲情。

1966年万莹蒙冤去世后，万馥香与何兆钧姐弟没有把母亲去世的消息告诉父亲何逸群，恐他知道后破罐子破摔，对人生绝望，在狱中不好好改造。后来，何逸群从大弟的来信中，得知女儿万馥香、儿子何兆钧都因受他的政治牵连，遭到社会不公正的待遇。何逸群也有自知之明，从此断绝了与儿女们的通信。

儿子何兆钧就在苏州一家宾馆工作，家中住房还较宽裕。得知父亲回来，他准备了一间房间，想把父亲接到家中来住。可何逸群在信中说，要回东山与你娘一起生活。何兆钧怕在回信中说母亲已去世，父亲一下子会接受不了，同姐姐万馥香商量后，想先稳住父亲，接到东山后再说。

何逸群从东北南下到苏州时，儿子何兆钧与女儿万馥香在苏州火车站接他。何逸群被捕入狱时，儿子还只有 8 个月，女儿刚满 10 岁，如今都已成家。近 30 年未见面，何逸群是老泪纵横，悲喜交加。他在狱中服刑改造、熬过了一万多个日夜，盼的就是这一天。

"你母亲呢，她好吗？"何逸群发现妻子万莹没有来，他禁不住问道。见姐弟俩都不作声，何逸群有种不祥的预感。1950 年年底，何逸群被捕时，妻子万莹还只有 30 岁，又是位知识女性，长得这么漂亮。何逸群一审判的是无期徒刑，他们离婚后，妻子重组家庭也在情理之中。何逸群这样想着，心里也宽慰了些，就是不知妻子现在日子过得怎么样。

回到东山新义村 31 号家中，儿女们才告知父亲，你服刑后母亲没有改嫁，一直盼你好好改造，刑满后回来同全家人团聚，可她没有等到这一天，16 年前抛下我们一个人走了。

何逸群的一生极为复杂，坐过日本人的监狱，国民党政府的监狱，解放后又服刑 28 年。1943 年，他被东山日军以私通新四军的罪名而逮捕，关押在木渎日军监狱，受尽酷刑没有吐露东山新四军情报站的地址，后来经妻子万莹四处奔走，才营救出狱。抗战胜利后的 1946 年，何逸群又被东山国民党区党部主任徐淦清，以"破坏征兵"罪逮捕，押送至吴县县政府军法处，关押在东大街江苏省高等法院看守所。丈夫被捕后，万莹写信给吴县妇女联合会，揭露东山地方政府征兵黑幕，刊登在当时的苏州报纸上。在苏州妇女协会和社会各界的声援下，何逸群被无罪释放。中华人民共和国成立后，何逸群服刑期间虽有情绪但还是表现积极，多次减刑。

寿坟山下的万莹坟上，山草摇曳，秋虫低鸣，两只不知名的蝴蝶在坟前翩翩起舞。何逸群坐在亡妻坟前像个孩子一样号啕大哭，这个两次被日本宪兵逮捕，三次坐过国民党政府监狱，受尽酷刑没有掉过泪的硬汉，双手不停地捶着胸大哭："淑英啊，我对不住你！是那把夺命的日本刀害了你，早知日后闯此大祸，何必当初不交给薛司令。"何逸群边哭边说，像是在向妻子忏悔，又好像是在说那把他私藏的日本指挥刀的来历。

何逸群在《我的回忆》中是这样写的：1943 年，东山新来的伪区长周维哲，表面上与新四军太湖游击队、国民党军统东山站和平相处，互不相犯，暗中却与日军勾结，准备在东山沿太湖周围修筑竹篱笆，要各村摊交所谓的"治安费"，还要派人站岗放哨。为粉碎敌伪的清乡计划，新四军太湖游击队交给了何逸群一个侦察任务，摸清日伪设在文昌小学内联络站兵力情况。一天晚上，何逸群带了两名助手翻入他们的住所，轻轻敲门，里面正在议事的一名日军军官和 3 名伪职人员，还以为是门口哨兵有事报告，立即开了门。何逸群举枪对准日军军官的脑袋就是一枪，两名助手也同时开枪，结果了屋内 4 人的性命。

听到枪声，门口的哨兵立即从大门口冲进屋内，除了倒在血泊中的几具日伪的尸体外，啥也没有。何逸群他们已带着缴获的 2 支步枪、1 支短枪、一把日军指挥刀，从后窗跳入屋后草丛，趁着夜色出了东山镇。事后，何逸群遭到太湖游击队司令薛永辉严厉批评，分派给他们的任务是侦察敌情，

何逸群（右二）、万馥香（左二）、何兆钧（右一）、周凯宏（何兆钧妻，左一）合影

不经上级批准就开枪，搅乱了新四军整个对日伪的反清乡部署。

"一切缴获要归公"，这是太湖游击队必须严格执行的《三大纪律八项注意》之一。何逸群对这把缴获的日军战刀十分喜欢，偷偷藏在了家里。后来薛司令找他谈话，说有同志反映，他还有一样缴获的东西没有上交。何逸群搪塞说："对，当时还缴获了一把日军指挥刀，路上撤退时被我不小心弄丢了。"对丈夫何逸群秘藏在家里的这把军刀，妻子万莹多次劝他说，这把刀是个祸害，赶快上缴或扔掉算了。何逸群回答说，我已在薛司令追查时说了谎，现在再拿出来，领导会怎么想？他很尴尬，叮嘱妻子藏好。

解放初，何逸群是名解放军战士，这日本刀是万不能拿出来的，只能将错就错，继续藏在家中地板下。再后来，他被判无期徒刑，家里事就不知道了。

何逸群对 1951 年法院的判决一直不服，他认为自己早年误入"忠救军"，做过一些敲诈勒索的坏事，但没有干过杀人的勾当，法院审判时证人指控他的几桩杀人案，不是他所为，他是被冤枉的，他有罪，但判得太重。服刑期间，何逸群曾 8 次上诉，自己写的申诉材料加起来有10 万字。

何逸群（右）与何兆钧在万莹墓前

在何逸群的《我的回忆》中，详细讲述了3件人命案的经过。1944年2月，"忠救军"孟少先部打着"抗日救国"的旗号，对东山镇上的商号大肆勒索，店主稍有不从，即实施绑票，继之杀害。日伪时的东山镇，日军、国民党部队、太湖土匪在东山轮流派捐、劫财，哪里还拿得出钱？结果西街泰昌布店老板周裕源与渡桥酒行老板吴礼宾被孟少先部绑架，勒索每人300担大米来赎人。何逸群与周裕源、吴礼宾相熟，还都带点亲眷关系。他得到消息赶到吴江孟少先部设法救人，谁知还是晚了一步，两人都已被杀害。

1945年5月，太湖土匪金阿三部抢劫了东山镇西街。曹公潭沿上的朱公渠家是富户，可在他家中没有搜出值钱的东西。金阿三部把朱公渠13岁的孙子朱荣荣绑架了，要朱家用重金赎回，否则就"撕票"（杀害）。何逸群与金阿三相识，朱公渠央求他到金阿三部去说说情，再宽延几日，待他凑足资金后去赎孩子。何逸群感到乡里乡亲的，应该帮朱家去救人。何逸群赶到松园弄，叫上助手韩文伯，赶到古坞（现属星光村）里金阿三部驻地，早已人去房空，13岁的朱荣荣蜷缩在草堆旁，已无生命迹象。

1946年8月，日本已经投降，与日军狼狈为奸的"忠救军"仍在太湖沿岸一带活动，闹得东山鸡犬不宁。"忠救军"有一个姓王的中队长，与吴巷山惯匪俞阿宝之妻徐氏私通，双方大打出手，结果俞阿宝丧命，也误伤了不少村民。何逸群为吴巷山人，出于义愤，一天半夜他带了2名助手，冲进俞阿宝家，把正睡在床上的一对奸夫淫妇擒获，押到太湖边上将王姓中队长枪决，对徐氏教育一番后释放。徐后来到上海谋生，有人以为她同时被何逸群枪杀。

后来，在法庭上证人指控何逸群所犯的几条人命案，没有人能证明他是参与营救而不是同谋，以此定罪死刑显然证据不足。根据何逸群的不断申诉，江苏省高级人民法院、内蒙古自治区高级人民法院、河北唐山地区中级人民法院，均受理开庭重判，刑期一减再减，从无期徒刑减到有期徒刑十五年，再到撤销原判、不再追究刑事责任。

1982 年 5 月 20 日，河北省唐山地区中级人民法院人民法院一九八二年度刑字第 41 号裁定书称：对申诉人何逸群，撤销原吴县一九五一年度法人字第 564 号刑字判决，恢复政治权利。

何逸群在抗日战争和中华人民共和国成立前夕，为人民和新四军做了不少有益的工作，解放后编入苏州军分区吴县总队，中华人民共和国建国初期在清除敌特和剿匪斗争中作出过贡献。1978 年从河北唐山返乡后，享受起义投诚人员待遇。

第六章

重返舞台

红梅重开

北京的秋天，天高云淡，繁花似锦。1979 年 7 月的一天，沉寂多年的《红梅赞》歌声在天安门广场上响起，中央人民广播电台组织举办的"向张志新烈士学习朗诵演唱会"正在直播。

张志新是位革命烈士，生于 1930 年，天津市人，生前是辽宁省委宣传部的一位干部，中共党员。她怀着对党、对人民的赤胆忠心，"文革"期间因坚持真理，1975 年 4 月 4 日被"四人帮"杀害，年仅 45 岁。1979 年 3 月 21 日，中共辽宁省委为她平反昭雪，并号召全体党员、革命群众向她学习。

"向张志新烈士学习"朗诵的诗歌和演唱的歌曲，全部围绕这位革命烈士生平事迹所创作，有些还是她的原作。重登歌坛的万馥香犹如一枝重开的红梅，风采依旧，英姿焕发，那歌声时而高昂激越、时而委婉细腻，仿佛把人们又带回到那个风云激荡的年代。

这是一场名家云集别开生面的朗诵演唱会，万馥香第一个登台演唱《红梅赞》后，田华朗诵张志新遗作《迎新》，秦怡朗诵《这是一个共产党员的宣言》(张志新同志在狱中的一次答辩)，张瑞芳朗诵于克创作的诗作《不变》，黄宗英朗诵《母亲的心》(献给张志新烈士)，赵丹朗诵他自己作的诗歌《无题》，王玉珍演唱《洪湖水浪打浪》、殷秀梅演唱张志新遗作《路》《梅园梅》……

1965 年，歌剧《江姐》在广州演出，受到南国观众和海外侨胞的热烈欢迎。然而，"四人帮"认为这是在与同在广州演出的《红灯记》唱对台戏。于是，她火冒三丈，把《江姐》诬为"文艺黑线"的产物而大加讨伐。

《江姐》不见了，一朵初绽的红梅，受到暴风雨雪的袭击而失去了光泽。

可以想象，作为党培养、教育的一名青年演员，与歌剧《江姐》一起踏上革命歌剧战线的一名新战士，再也不能演江姐，再也不能唱《红梅赞》了，万馥香的心里是什么滋味，是多么痛苦。

在以后的日子里，万馥香经历了人生道路上的许多磨难，母亲去世，弟弟插队，男友分手……1969年，她又随团赴河北省遵化县建明公社炸糕大队劳动一年。万馥香是个从小在农村长大、吃过苦的人，农村的重活累活她总是抢着干，三九严寒的冬季，她与老乡一起站在泥潭中积肥；赤日炎炎的夏天，她又推着散发阵阵臭味的肥料给庄稼施肥；初夏麦收时，她挑着一百多斤重的担子在田里小跑；秋日的玉米地里，她扒玉米的速度胜过村里的妇女。

艰苦的劳动没有把万馥香压垮，她还年轻，她对生活仍充满希望。炸糕大队有人知道万馥香演过江姐，"红岩上红梅开……"的歌声曾响遍全国，劳动休息之余，乡亲们要她唱歌，万馥香总是有求必应，给大家唱了一首又一首。当地有个通讯报道员，写了篇"江姐来到咱村庄"的通讯，发表在当地报纸上，万馥香又成了当地的"红人"。

1975年，万馥香脱下军装告别歌坛，在北京东城区服装厂管理处工作。为照顾还未成家的弟弟，她原准备转业到苏州修理厂去当名汽修工，工作已经联系好了，因上级领导不同意而没有回苏州。也许这位领导是爱才，如果万馥香离开了北京，今后重返歌坛的希望就小了。东城区服装厂管理处是管理服装的，突然来了个歌剧明星，风马牛不相及，管理处的领导安排工作有点难度。万馥香说："我有裁剪和缝纫技术，就让我当名仓库保管员吧！"

从此，这位优秀的演员带着心灵深处难以平复的创伤，依依不舍地结束了她那非常短暂然而辉煌的歌剧生涯。一个大红大紫的人物突然变成一名普通工人，一夜之间改变了命运，这在国家和人民遭受劫难的时候并不奇怪。但人们热爱江姐，喜爱听万馥香歌声的初衷没有变。工人们同情她，单位领导也很器重她。逢年过节，便发挥万馥香的专长，让她出面组织文艺活动。在东城区服装厂管理处工作的三年中，万馥香先后组织东城区服装系统演出了5场文艺节目，3次到天安门广场演出。

1978年，百花齐放的文艺春天来到了，年近不惑的万馥香进入文化部重建起来的北京红旗越剧团任演员，又回到了她热爱而熟悉的戏剧舞台。

北京红旗越剧团是文化部直属艺术团体，创办于1952年，成立后曾创作、改编及演出了40多部历史剧与传统剧，周恩来总理等中央领导多次观看并接见主要演员。1975年，红旗越剧团被"四人帮"强行解散。1978年经中央批准，重新恢复。

俗话说，隔行如隔山。万馥香从演歌剧到改演越剧，虽说她有较为扎实的戏剧基础，但困难也不小。刚进入越剧团，正常的练功时间不用说，就连吃饭、散步，万馥香嘴里也总是念念有词。唱了多年的歌剧，"洋"嗓子一下倒过来并不是一件轻松的事情。在她焦急和彷徨的时候，越剧界的同行们纷纷伸出了友谊之手。红旗越剧团在去上海演出期间，袁雪芬真诚地邀请她："小万，我们非常欢迎你到越剧行列中来！"傅全香把她请到家里传授经验，表示一定要帮助她在越剧舞台把江姐立起来。

《红楼梦》是一部中国优秀古典文学作品，越剧《红楼梦》是从小说中撷取宝玉和黛玉的爱情悲剧作为主线，控诉与抨击了吃人的封建礼教及其维护者，从而揭示了封建社会必然崩溃的历史趋势。从第一场黛玉进府开始，到第十二场哭灵、出走结束，剧中有12个主要人物，涉及40多个演员。万馥香在剧中饰演王熙凤，受到观众的热捧。

1981年8月下旬起，红旗越剧团赴苏锡常一带与上海演出《红楼梦》，非常受欢迎。先后在苏州演出15场，无锡12场，常州9场，然后去上海演出。万馥香在剧中饰演王熙凤，虽然算不上主角，但她的演唱胜过饰演贾宝玉和林黛玉的两位演员。8月21日晚上，越剧《红楼梦》在苏州吴县第一招待所演出，饰演王熙凤的万馥香一出场，全场响起雷鸣般的掌声。人们喜爱万馥香和她演的江姐，感到她把越剧也能唱得情真意切，委婉动人，真不容易。在首都文艺界召开的一次歌剧座谈会上，有一位评论家遗憾地说：

万馥香饰演的王熙凤

万馥香饰演的蔡女

"'江姐'改演越剧了，还能不能回到歌剧队伍中来？要是能让'江姐'归队，那该多好啊！"

红旗越剧团在苏州演出《红楼梦》期间，万馥香为替单位节约费用，就住在空政老战友杨玲梅家中。从吴县"一招"到杨玲梅的家要走很长一段路，万馥香每晚演出结束后，来不及卸妆匆匆赶回杨家睡觉。回到杨家，她还辅导杨玲梅两个女儿演唱《盘夫索夫》《松花江上》等越剧。

四年中，红旗越剧团排了四台大戏，万馥香在剧中都担任重要角色：《红楼梦》中的王熙凤，《昭君公主》中的王昭君，《东海传奇》里的蔡女，《唐宫冤魂》里的冯罗香。而且，演技日渐成熟，扮相不减当年，受到广大越剧爱好者的好评。

1982年第9期《电影戏曲报》，刊登"艺术多面手，馥香飘九州"一文，介绍万馥香在四部越剧中成功塑造以上不同类型的人物角色。

泉州城里唱南音

早春的闽南，淫雨霏霏，春寒料峭，在东南沿海的文化古城泉州市里，洋溢着暖融融的节日气氛。1984年2月14日，"福建省1984年元宵泉州南音大会唱"在泉州百花洲工人文化宫举行，来自海内外的南音之友欢聚一堂，撩弦弹琶，展喉高歌。观众爆场，掌声不断。

演出开始不久，一位端庄美丽的中年女歌手，手执南音拍板，缓步走上舞台，当她亮开那甜美圆润的嗓音，用情真意切、委婉动人的南音曲调唱完南音名曲《元宵十五》时，掌声、赞誉声和着歌迷们满足的欢呼声，从戏场的四方飞向舞台。观众纷纷议论、猜测："唱得真好，南音那么浓厚，吐字那么清晰，她是泉州什么地方人？"

正在观众称赞、猜测之时，节目主持人王菲介绍说："刚才演唱的歌手是中国音乐学院的老师，六十年代在歌剧《江姐》中主演'江姐'的万馥香老师。"一说起歌剧《江姐》，人们就会想到江姐坚贞不屈、视死如归的革命英雄形象，万馥香演唱的《红梅赞》那充满激情的优美歌声。当年，《红梅赞》的歌声，对激励人民战胜困难，建设社会主义新中国，起了极大的鼓舞作用。从此，万馥香的名字和《江姐》紧紧连在了一起。人们热爱江姐，也热爱成功饰演"第一代江姐"的万馥香。

演出结束后，在泉州晋江地区干部招待所一间普通的客房里，万馥香穿着朴素的便装，和蔼的脸上挂着微笑，当歌迷们来到她的住处，亲切地问她："万老师，你的《元宵十五》比我们本地歌手唱得还要地道，你是怎

1984 年万馥香（中）
泉州城里唱"南音

么学南音的呢？"万馥香幽默地说："我是只被逼上架的鸭子，一点也没有退路。"她请歌迷们坐下，又谦虚地说，"你们都是考官，我这个歌手唱得怎么样，能得多少分，还得请你们打分呢。"说得大家笑起来。

1983年年底，在中国音乐学院从事声乐研究的万馥香，又赴福建省泉州市学习南音演唱。南音是福建泉州一带的地方剧种，从发音到演唱都有很强的地域性。

万馥香从唱歌剧到唱南音，仅说话语言就相去甚远，一个是标准的普通话，一个是地道的闽南方言，其转换的难度可想而知。开始学时，不说别的，就是唱南音使用的闽南方言，她几乎连听也没听过，听起来同外语差不多。

万馥香在艺术上有一股顽强的韧劲，不论学什么，不达目的绝不罢休。退却，敷衍，不是她的性格。面对一大堆难题，万馥香这个辛勤的耕耘者又向新的"处女地"进军了。

一位老师告诉她，要想唱好南音，先得学好闽南语，过好语言关。闽南话是流行于福建南部、台湾大部，以及东南亚地区华人聚集区的语言，是闽南人及其后裔的母语，是中国仅次于粤语的第二大南方方言，也是极其难学的地方语言。

苏州人学闽南语，其难度与中国人学外语相差无几，好在泉州有个良好的语言环境，万馥香的身边又有几位南音界优秀的老师，可"近水楼台先得月"。学习闽南语言，可不是一件容易的事。开始，万馥香学习的方法不对，单靠死记硬背，效率很低。她学了一段时间，自以为可以了，出门与当地人交谈，人家一点反应也没有。

一天早晨，万馥香来到泉州市中山公园，看到一个大娘在晨练，便用闽南方言说："大娘，您好！"可对方一点反应也没有。她想也许是大娘耳朵有点背，没有听见。迎面来了个中年男子，万馥香又用方言说："你早！"这位男子大概是个教师，听懂了万馥香说的意思，也知道她在学讲闽南话，笑着说："你的发音不标准，这里的土语'你早'，应该说成'汝早'。"

后来，万馥香吸取教训，从发音这一基础学起，有了明显的效果。她认真琢磨闽南话发音的特点，注意观察老师们说话时的口形特征，有时她还到农贸市场去观察，听当地大娘大嫂们的交谈，发明了一套只有她自己才明白的"秘诀"，帮助学习记忆。

　　那些日子里，万馥香学闽南话简直入了迷。每天正常的上课时间不用说，就是吃饭、散步，她嘴里也总念念有词；每逢节假日上街买东西，哪里人多，她就往哪里钻，细心观察当地人说话的语气和神情。最有趣的是万馥香喜欢听当地人争吵，在街上一发现有人吵架，她就站在一旁耐心地听。她说凡两人争吵，虽然语言有些不文明，但应该是当地最原始、最简洁的语言，对学好闽南话有帮助。为了尽快攻下语言关，万馥香还和她的老师、泉州市民间剧团的著名南音演员杨双英订了合同，杨老师不论在哪里碰到她，都随时用方言提问，随时帮她纠正发音。

　　辛勤的汗水换来了丰硕的果实，在前后不到两个月的时间里，万馥香已能熟练地用闽南方言演唱《元宵十五》《烧酒醉》等高难度南音名曲，博得海内外南音弦友的同声赞美，在南音界引起不小的震动。泉州市民间剧团有一位吕姓导演听了万馥香的演唱，深有感触地说："万馥香老师用科学的方法演唱南音，吐字清晰、嗓音圆润、声情并茂，听了使人耳目一新。南音艺术要发展，就得改进、得推陈出新，要学习兄弟艺术的长处，为我所用。"

　　在成绩面前，万馥香没有沾沾自喜，她谦虚地说："我取得的一点成绩，是南音界老师们一个字一个字、一段一段地耐心教唱，才有了收获。每次演出，上台前，杨双英、黄树英两位老师总是千叮咛、万嘱咐，生怕我紧张；唱完后，

1984 年万馥香摄于泉州

老师们又总是端茶送水，不断鼓励我。"的确，每当万馥香演唱结束，杨双英总是向她指出哪一段没唱好，哪一个字音没咬准。这些无微不至的关怀温暖了万馥香的心，也给了她战胜困难的勇气，学好南音的力量。

万馥香就是这样，一步一个脚印、不知疲倦地攀登艺术的新高峰。她在泉州学习虽然只有短短两个月，却对南音这一古老的艺术产生了浓厚的兴趣。回到中国音乐学院后，她仍继续研究和探索南音的演唱方法，并把这一祖国南方的艺术瑰宝推向全国，让更多的人了解它的艺术价值。

《西游记》中饰王母

1986 年，万馥香迎来她艺术生涯的又一个春天，在电视剧《西游记》中饰演王母娘娘，她在剧中虽然没有多大的戏份，但还是给观众留下较深的印象。

《西游记》为中国四大古典名著之一，小说中的皇帝、王母和唐僧师徒四人，更为人们耳熟能详。当年导演杨洁找万馥香演王母娘娘据说有点"公私兼顾"，一方面是因为万馥香的年龄和形象都合适王母之貌，身材微胖、面庞富态，有一副雍容华贵之相；另一方面则是杨洁的"私心"，这事还要从 1963 年说起。

杨洁生于 1929 年，是中央电视台第一代电视导演、制片人。早在 20 世纪 60 年代，杨洁就开始负责电视戏剧节目，执导了多部戏剧艺术片。1982 年，杨洁组建剧组，开始拍摄中国首部神话剧《西游记》，该剧历时 6 年，1987 年完成，播出后收视率达 89.4%，重播超过 3000 次。

杨洁比万馥香大 12 岁，1963 年歌剧《江姐》红遍大江南北，万馥香《红梅赞》的歌声香飘九州时，杨洁已是央视戏曲节目的负责人了，她喜欢听歌剧，喜欢听《红梅赞》，曾是万馥香的粉丝之一。杨洁邀请万馥香扮演王母娘娘，也是因为对歌剧《江姐》的喜爱，对万馥香的欣赏和崇敬。当《西游记》开拍时，杨洁想起了万馥香，因此她力邀万馥香到《西游记》剧组

万馥香在《西游记》中饰演王母

里来演一个角色,这个角色就是王母娘娘。

当万馥香得知导演杨洁邀请自己参演《西游记》时非常激动,她已经很久没有演戏了。刚听到这一消息,她甚至有些不相信,这事究竟是真是假?万馥香与杨洁多次见过面,也有些交往,她随着央视同龄人也叫杨大姐。她找到杨洁问:"杨大姐,你真的要让我去演戏吗?"杨洁回答说:"怎么不能,你的气质美丽、富贵,又不失端庄、威仪,你一定能把天宫女主人王母演好。"杨洁喜欢万馥香演的江姐,因此这里面多少有些感情分。但杨洁导演也说,感情分并没有影响王母娘娘的演戏质量。

万馥香有一对双眼皮的丹凤眼,长长的睫毛自然地翻卷着,虽然已经过了徐娘半老的年龄,但端庄秀丽的风姿依然动人。在《西游记》中饰演王母,是她第一次演电视剧,剧组同行们虽然全是文艺界中的佼佼者,但见了她,却像见了久别的大姐一样,亲热地拉着万馥香的手说:"唱一段江姐吧,我们多么想再看看你演的江姐啊!"

在《西游记》开拍之前,万馥香已是国家一级演员,论艺术成就和知名度，剧组中好像也没有几个演员能赶得上她，但她一点也没有架子。在众演员的起哄声中，唱了一段《红梅赞》，大家不过瘾，又唱了一段《我为共产主义把青春贡献》。不行，大家还是不肯放过她，又唱了一段《五洲人民齐欢笑》。她拉开架子，唱了四大段，众人才放她过关。

多年不演《江姐》了，万馥香仍然唱得委婉细腻，真切动人。特别是当她唱到："一生为革命……不觉辛苦只觉甜……"的时候，在场不少人，包括五十多岁的老导演杨洁都感动得掉下泪来。

虽然王母娘娘戏份不多，但万馥香依然认真对待，她不但重温了《西游记》，反复阅读"乱蟠桃大圣偷丹，反天宫诸神捉怪""观音赴会问何原，小圣施威降大圣"等有关章节，看作者吴承恩在书中对王母的描写，她还从北京图书馆借来了《中国一百神仙图》，了解与她所演角色有关联的玉帝、如来、观音等人物传说。

一天早晨，万馥香又倚着窗户读了起来：在虚无缥缈的天空，云彩中有一片金阙银銮，其中一座金钉攒玉户、彩凤舞朱门的灵霄宝殿、它复道回廊、三檐四簇、那庄严与辉煌互为交织成无比壮丽的图景，殿中有一个天国的最高主宰……已上初中的儿子李霖不解地问："妈妈，这你也信？"万馥香笑着回答儿子："不，世上没有妖魔鬼怪，妈妈是在为扮演的角色多了解些人物背景，在阅读《西游记》。"自从妈妈扮演王母娘娘后，李霖也爱上了看《西游记》。

王母是中国神话中掌管罪恶、预警灾害的长生女神，在道教神话中，王母娘娘是女仙之首，主宰阴气、修仙的女神，总之权力很大。在《西游记》中对她描写最多的便是蟠桃会，那棵仙桃树，三千年一熟，人吃了成仙成道；六千年一熟，人吃了长生不老；九千年一熟，人吃了与天地齐寿，与日月同庚。连她的桃子都有如此大的威力，可想王母的仙力更是何等强大，银簪子随便一划就能在天上划出一道银河。

在民间《牛郎织女》《七仙女》《三圣母》等传说中，王母却成了拆散姻缘的封建统治者。她反对年轻人自由恋爱，划出银河阻隔情人相会，害得牛郎织女隔河相望,两个孩子见不到娘亲,一家人相爱却无法团聚。当然,王母晚年也有忏悔,"人间今朝辞旧岁,天宫正逢蟠桃会。带来仙桃庆佳节,愿花儿常好月儿常圆,情侣们更甜美更甜美。"听到这样的唱词,便知王母心中的悔恨之意。

在神话小说《西游记》中,王母的故事不多,人们对王母的人物形象很模糊,这个生活在天庭的王母究竟长得怎么样呢?电视连续剧《西游记》里,万馥香饰演的王母神圣、庄重、慈祥,活灵活现地将这位道教大神展现在电视屏幕上,这一形象也很符合中国传统的审美观,以致许多观众都将她当成王母的化身。只是可惜,王母娘娘在剧中没有演唱的戏份,没法发挥万馥香的特长。

《西游记》是万馥香第一次参演电视剧,拍摄中还有不少趣事。原来和她配戏的"玉皇大帝"身高一米八以上,导演为了使王母形象显得高大,让化妆师给万馥香靴底垫厚3寸,再梳起1尺高的发髻。这头上梳起的发髻可不好受,万馥香一下镜头就双手摸着吊得紧紧的鬓角,真是痛苦难耐。但演员们也很会苦中作乐,一次拍片间隙,"玉皇大帝"问"王母娘娘":"我们俩是什么关系?是母子还是夫妻?"大家众说纷纭。几天后艺术指导宣布多方考证的结果:玉皇大帝和王母娘娘既不是母子,也不是夫妻,王母娘娘是掌管天庭人事安排的"人事局长"……

最早电视剧《西游记》有《三调芭蕉扇》一集,在这集中,原来曾有一首插曲,准备让万馥香来唱一段戏,后来删掉之后,导演对歌曲做了改动,变成了《王母咏叹调》。1987年的"西游记齐天乐晚会"上,万馥香再登舞台,唱了这首《王母咏叹调》,虽然歌词有些诙谐,但万馥香的唱功毫无瑕疵。此外,在齐天乐晚会的开场阶段,饰演观音菩萨的左大玢明显是在假唱,她几乎都没怎么张嘴,给她配唱的也是万馥香。

《西游记》开拍前,导演杨洁曾对扮演唐僧、孙悟空、猪八戒、沙和尚的汪粤、章金莱、马德华和闫怀礼说,将来这部戏成功了,你们会闻名全国,尤其是猴子。杨洁导演的预测还是保守了点,《西游记》的热播,不

《西游记》中万馥香（左三）饰王母

仅捧红了唐僧师徒四人，甚至连剧中的配角们也都走红了，有饰如来佛祖的朱龙广，饰演观音菩萨的左大玢，饰演王母娘娘的万馥香……这些人物的形象几乎都快被固化了，观众的认知几乎相同，如来、观音、王母的形象就应该是这个样子。

与金砂老师的《江姐》情

1992年秋，在苏州竹辉路木杏新村一家临河的小屋前，一位年过七旬的老人，靠在一张小竹椅上，一手拿着一根烟杆儿，一手在搁在腿上的小本子上写着什么，还不时晃着脑袋打着节拍，嘴里哼哼呀呀地唱着，全然不理会行人好奇的目光和四周的一切。

这时，从对面小河旁走来一位容貌秀丽的中年女子，右手拎着一只水果篮，篮上紫红色的塑制蝴蝶结在阳光下格外耀眼；左手网袋里装着几盒营养品，还有一条香烟。女子走到老人面前，亲切地叫了一声"金老师，您老好！"老人抬起头来，一下把她认了出来："啊，馥香！你来苏州了，来看我，快屋里坐坐。"

这位老人就是著名的作曲家金砂，空政文工团歌剧《江姐》作曲主创人员之一。当年万馥香在饰演《江姐》A角时，金砂为这个小同乡开过不少"小灶"，有不少唱词是金砂一段段帮她完成的。

20世纪90年代初，中央电视台与苏州吴县文化馆合作，《旋转舞台》栏目准备为万馥香拍摄一部纪录片，名《吴中红梅万馥香》。万馥香回苏州拍摄专题片，自然想到了金砂老师，需要得到他的帮助，于是她来看望金砂老师。

金砂，原名刘瑞明，笔名刘先理。取名金砂是他大学毕业后在常熟参加"社教"时改的，意为在学生中培养和发现人才，沙里淘金的含意。金砂生于1922年，重庆铜梁县巴川镇南郭乡人。1940年考入重庆青木关国立音乐学院，师从刘雪庵、陈田鹤教授学习理论作曲，后因生活困难而辍学回铜梁老家。1943年，他又考入四川璧山国立社会教育学院艺术系读书。抗战胜利后，该学院原计划回迁南京，后因经费拮据而改迁苏州，在拙政园建立苏州国立社会教育学院。从此，金砂与苏州结下不解之缘。

在苏州读书期间，金砂与校友美丽的浙江义乌姑娘骆晋熙相识相恋。1949年，金砂参军，入第二野战军政治部文工团任创作员。1955年，金砂调入空军政治部文工团任创作员、编导。1964年，由阎肃作词，金砂、羊鸣、姜春阳三人合作创作的歌剧《江姐》，其中很多重要唱段如《红梅赞》等，金砂都起到主要作用。"文革"期间，金砂被迫离开空政文工团，下放老家铜梁劳动。1970年，金砂恢复名誉和公职，回苏州与家人团聚，入江苏省苏昆剧团工作。

万馥香与金砂的年龄相差19岁，从年龄上来说是两代人，金砂是叔叔辈，但年龄上的差距并没有影响他们的交往与友情。从1962年两人在北京相识，到1994年万馥香去世，他们的"江姐"情保持了30多年。万馥香当年饰演江姐的成功，离不开金砂老师的指导与帮助。从此，她每次到苏州办事或回东山探亲路过苏州，总要带着礼品去金砂家中探望老师和师母骆晋熙。

　　一次，金砂不在家，在单位里忙碌，万馥香又到金砂工作的苏昆剧团去看他。苏昆剧团正在排演昆剧《江姐》，大名鼎鼎的空政第一代江姐万馥香来了，苏昆剧团的朱团长喜出望外，请万馥香唱《红梅赞》，给演员们谈饰演"江姐"的体会，她同演员之间交流了一个多小时，反而把金砂老师搁在了一边。

　　踏进金砂家中，万馥香在小客厅坐定，她仔细观察，金砂的家并不宽敞，一个单元朝南两间住房，加上小客厅、厨房、卫生间等最多60多个平方米。睡的房间里堆满了书，全是歌谱、手稿，堆得有一人高。每天夫妻俩睡觉、起床，就在"书弄"里进出。见此万馥香真担心，要是两旁的书稿倒下来，他们如何进屋睡觉。

　　金砂的烟瘾很大，他给万馥香泡了一杯茶，自己就端起烟杆抽起烟来。这是一种从烟农手中买来初加工的原生态烟叶，烟劲大，又廉价。烟雾顿时弥漫了屋子，呛得万馥香走出屋去，金砂却说："快了、快了，你等一会进屋。"

　　妻子骆晋熙是骆宾王的后代。骆宾王，字观光，浙江义乌人，与王勃、杨炯、卢照邻合称"初唐四杰"。夫妻两人一起就读于苏州国立社会教育学院，是大学同学，在苏州拙政园恋爱，他们的爱情历尽曲折，后来在王震将军的关怀下才调到一起结婚生活。

　　人们常说，年轻人爱幻想，而上了年纪的人生活在对往事的回忆中，这话一点不假。金砂过足了烟瘾，回到屋里刚坐定，就与万馥香说起30年前他们创作与扮演《江姐》的往事。

　　1962年10月中旬，万馥香坐了一天一夜的火车到了北京，来到位于灯市口的空政文工团，虽然团里的领导和战友们对她很关心，可人地生疏，

万馥香（后左二）与金砂
夫妇等合影

举目无亲，感到非常孤独。12月20日上午，王副政委召集《江姐》主创、主演人员开会，万馥香在会上认识了金砂，瘦高的个子，总是带一脸笑意，是个好说话和好接近的人。

金砂听说万馥香家在苏州，原来准备到江苏省苏昆剧团工作，这是金砂妻子骆晋熙工作的单位，两人的距离一下拉近了。万馥香被团里选为歌剧《江姐》的主要演员后，金砂非常兴奋，给万馥香开过多次"小灶"。

歌剧《江姐》开始创作，金砂已到了壮年，这也是他创作生涯中的黄金时期，他是《江姐》全剧音乐的统一执笔者。创作组四人，词作家阎肃创作剧本，音乐部分由羊鸣、姜春阳、金砂3人合作。3人中只有金砂是四川人，而《江姐》音乐又重川味，为创作完成《江姐》音乐，金砂随创作组南下，从四川成都到重庆，参观革命胜地、烈士遗址；收集川剧、清音、扬琴音乐等素材；又多次到江南一带收集江南乐曲和地方戏曲，并在浙江衢县学习了近一个月婺剧。从1962年空政筹备创作到1964年演出打响，金砂经历了无数难以忘怀的夜晚，也对剧本最熟悉，最有发言权。

1963年1月22日，万馥香在日记中写道："晚上，金砂老师请我吃饺子，给我讲《江姐》剧本与音乐的创作，使我初步懂得了演员在演唱前，要从剧本的整体结构出发，对念白、吟诵、咏叙调和音乐给予适当的安排，充分发挥它们各自的作用……"

在金砂简陋的小书房里，金砂给万馥香看他撰写并准备出版的手稿《中国民族歌剧的探索》。在书中，金砂对歌剧《江姐》的音乐进行了深入的探索。第一场的《巴山蜀水要解放》，突出江姐兴奋热情的向往，整个唱段基本是单一情趣的抒发；第二场《革命到底志如钢》，则着力渲染与淋漓尽致地描绘人物生离死别的复杂情绪与大喜大悲的各种心态；第三场，由于戏剧情节推进发展不大，把江姐和双枪老太婆的唱段都写成"相对无言"下表白出来的咏叙，变成"淡处理"；第五场是戏的转折关键，《眼前形势多险恶》把戏直推上去，使三重唱形成一次小高潮；第六场的《我为共产主义把青春献》，则把戏刹住，起到了"且听下回分解"的强效应；第七场《五洲人民齐欢笑》形成鲜明的对比……揭示出全剧的戏剧性高潮和完美的音乐形象。

回忆峥嵘岁月，畅谈完昔日的创作激情，金砂又回到他"三句不离本行"的古稀之年的创作来。金砂带着老骥伏枥、志在千里的雄心告诉万馥香，前些年，他回忆写出了一篇执笔创作《江姐》音乐的万字论文，发表在上海的《歌剧艺术》杂志上。但当他看到上海歌剧院主演江姐的陈海燕的一篇文章，文中说，她演过十几个角色，但演来演去如今还演江姐，转了一

万馥香和金砂看《江姐》

个圈子又回来了。这篇文章对金砂影响很大，使他又有了新的想法，他准备在晚年再写一部可与"江姐"媲美的歌剧，这个愿望能否实现，他也不敢说，但他在为此努力。

万馥香也对老师说，她这次来苏州，是想来拍一部纪录片，题目是《吴中红梅万馥香》，时间半个小时，介绍她从艺大半生的经历，主要是讲当年她扮演江姐的历程。万馥香满怀希望地对金砂说："金老师，这部纪录片由中央电视台《旋转舞台》栏目与苏州吴县文化馆合作拍摄，筹资已差不多了，想请老师帮忙作曲。"金砂听后很高

《中国民族歌剧探索》，金砂著，刘尔璎整理（上海音乐出版社2021年版）

兴，勉励和祝贺《吴中红梅万馥香》早日拍成。临行，金砂还把尚未发表的《谈谈歌剧《江姐》的音乐创作——民族歌剧创作和戏曲音乐手法初探》一文的手稿送给万馥香，请他过去的学生、如今的中国音乐学院教授万馥香提提意见。

两年后，万馥香因病去世，《吴中红梅万馥香》的纪录片没拍成。又过了两年，金砂离世，他晚年准备完成的一部歌剧力作也夭折了，直到隔了23年后的2021年6月，金砂女儿刘尔璎整理父亲生前的遗稿，出版了《中国民族歌剧探索》一书。全书分"文论篇""追忆篇"两部分，约30万字，由上海音乐出版社出版。

万老师和她的学生

1982年10月，万馥香离开北京文化部红旗越剧团，调进中国音乐学院民族声乐研究室工作，跨入中国音乐界的高等学府，开始了她又一次辉

煌而短暂的音乐生涯。

中国音乐学院创办于 1964 年，是遵照周恩来总理的提议而建立的。1973 年，该高校与中央音乐学院合并，成立中央五七艺术大学音乐学院。1980 年 5 月，中国音乐学院恢复建制。这是一所培养从事音乐理论研究、创作、表演和教育的高等音乐学院，有"中国音乐家的摇篮""中国音乐殿堂"的美誉。

1986 年，万馥香担任中国音乐学院声乐系的班主任。这一年她已 46 岁，可能与她的工作环境有关，一点也不像这个年纪的人。她的身边都是些十八九岁的姑娘和小伙子。学生们见了她，总想与她勾肩搭背撒点娇："万老师，可想你了！""万老师，我们就愿意跟你在一起，带我们出去走走吧。"

在万馥香的声乐班中，有个女生同她关系很好，名字叫彭丽媛。彭丽媛，1962 年生于山东省菏泽市郓城县，中国著名女高音歌唱家，中国第一

万馥香（前排左三）和中国音乐学院学生

位民族声乐硕士，国家一级演员，享受国务院颁发的政府津贴。1986年，万馥香任彭丽媛等学生班主任期间，指导帮助彭丽媛参加中国歌剧院《白毛女》的排练工作。彭丽媛主演的大型歌剧《白毛女》获全国戏剧界最高奖第三届"梅花奖"。

万馥香在声学系的讲课，质量高，学生爱听，也颇具成就。1985—1986年，学生罗丽华进修一年，结业后参加云南玉溪地区民歌大奖赛，获一等奖。1986年，罗丽华考取中央民族学院声乐系。1989年，进修生尹志斌在山西省青年歌手大赛中，获专业组民族唱法一等奖。1992年秋，进修班学生田力结业，获航空航天部歌唱大赛一等奖。

2007年，杨光在央视三套《星光大道》总决赛上，以一首《你是我的眼》而夺冠，开始了他歌手、作词、作曲的艺术人生。杨光在少年时代也得益于万馥香的指点，他说记得当初万老师听了我唱的歌后说，我的自然乐感不错，但是当时我还在变声期的后期，声音上暂时还听不出什么发展潜力，所以也没有开始训练声音。她说如果喜欢唱歌的话，可以先去当地少年宫学学乐理和视唱练耳什么的……当时我父母也没确定我就能以歌唱为未来职业，于是就没再学。但是后来我却非常感谢万老师中肯的建议，因为在变声期的声乐"训练"是一件非常冒险的行为，她能以长远、爱护晚辈的角度去考虑，没有过早地开发我的声音，使得我的声音在变声期不超负荷，对后来我拥有"漂亮"而健康的声带，意义深远。

1990年9月，在中国音乐学院执教的万馥香教授，应邀到东山参加上海电视台和苏州电视台联合拍摄的电视风光片《苏州东山行》，当她得知邻镇木渎有一批热爱唱歌的青年，很希望得到她的辅导，于是在紧张的拍摄间隙抽了一天时间前往木渎。

《"梅香永恒"——忆恩师万馥香》，是苏州木渎镇农民歌手周菊坤先生的一篇回忆文章：

10月下旬的一天，我们木渎镇上几位青年农民歌手早早来到文化站，等候万馥香老师的到来。大家以前都只是在电视和画报上见过她，而今她要走到我们身旁，还要为我们辅导，大家既激动又紧张。

上午 10 时许，万老师来了，只见她穿着一件普通的羊毛衫，左肩上斜挎一只红色背包，显得朴素而大方。她脸上露出和蔼、真诚的笑意，她的笑声是那么清脆、爽朗，丝毫没有名人的架子。"万老师好！"大家显得有点紧张，不敢上前同万老师握手。

"我来晚了，大家等得辛苦哉！"万馥香一声道地的苏州话，一下把我们的距离拉近了许多。原以为万馥香老师是中国音乐学院的教授、著名的女高音歌唱家，架子一定不小，现听到她亲切的问候和清脆、爽朗的笑声，原先的拘谨一下消失了，大家围着万老师坐了下来。

在一间简陋的排练房里，我们像一家人似的围坐在一起，听万老师讲课。一般人都认为，声乐是一门深奥而抽象的艺术，要有天赋，学习时要靠悟性，凭感觉，有点高不可攀。而万老师的讲课深入浅出，既通俗又形象，大家比较容易接受。她给我们讲气息时说："气息有两个点，一个是保持部分，一个是声带支点。送声音的方法是用上颚，从上牙开始，一直到硬口盖。在不同的声区里，运用声音运动，在牙齿前部分形成。而高音形成是在口腔里，不是在口腔外面。"

接着，万老师还给我们讲发声，讲位置，讲共鸣……一字一句，都是她的亲身体会。

在小镇上，我们几位歌手都小有名气，也算有点知名度了，可是，听了万老师的讲课和示范演唱，我们才如梦初醒，自己实在没有什么可满足的，要学的东西还太多太多。一天时间匆匆而过，万老师要回苏州去了，我们几个还意犹未尽，目送着渐渐远去的汽车，我们还依依不舍地伫立在暮色里。

两个月后，我和本镇另一位女歌手同赴北京参加全国第三届农民青年歌手大赛。那是一个寒风凛冽、滴水成冰的傍晚，在离我们住处——中央戏剧学院招待所不远的一条僻静的胡同，我们叩开了万馥香老师家的门。万老师热情地把我们请进屋内，又忙不迭地倒茶、递糖果，问我们晚饭吃了没有。那一口又软又糯的乡音，使我们忘却了身在北国，仿佛又回到了江南，回到了温馨的家。

使我们感到惊讶的是，这位全国著名的女高音歌唱家的居室，竟然是那样清贫、简陋，除了一架钢琴外，再也没有什么豪华的家具和摆设。家中最珍贵的要数墙上一幅黑白照片了：那是万老师六十年代首演《江姐》，受到毛泽东、周恩来、朱德等党和国家领导人亲切接见时的合影。回忆起当初的情景，万老师神采飞扬，眼神中流露出一种幸福的陶醉。

在北京的短短一周，万老师放弃了休息时间，争分夺秒为我们作赛前准备。参赛歌曲的每一处发音、吐字的到位，对每一段歌词的情感处理，都不厌其烦地进行斟酌、修正。有的唱词我们发音或咬字不够准确，万老师先示范唱给我们听，再要我们反复练唱，直到她满意为止。

全国第四届农民青年歌手大赛在中央民族乐团举行，赛前我站在台上，心里一阵阵紧张。第一次参加全国性比赛，面对的评委是时乐濛、沈湘、金铁林、马玉涛等全国音乐界的最高权威，害怕唱砸了，对不起万馥香老师的苦心指导，也给苏州丢脸。

在唱第一首《三峡情》时，我由于紧张，下沉的气息又端了起来，出现了音准、节奏的失误和位置的下塌。慌乱之中，我望见评委席上有一双熟悉而亲切的眼睛在注视着我，那目光中有信任、有鼓励。记得儿时遇事胆怯，母亲也是这样望着我的，这目光给予我战胜困难的勇气和无穷的精神力量。

此刻，万馥香老师的目光仿佛给我注入了一针镇静剂，我

万馥香家中的钢琴

渐渐平静下来，进入到歌曲所营造的艺术氛围之中。演唱第二首《一个美丽的传说》时，我已完全放下包袱，声音和技巧发挥一切正常。一曲终了，掌声四起。比赛揭晓，我获得了民族唱法的三等奖，总分名列第五；同行的另一位女歌手则获得通俗唱法二等奖。一个农村小镇同时有两位歌手在全国比赛中获奖，这在比赛史上是不多见的。其实，我们都知道如果没有万馥香老师的悉心辅导，按我们当时的演唱水平，要取得这样好的成绩是不可能的。

回苏后，我们依然同万老师保持热线联系，遇到演唱上的难题就虚心请教，她从不厌烦，有问必答。当我们过意不去要向万老师表示一点心意时，她总是婉言谢绝。后来我们知道，每年赴京向她拜师求学的歌手很多，有江苏、河南、安徽、浙江、山西……几乎遍及全国各地，她从不收取任何费用。万老师常说："这些青年追求理想，但家境大多贫寒，我怎么好意思收她们的钱呢？"她也不允许学生们向她送礼，有的学生在京生活有困难，尽管万老师生活也不宽裕，但她总会尽自己最大能力给予帮助。

其后，我在中央电视台的文艺节目中，多次看到万老师的形象，印象较深的有两次：一次春节联欢"三代江姐"共唱《红梅赞》，一次作为《综艺大观》的嘉宾出现在荧屏上。看着看着，不由生出些感想：那些热爱人民、有功于人民的人，人民是永远不会忘记他们的。

"红梅花儿开，朵朵放光彩，昂首怒放花万朵，香飘云天外。"是的，作为一种精神，一种追求，一种信念，那梅花的缕缕清香，是永远不会枯竭的，必将穿越时空，归于不灭，归于永恒。

香飘云天外

1994年4月18日《人民日报》登载消息："参加朝鲜'四月之春'友谊艺术节的中国艺术团，同其他近20多个国家艺术团体及朝鲜演员同台演出，中国演员万馥香女声独唱朝鲜歌曲《都市姑娘嫁村来》，取得良好的艺术效果，演出结束后，金日成同大家合影留念。"这是对万馥香演艺成就的又一次赞誉。

这年4月，万馥香随中国艺术团（对外演出公司，为文化部组织）出访朝鲜，参加朝鲜"'四月之春'友谊艺术节"。这时医院已诊断她患有癌症，她可以不参加，组织上也劝她安心治疗，今后还有出国演出机会。万馥香觉得自己的病也许是良性的，这次机会难得，她要参加，为祖国去争光。

在朝鲜"'四月之春'友谊艺术节"中，中国艺术团表演的节目受到热烈欢迎，原定在平壤演出16场，结果演出了24场。从4月4日开演，至23日结束，有时一天演两场。朝鲜的金日成主席和柬埔寨的西哈努克亲王也前往观看。

《红梅赞》和朝鲜歌曲《都市姑娘嫁村来》是万馥香每场演唱的歌曲。《都市姑娘嫁村来》是一首充满浪漫主义情怀的歌曲，由崔俊庆作词（翻译），李宗吴作曲，朝鲜著名电子乐团"普天堡电子乐团"推出，朝鲜著名功勋歌唱家李京淑演唱。万馥香唱起来也得心应手，与《红梅赞》一样，受到朝鲜观众的热捧。

一次演出结束后，一对朝鲜男女青年等候在剧院门口，声称要见一见

万馥香在朝鲜艺术节上演唱
《红梅赞》

演唱《都市姑娘嫁村来》的演员。万馥香通过翻译得知，这是一对新婚夫妻，女的姓崔，她就是从都市嫁农村的，听万馥香唱这首歌后感到特别亲切，提出要与她合影留念。那个年代照相机还没有普及，好在中国艺术团随行人员中有摄影师，万馥香请他拍了一张合影。崔姑娘也爱好唱歌，又问万馥香能不能与她合唱首歌曲。万馥香问她唱什么歌？她说就唱《红梅赞》和《都市姑娘嫁村来》。于是，"红岩上红梅开，千里冰霜脚下踩……"的歌声在平壤夜空中飘荡。

万馥香在中国音乐学院民族声乐研究室工作及任教的 10 年中，参加了许多北京与地方的演唱、演剧活动，有不少还是义演。

1984 年，中国音乐学院在北京天安门广场举办了一场颇具影响的音乐会，节目分声乐和器乐两大部分。声乐部分的女高音和男高音独唱，几乎全部是万馥香和她任班主任的声乐系进修班学生。节目开始，主持人对主要演员和演唱的歌曲进行重点介绍：万馥香，声乐系教师……1981年调我院任教后继续从事民族声乐的研究工作。近年来她的演唱更加深刻、细腻、富有很强的艺术表现力和感染力。她演唱的歌曲包括《太湖美》《红梅赞》（歌剧《江姐》选曲），《与谁料黄榜中状元》（黄梅戏《女驸马》选段）。

第二个上台演唱的是彭丽媛。主持人也作了重点介绍：彭丽媛，声乐系进修班学生，她的演唱音色甜美，感情真挚，是广大观众熟悉和喜爱的青年歌手。1981 年进我院学习进修，在著名歌唱家郭兰英和教师金铁林的培养下艺术上有很大提高，近年来曾到瑞典、西班牙、苏联、匈牙利等十几个国家及地区访问均受到热烈欢迎，最近又在北京地区青年歌手电视大奖赛中获一等奖。她演唱的歌曲是《在希望的田野上》《我的祖国》（电影《上甘岭》插曲）《我爱你，塞北的雪》。

此外，在这场音乐会上，声乐系进修班学员演唱的歌曲还有王彦芬的女高音独唱《阿里山的姑娘》、廖莎的《敖包相会》、张德富的男高音独唱《在那桃花盛开的地方》等。器乐部分表演的节目有讲师张景和的二胡演奏《战马奔腾》、曹文工的《太行新歌》等。这场别开生面的音乐会，获得了观众阵阵热烈的掌声。

1985年春，福建省在厦门举办"迎春文艺晚会"，万馥香应邀参加。在晚会上万馥香一展风采，演唱歌剧《江姐》中《红梅赞》《五湖四海红太阳》《喜迎红霞出东山》的插曲外，还演唱了南音《元宵十五》等地方歌曲。2月18日，《厦门日报》在"鲤城采风"专栏中报道："万馥香的演唱博得一阵又一阵雷鸣般的

万馥香（左）和学生彭丽媛

掌声，演唱结束后，观众们起身为她鼓掌。"福建省广播电台还播出了"她在沃野上耕耘——访著名歌剧演员万馥香"的专访文章。

1986年暑假，受王震将军委托，万馥香随张权去珍宝岛和北大荒等地，为前线指战员和当地群众进行22天的义演与义讲活动。珍宝岛位于黑龙江省鸡西虎林市，乌苏里江上，长约2千米，因形似元宝而得名。珍宝岛一直是中国的领土，有中国边防部队巡逻，被全国人民所熟知。在珍宝岛，张权、万馥香等艺术家为指战员们演唱革命歌曲。有的岗哨只有几名战士，也为他们表演一场节目。在珍宝岛哨所，万馥香每唱完《红梅赞》，还给大家讲江姐在狱中同敌人英勇斗争的故事，激励他们的革命斗志。回到北京后，她们还收到好几封边防战士们寄来的表扬信。

1987年春节，万馥香在中央电视台春节联欢会上，演唱《王母咏叹调》。6月，应邀参加上海万体馆的演出，演唱《江姐》选段《红梅赞》。1988年春，她应北京《支部生活》杂志与北京电视台邀请，演唱《五洲人民齐欢笑》，北京电视台多次播出。1990年，她应邀参加央视在北京人民大会堂举办的"向雷锋同志学习"诗歌朗诵及演唱会，演唱她与李世纯合作创

作的歌曲《雷锋精神代代传》，电视台多次播出。

1991年5月，万馥香应中央电视台之邀，参加《拥抱太阳》文艺晚会，"三代江姐"同台演唱《红梅赞》。当天，《北京晚报》还刊文"记第一代江姐万馥香专访"文章，"红梅花儿开，香飘海内外"。8月，她应中国音乐协会邀请，为参加全国"成才之路"大赛的歌手讲课。12月，应全国政协之邀，在毛泽东诗词演唱会上，演唱古曲《黄鹤楼》，中央电视台多次播出。1993年春，万馥香应邀去济南参加春节联欢会，在济南体育馆演出。1月3日，《济南日报》刊登了"江姐来到了泉城"的专访文章。

"艺术多面手，馥香飘九州"。1983年夏，中国音乐学院音像公司录制万馥香演唱的《我爱苏州好风光》《我爱杭州三月风》《美丽的无锡景》《东山碧螺春》4首歌曲磁带，发行全国。1985年，她参加中国音像公司《诗经·古曲》的唱片及磁带的录音。1987年，上海音像公司请万馥香重录《江姐》专辑磁带，第二年春在全国发行。她还先后为数十部电影配唱主题歌。中国音乐学院音像公司、上海音像公司3次为她录制磁带，发行全国。

《月光下的小屋》是1985年由张郁强执导，张先衡、姚积纹、张雁等主演的家庭故事电影。万馥香为之配唱主题歌。影片曾获中国广播电影电视部优秀影片奖、第四届国际儿童电影节最佳故事片奖。此外，万馥香还为《卖花姑娘》《洛神赋》《荒庙里的爱》《大漠男人》等影视片配

李世纯、万馥香创作《雷锋精神代代传》

唱主题歌。

朝鲜影片《卖花姑娘》是 1972 年拍摄并上映的一部经典电影,该片讲述了卖花姑娘一家人的命运,父亲早亡的花妮性格倔强,宁愿饿死也不愿去地主家做活。妹妹顺姬被地主婆烫瞎双眼,为减轻姐姐负担偷偷上街卖唱,花妮知道后非常难过,当她千辛万苦用自己卖花得来的钱买药送到母亲跟前,妈妈已经去世多时……电影《卖花姑娘》由万馥香配唱插曲《深重的苦难》:"涛涛的河啊水流不尽,深重的苦难诉不完;苍苍的青天啊茫茫的荒原,哪里是她们的归宿?可怜的孩子无人管……"20 世纪 70 年代,万馥香配唱的朝鲜电影《卖花姑娘》主题歌,那优美、哀婉的旋律,曾牵动无数中国观众的心,动听的歌声感动过无数观众。

故乡情深

万馥香是从故乡的小路走进北京城的,在这座古老的湖岛上,她整整生活了 18 年。那里有她诞生时的旧屋、童年时的伙伴和少年时代的同窗姐妹。久居北京的万馥香,对故乡的父老乡亲和青山绿水怀有深厚的感情。她在与丈夫李世纯一起创作的歌曲《姑苏东山美》中写道:"人人都说天堂美,它比不过姑苏东山山和水……山青青,水翠翠,人儿更加美。"家乡经济建设和旅游业的飞速发展,使她激动不已。她多次重返故里,为父老乡亲们引吭高歌,为繁荣家乡的文化事业献计献艺。

有一年清明节,万馥香来东山,到大园里母亲坟上去扫墓。第二天,东山镇在影剧院召开三级干部(镇、大队、生产队)大会,听说万馥香回乡,很想看看昔日"江姐"的风采,再听听她的歌声。万馥香原来准备上午扫墓结束后就回苏州,听到家乡人想听她的歌声,心里很高兴。她不用请,自己走进会场,上台唱了一首《红梅赞》。大家不过瘾,她又唱了一段《我为共产主义把青春献》。不行,台下喝彩完后又起哄。她又唱了一段《五州人民齐欢笑》。万馥香一连唱了四大段,正要离开会场,会场上一名姓王

的青年教师说："万老师，能与您合唱一首歌吗？"万馥香又重新登台，与这位青年歌手合唱了一首电视剧《木鱼石的传说》主题曲《一个美丽的传说》。

一次，万馥香和几个少年时代的同学从后山游览回家，行走在廿四弯山道上，被路旁几个正休息聊天的老伯认了出来。"这不是万馥香姑娘吗？"一位老伯开玩笑说："大演员，能给我们唱支歌吗？"万馥香放下手中拿的东西，站在松林下连唱了三支歌。这几位老伯都被感动了，站起身说："万姑娘，你没变，是我们东山的好闺女。"

又有一次到东山探亲期间，两个80多岁的老好婆找到她住处，拉住她问："馥香姑娘，你还认得我们吗？""王家好婆、严家外婆，你们是看着我长大的，我怎会不认识？"万馥香连忙扶两位老人坐下，泡了两杯茶端到她们面前，连声说："罪过、罪过，只有晚辈看长辈的，哪能大人来看小孩？"当年，王家好婆就住在万家隔壁，少年时代的万馥香常把荷叶边枕套往身上一围，在家门口像模像样地唱起越剧《梁山伯祝英台》中的"十八相送"。王家好婆常会放下手里的活，搬只矮凳在门口坐下，听万馥香唱戏。万馥香知道两位老人喜欢听越剧，于是为她们来了一段越剧表演唱："书房门前一枝梅，树上鸟儿对打对。喜鹊满树喳喳叫，向你梁兄报喜来。"唱罢祝英台的唱段，她又唱起梁山伯的唱段："弟兄二人出门来，门前喜鹊成双对，从来喜鹊报喜讯，恭喜贤弟一路平安把家回。"听得两位老人笑得合不拢嘴。

1990年初春，上海电视台到东山拍摄专题风光片《东山行》，需要歌唱演员配插曲。万馥香得知后，从单位请了假，千里迢迢从北京赶到东山，为这部风光片配曲。有著名的歌唱家相助，编导叶惠贤求之不得。那天，春雨蒙蒙，气温很低，东山接待的同志劝万馥香先休息一会，而她执意不肯，风尘仆仆赶到洞庭宾馆拍摄现场，在嘉宾邱玉林和贾树楣两位老先生陪同下聊天及酝酿情绪。她在荷花亭中唱了一遍又一遍，直到自己满意了，才唱了她与丈夫合作创作的主题曲《姑苏东山美》。

电视片《东山行》中有一个采摘太湖莼菜的场景，莼菜塘在离镇区10多里路外的太湖边，天又下着雨。万馥香在老同学孟昭明的陪同下，叫了一辆人力车，冒雨赶到东大圩湖边的莼菜塘，按计划完成了当天的拍摄任务。拍片归来，万馥香浑身湿透，害了场病，人也瘦了不少。她却满不在乎，风趣地说："故乡的风雨能减肥。"又说，"只要家乡人民需要我，我再忙再累也乐意。"

万馥香特重感情。她后来虽然成了中国音乐学院的教授，但仍不忘少年时代的好友，每年总要抽时间来一两次东山，看望昔日的小姐妹们。东

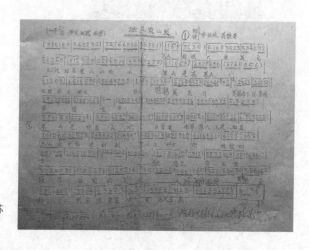

李世纯词、万馥香曲《姑苏东山美》手稿

山实验小学是万馥香的母校。她每年回故乡，总要去学校看望孩子们，为小朋友们演唱《红梅赞》，讲江姐在狱中英勇斗争的故事，培养孩子们从小热爱家乡、热爱祖国的优秀品质。1994年春，万馥香最后一次来到母校，还与校领导商量，准备过些年到东山来办期少年音乐班，为家乡培养一批歌唱人才。

90年代前后，万馥香五次自费回苏州，与吴县文化部门领导商讨筹拍专题片《吴中红梅万馥香》，利用"名人效应"来提高吴县的知名度，树立吴县人的形象，促进家乡的文化经济发展。

1992年10月，吴县在苏州召开金秋经贸洽谈会，去电北京请万馥香回乡参加文艺演出。这时，万馥香已得知自己患了不治之症，急需开刀动手术治疗。丈夫李世纯和儿子李霖都不同意她再赶往苏州，准备回个电话，说明情况婉言谢绝。可万馥香却说："家乡来请，我怎么好意思回绝，我一定要去。"于是又坐火车赶到苏城，演出节目。10月25日晚上，吴县金秋经贸洽谈会在苏城吴县第一招待所大会堂召开，上千名吴中企业家与中外客商参加了经贸洽谈。开幕式上，明星荟萃，掌声不绝，名家们表演了独唱、戏曲、评弹、相声、小品等节目。文艺晚会以苏州评弹欢迎到吴县来观光拉开序幕，由苏州评弹演员邢晏春、邢晏芝评弹对唱。晚会上，北京曲艺团喜剧小品演员韩善续、武奇演出小品《区区小事》、上海越剧院演员赵志刚演唱越剧《沙漠王子》、上海沪剧院演员马莉莉演唱沪剧《雷雨》、上海人民滑稽剧团演员王汝刚与李九松表演独脚戏《马医生》……

万馥香（左）和沈美娟在母校

万馥香上台一声："父老乡亲

们，大家晚上好！"把晚会推向了高潮，大家都立起身来，长时间鼓掌，庄重地向"江姐"致敬！万馥香演唱了《红梅赞》《姑苏东山美》《故乡是北京》3首歌曲后，观众们还是不停地拍手，她只得再次从幕后出场，又唱了一首《江姐》插曲《我为共产主义把青春献》，会场上的掌声才停了下来。应邀到会的张爱萍老将军，在晚会中听了万馥香演唱的《姑苏东山美》，第二天他还在有关人员的陪同下，游览了太湖洞庭东山。

万馥香每次受邀回乡演出，从不计报酬，也很少住宾馆，经常住在弟弟兆钧家或苏州老同学和昔日的同事、战友家中。一次，邀请方为她在苏州开了一家宾馆，她不肯进住，让邀请方把宾馆房间退了，而是住到了老姐妹家中。她说："这样一举两得，既为集体省了钱，又享受了手足之情、同窗之谊。"见对方有些犹豫，她写下了"我永远要唱苏州的歌，做苏州的好儿女！"与"为吴县蒸蒸日上高歌"的誓言，以表心志。

电视片《吴中红梅万馥香》，是一部介绍万馥香艺术生涯的专题片。由

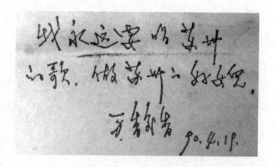

万馥香写给苏州人民的手迹

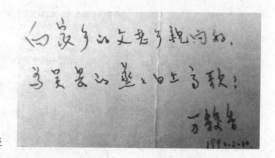

万馥香写给家乡父老乡亲手迹

吴县文化馆主办，范万钧、张更前撰写剧本，中央电视台"旋转舞台"拍摄。这部时长 30 分钟的专题片，分苏州北寺塔、木渎灵岩山、东山莫厘峰、光福香雪海以及太湖风帆、邓尉梅林、碧螺峰茶园等十个场镜。在《红梅赞》的歌声中，解说："多么熟悉的歌声，多么熟悉的形象，是她——影响了整整一代人的江姐！是她——我国第一位江姐的扮演者万馥香！还是当年的歌喉，还是当年的风采！不过，这里不是重庆的歌乐山，而是苏州吴县的洞庭东山。"歌声再次扬起，解说词换了女声："万馥香，这位著名的女高音歌唱家，是苏州吴县人。这里，既有山川林石之美，又有人文风物之萃，是富饶的鱼米之乡，著名的旅游胜地，历来被誉为人间天堂。家乡的明山秀水和芬芳的稻米养育了万馥香：太湖之水所浸润的灵秀之气，吴中沃土所孕育的淳朴民风，都融入她明亮而甜美的歌声中。"

《吴中红梅万馥香》结尾：茶园、采茶、拣茶、炒茶等镜头闪过，茶灶间熊熊烈火，化作朵朵红梅，吐艳怒放。万馥香创作演唱的《东山碧螺春》歌起："叶儿尖尖的碧螺春，为什么这样甜？只因为它生长在东山太湖边，它喝的是太湖水呀，根儿扎在花果山，有百花仙子齐下凡，把它来浇灌……"

歌声，像春茶一样甜美；心灵，像山川一样明净。万馥香，这株由太湖水滋润的吴中红梅，正在明媚的春光中绽开新蕾，吐艳怒放！

可惜，因部分拍摄经费没有到位，拖延拍摄时间。接下来万馥香又忙着参加中央电视台一些外地演出，后来因病情急剧恶化，回乡拍摄专题片就耽搁了，使她留下了终身遗憾。

病室里的歌声

1992 年 11 月上旬，万馥香感到腹部剧烈疼痛，一个星期六的上午，她瞒着家人，悄悄到北大医院就诊。医生一检查，说是需要做 B 超，检查结果腹中有一个直径 11 公分的大瘤子，大夫诊断为"子宫肌瘤"。医生担心万馥香会紧张，安慰她说："妇女患这种肌瘤很常见，一般均是良性，切除就好了。"安排她第二年春天做切除手术。

北京街头的梧桐树枝头吐出新绿，春天相约来到了。正当万馥香在家中稍稍做了些安排，准备住院治疗时，她得知北京高校"三八"节组织服装表演赛的消息。万馥香是中国音乐学院工会副主席，单位不知道她的病情，安排她组织排练后参赛，并争取获奖。此时，只要万馥香向单位吐露一下自己的病情，领导也不会要她带病工作，可她没有说，单位领导不知道。万馥香感到自己这么一点小病，就请假住院，有点说不出口。再说北京高校举行服装比赛，多少年才能有一次，中国音乐学院应该当仁不让，争取夺得好成绩，自己不能当逃兵。

万馥香带病接受任务，家里人都不支持。丈夫李世纯最了解自己的妻子，知道万馥香是个要强的女人，请假就医的事说不出口，他深情地说："馥香，让我去你单位请假，好吗？"万馥香摇摇头。儿子李霖担心地说："妈妈，你肚子里那么大一个瘤子，可比一个人的拳头还大，不能再参加表演了。"万馥香温柔地对儿子说："因为妈妈是学校的工会副主席，是本职工作，就得带病去完成好任务。"

李世纯还想再做做妻子的思想工作，用商量的口气说："这次你就遵医嘱去做手术，等养好了身体，不是能为工会做更多的工作吗。"见万馥香还是不肯松口，他又说，"要么这样，你就组织一下服装队，不参加排练表演，或许对你的身体好一些。"

对丈夫和儿子的关爱，万馥香很是感动，但她把事业看得比自己的生命还重要，仍对丈夫与儿子劝慰说："我的病我自己知道，等过了'三八'节，服装赛结束后再去医治也不晚，难道就差这一两个月时间吗？"见他们还是不放心，万馥香像是对丈夫和儿子说，又像是对自己说，她撩了一下额前的长发说道："要知道，这次高校服装比赛影响很大，要是我只组织，不参加排练，可不行！"她沉思一下又说，"我们学院参赛队员的基础较差，说不定会出问题的。"见丈夫还是不松口，万馥香安慰他说，"放心吧，我能挺得住，既然参赛了，就要争取获得好成绩。"

万馥香说完，忽觉腹中一阵疼痛，额上沁出了冷汗，她怕被丈夫与儿子看出来，故作轻松地哼起"溪水清清，溪水长，溪水两岸采茶忙……"那首她最爱唱的家乡民歌。

北京的三月，春寒料峭。每天清晨，万馥香头戴绒线帽，脖子上围着长围巾，早早来到学院，整理服装，试走台步，开始做排练的准备工作。等队员们来齐后，她先给大家讲要领，又亲自表演模特儿的走秀步子。她既当教练，又当模特，每天连轴转，连中午也不休息。晚上回到家里，累得腰酸腿疼，连说话的力气也没有了，倒在床上便睡。

近两个月的排练结束了，1993年3月8日，北京高等院校服装表演赛揭晓，中国音乐学院获得集体表演一等奖，万馥香获得个人表演一等奖，还有两位参赛的队员获得二等奖。当3张大红喜报送进中国音乐学院校门，师生们都翘起大拇指为万馥香教授点赞，称赞她为学院争得了荣誉。

两个月，对于一个身体正常的人来说，很短暂，一晃就过去了，但对健康严重透支的万馥香来说却是致命的。比赛结束的当天夜里，她病倒了，服药、打针仍高烧不退。到医院一复检，医生说她错过了最佳的治疗时间，腹中的子宫肌瘤发生了病变，成了卵巢癌，而且已是晚期。面对可怕的绝症，万馥香表现得非常坚强，她积极配合医生治疗，手术切除肿瘤后，又接连进行化疗。头发掉光了，呕吐、头痛，吃不下饭，她强迫自己每天正常进食，吃了吐，吐完后再吃。她对同室的病友说："不吃就没有体力，没有力气怎能同病魔抗争。"

同室的病友都很痛苦，一位年轻的女子沮丧地说："唉，得了这种病，咱们就被判了死刑。坐牢10年，还有出狱的一天，可咱们……"说着竟哭了起来。万馥香表现得很乐观，她劝导那位病友妹子说："大妹子，不要那样想，癌症不等于死亡，咱们与病魔斗争，来练气功怎么样？"

病室里的姐妹都被万馥香鼓动起来，因呕吐不想进食的开始强迫自己吃饭；躺在床上不想动弹的开始下地活动；害怕疾病而整天哭泣的停止了哭泣。参加练气功的病友开始只有几个人，慢慢发展到20多人，病室里

万馥香表演时装秀　　　　　　　　万馥香（右三）和时装队学员合影

开始有了生气。

　　每到周日，病房里大夫与护士来得少，病友们感到寂寞，又都担心起自己的病情来，有的还默默流泪。万馥香找到护士长说："我来组织大家唱支歌吧，让姐妹们忘记病痛，增加战胜病魔的信心。"病友们都知道万馥香大姐扮演过第一代江姐，学英雄，演英雄，唱英雄，她唱的《红梅赞》激励了一代又一代人奋进。听说万大姐要指挥大家唱歌，姐妹们都来劲了，自觉排成两列横队，唱完《红梅赞》，又唱《绣红旗》《五洲人民齐欢笑》，唱了一首又一首，病室里充满了歌声和笑语。

　　丈夫李世纯为照顾妻子的病情，提前办了退休手续，整天在医院里服侍万馥香，同妻子形影不离。星期日医生护士大多休息，医务人员少，李世纯就同妻子一起给病友倒水喂药。李世纯不仅能创作歌词，还是半个作曲家，万馥香谱写《我们一定能胜利》的抗癌歌，经李世纯作曲后，大家在病室里一起齐声歌唱。一位病友说："万馥香老师在舞台上是渣滓洞监狱的江姐，今天是咱们病室里的'江姐'，李世纯大哥是咱们的'第二护士长'。"

　　"疾病不可怕，可怕的是我们对治疗失去信心。"这是万馥香患病住院期间对自己和病友常说的一句话。1993年初夏，北京市抗癌协会组织一场慰问演出，特邀万馥香参加。这时，万馥香的病情已很严重，因多次化疗头发全部掉光，组委会征求她的意见，上台唱歌身体是否撑得住。万馥香微微一笑说："能，只要能给病友们带来笑声和希望，增强大家战胜病魔的信心，我啥都愿意做。"万馥香戴上假发，迈着轻松的步子走上台，演唱了一首《我为共产主义把青春献》，歌声还是那样高亢、清丽、动人。台下数百个病友不停地鼓掌，流着热泪高喊："万馥香能活到一百岁。""万馥香就是今天的'江姐'。"5月，中央电视台组织全国歌手大赛，万馥香应邀带病当了她人生中的最后一次评委。

1994年5月，歌词作者李大鹏和李世纯应北京抗癌协会之约，创作了抗癌之歌《我们的祝愿》，歌词谱曲后，北京市电视台准备请万馥香演唱并录音。谁知万馥香的病情突然恶化，躺在床上已无法动弹。11月8日，万馥香这位中国歌剧舞台上的"一号江姐"，走完了她坎坷而闪光的短暂一生，年仅53岁。

万馥香的人生太短暂了，但她天生丽质，天赋卓越，才华横溢，她把这些永远留在了舞台，也留在了人间。

无尽的思念

万馥香逝世后，中国音乐学院组建了"万馥香同志治丧办公室"，讣告称：著名女高音歌唱家、中国音乐学院实验乐团国家一级演员，中国音乐家协会、戏剧家协会会员，北京越剧研究会理事，北京市总工会"三八"妇女委员，中国民主促进会成员万馥香同志因患癌症，医治无效于1994年11月8日晚23时50分不幸病逝，享年53岁。

万馥香的遗体告别仪式在北京八宝山革命公墓举行，并安葬在八宝山公墓，在墓石上镌刻着"红梅赞歌传云霄，馥香艺术传九洲（州）"一行赞语。中国音乐学院的师生们说，为万馥香送葬的队伍是学院历年来人数最多的，也是最悲痛的。

11月14日，东山20多位万馥香昔日的好友，自发筹资300多元，寄往中国音乐学院，委托代置花圈献给万馥香。苏州原歌舞团的一批同事也筹资寄往中国音乐学院。12月26日，东山镇政府为万馥香举行了隆重的追思会。各界人士齐聚一堂，沉痛悼念这位东山人民抚育的优秀女儿，追忆她短暂而辉煌的艺术生涯……一位县政协领导敬献的挽联"为祖国高歌一生，兴文艺业绩千古"，高度概括了万馥香的一生。

从1995年起，全国和地方的报刊杂志都先后载文，纪念万馥香这位为祖国高歌一生的杰出女儿。

《解放军报》1995年4月1日

《解放军报》1995年4月1日《第一个"江姐"扮演者万馥香》一文载：她像一颗流星，去得匆匆，却十分明亮；她似一枝红梅，虽不再怒放，却依然馨香。万馥香，这位年仅53岁的中国歌剧舞台上第一位扮演江姐的艺术家，去年11月离去了。人们怀念这位部队培养起来的歌剧演员……

《光明日报》1995年4月3日《一曲红梅传至今》文章载：1991年春节，万馥香已经50岁，穿上"江姐"那身蓝旗袍、红毛衣，披上一条白纱巾，和两个年轻的"江姐"站在一起，风采不减当年。三个"金嗓子"合在一起，那叫好听！其中万馥香的声音更胜一筹。……纪念毛主席诞辰100周年时，中央电视台又把她从医院请回家中，当她捧着照片，深情回忆毛主席观看歌剧《江姐》的情景时，情不自禁地又唱了一段《红梅赞》……

《人民政协报》1997年8月27日《红梅吐馨香》载：红梅吐馨香，报得大地恩。万馥香一生热爱中国共产党，要求进步，追求艺术。60年代，她曾先后主演了黄梅戏《天仙配》《女驸马》，锡剧《白蛇传》，歌剧《红霞》《红珊瑚》等，最出名的是她在《江姐》一剧中唱的《红梅赞》，至今仍广为传唱。

《苏州日报》1995年2月18日《香飘云天外》结尾：……万馥香用自己的行动实践着《江姐》中"春蚕到死丝不断"的精神，万馥香走了，但她的美妙歌声犹在，她的高尚艺德犹在，她塑造的一个个光彩照人的艺术形象，依然给人以美的享受，心灵的净化，依然在人们心目中熠熠生辉！

《上海滩》2001年第8期《"一号江姐"万馥香》尾载："……春蚕到死丝不断，留赠他人御风寒；蜂儿酿就百花蜜，只愿香甜满人间……"1994年11月8日，万馥香因患癌症，医治无效，在北京逝世，享年53岁。万馥香虽然离开了我们，但她塑造的"江姐"艺术形象却永远活在人们心间。

《〈西游记〉人物谱》(北方文艺出版社，1989年版)中，《一枝鲜艳的红梅》文尾：……万馥香演唱长达七八分钟的《我为共产主义把青春献》受到热烈欢迎。她演唱《江姐》唱段的每一个字，无不凝聚着革命先烈的心血，闪烁着共产主义理想的光辉，它鼓励着前人，教育着后人，一首歌就是一个形象！万馥香，把《红梅赞》永远唱下去，红梅，总是把她那悠长淡雅的清香毫不吝惜地献给人们。

万馥香逝世28年了，但人们没有忘记她。2022年2月7日，中央电视台1套《故事里的中国》中播出了歌剧《江姐》第一代扮演者万馥香的照片。她的形象仍是那样秀丽、端庄，大义凛然，视死如归。

一部歌剧，一唱就是60年，万馥香主演的《江姐》已成为中国歌剧的一个里程碑。半个多世纪以来，歌剧《江姐》已复排5次，继第一代"江姐"扮演者万馥香、蒋祖缋、郑惠荣后，第二代"江姐"扮演者赵冬兰、孙少兰；第三代"江姐"扮演者金曼；第四代"江姐"扮演者铁金；第五代"江姐"扮演者王莉、伊泓远、哈晖。

"嘉陵江畔傲雪梅，一曲丹心献青春"。信仰的力量历经时空的变迁而不衰，以《江姐》为代表的红色经典歌剧奇葩历久弥新，将继续绽放光彩。

附录 1

万馥香年谱

1939 年，万莹同国民党忠义救国军第三师连长、杭州人李海良结婚，1940 年夭折一男孩。

1941 年　1 岁

7 月 15 日凌晨，万馥香生于吴县木渎，乳名姗姗，名李姗。父亲李海良失踪，母亲万莹 25 岁。

继父何逸群从上海典当铺回东山，参加国民党忠义救国军太湖行动总队，任东山交通站站长。

1942 年　2 岁

生活在木渎。母亲无经济收入，靠小姐妹接济度过哺乳期。后替木渎大户人家做衣服，维持母女生活。

何逸群目睹"忠救军"龚国梁部与日军勾结，在东山残害乡亲，秘密与新四军接触，接受除奸任务，独闯敌营，枪杀渡桥区公所伪区长董明。

1943 年　3 岁

万莹经丈夫生前友人介绍，带着女儿至忠义救国军杭嘉湖第一办事处孟少先部做事（伙房做饭），与孟部太湖行动总队何逸群相识。

何逸群与新四军联络之事被孟少先察觉，派副连长李少光至东山秘密把何押至总部，准备夜间活埋。万莹冒险潜入何关押处，设法悄悄把何逸群放走。

1944年　4岁

万莹任孟少先部事务长。万莹与何逸群结婚，李姗改名何仪珍，亦名何宜珍。

何逸群与新四军东山办事处负责人张子平联络，被汉奸蔡阿本向日军告密，被捕入狱，受尽酷刑，未泄露同新四军接触的秘密，经万莹四处奔走营救出狱。

1945年　5岁

万莹带着女儿至何逸群老家——苏州吴县东山镇生活，住东山镇西街诸公井旁殿渎里。

日本投降，"忠救"军解散。何逸群与新四军太湖游击队薛永辉部联系，为新四军工作。被国民党东山区区长徐淦清以"阻挠兵役"罪逮捕，万莹多方营救，被无罪释放。

1946年　6岁

何逸群赴上海，协助新四军东山办事处交通员张景芳在沪开设联众运输公司。

万莹携女儿随丈夫何逸群至上海生活，住上海静安区胶州路张家。万莹应聘至上海亚美麟记广播电台当播音员。

1947年　7岁

万莹辞去上海亚美麟记广播电台播音员工作，携女儿回东山生活。联众运输公司完成任务后关闭，何逸群暂留上海。

1948年　8岁

何逸群接受薛永辉指派，从上海回东山参加中共东山支部组织的"太湖军政委员会"外围工作，任"农民协会"自卫队副队长。

何仪珍到镇西马家底县立马堤小学读一年级。随母至附近新庙上看"打唱"（演戏），回家学唱。

1949年　9岁

东山马堤小学读二年级。

苏州解放，何逸群编入中国人民解放军苏州军分区吴县总队太湖支队。

1950 年　10 岁

弟弟何兆钧出生，辍学在家看护弟弟。

何逸群从部队遣返，安排到吴县横泾小学工作，未报到。筹资在东山西街马家底开办杂货店谋生。

1951 年　11 岁

何逸群因历史问题，被捕入狱，被吴县人民法院判处无期徒刑。

万莹与何逸群离婚，判给母亲抚养。弟弟何兆钧至祖母（何逸群养母）处生活，由叔叔何伯良抚养。

1952 年　12 岁

母女俩靠做衣为生，生活艰难。放学后上山砍柴，割草养羊，看护弟弟。喜爱练风琴，学习音乐基本功。

1953 年　13 岁

何家亲戚卖掉殿渎里房子，搬至尊德堂生活。

晚上到大众剧场看"放堂戏"，后台学唱戏。

1954 年　14 岁

万莹入东山缝纫社工作，月工资 18 元。晚上帮助母亲裁剪、缝纫，至深夜。

1957 年　17 岁

震泽县中学读初三。学校文艺骨干，能高吭唱出《刘胡兰》中的主题歌和《白毛女》中喜儿的几首名曲，引起学校音乐老师关注，加以重点培养。

1958 年　18 岁

遵从母亲之意，考入位于东山东万巷震泽县卫生学校。

1959 年　19 岁

转入苏州专区戏曲学校，边读书边排戏，演出锡剧《白蛇传》《断桥》等剧目。

1960 年　20 岁

在黄梅戏老师严凤英等传授下学演《天仙配》《女驸马》等。

1961 年　21 岁

在苏州地区歌舞团任演员队长，主演黄梅戏《女驸马》、锡剧《白蛇传》与歌剧《三月三》《红霞》《红珊瑚》等。

1962 年　22 岁

被空政文工团总团政委陆友发现，挑选入伍，因出身问题受阻。后独自一人从苏州坐火车，赴北京空政文工团。

1963 年　23 岁

空政文工团派至天津"小百花"剧团学唱河北梆子。

1964 年　24 岁

主演歌剧《江姐》，剧中演江姐 A 角。

10 月 13 日晚，主演歌剧《江姐》，同毛主席、周总理等党和国家领导人合影留念。

1965 年　25 岁

赴上海、南京、武汉、广州等城市演出《江姐》，获演出一等奖。被评为业务能手。晋升空军少尉。

1966 年　26 岁

"文化大革命"开始，苏州街头出现"万馥香是罗瑞卿的黑爪牙"的大字报。

母亲万莹含冤去世，年仅 48 岁。(1978 年，吴革工政 [78] 56 号文件，对万莹同志予以平反，恢复名誉。)

1967 年　27 岁

空政文工团排练歌剧《红灯记》，演李铁梅。

1968 年　28 岁

弟弟何兆钧赴苏州太仓县浮桥公社东风大队第 6 生产队插队务农。后多次至太仓探望弟弟。

1969 年　29 岁

至河北遵化县建明公社炸糕大队参加"四清"运动。与社员同吃同住同劳动一年。

1974 年　34 岁

与在中央三机部工作的技术员李世纯结婚。

1975 年　35 岁

转业至北京市东城区某服装厂管理处当仓库保管员。

儿子李霖出生。

1977 年　37 岁

弟弟何兆钧在全国知青回城大潮中回苏，安排至苏州横塘粮管所工作。后担任过粮管所工会主席，1981 年加入中国共产党。

1978 年，38 岁

调到文化部红旗越剧团当演员，饰演《红楼梦》中王熙凤、《东海传奇》中蔡女等。

1979 年　39 岁

调入中国音乐学院实验学院工作。参加中央人民广播电台举办的"向张志新烈士学习朗诵演唱会"，演唱《红梅赞》。

1982 年　42 岁

向张权等老师学习声乐。

1983 年　43 岁

创作歌曲《东山碧螺春》，万馥香作词，李世纯作曲。

参加中国音乐学院为北京市西城区工读学校"歌唱家为失足青年演出"活动，演唱《红梅赞》。

1984 年　44 岁

赴泉州学习南音，元宵在泉州百花洲演唱《元宵十五》《烧酒醉》等高难度南音名曲。

参加中国音乐学院举办的国庆音乐会，演唱歌剧《江姐》选曲《红梅赞》等。

1985年　45岁

参加《诗经·古曲》的唱片磁带录音；为电视片《洛神赋》配唱歌曲；为电影《月光下的小屋》配唱主题歌。

1986年　46岁

春，为电视片《荒庙里的爱》配唱主题歌并任副导演。

在中央电视台摄制的连续剧（1986年版）《西游记》中饰王母娘娘。

夏，受王震将军委托，赴北大荒及珍宝岛进行22天的义演与义讲。

任中国音乐学院声乐系班主任，指导帮助学生彭丽媛参加中国歌剧院《白毛女》的排练。

1987年　47岁

文化部批准为国家二级演员。

上海万体馆演唱《江姐》。

央视"春晚"演唱《王母咏叹调》。

参加中国民主同盟。

1988年　48岁

上海音像公司为她重新录制歌剧《江姐》专辑，并在全国发行。

应北京《支部生活》杂志社和北京电视台之邀，演唱《江姐》插曲"五洲人民齐欢笑"，在电视台多次播放。

创作歌曲《河南媳妇》，万馥香作词，李世纯作曲。万馥香演唱，1988年中央电视台播出。

两次回吴县，商讨筹拍电视专题片《吴中红梅万馥香》，未果。

1989年　49岁

北京市职工歌咏大赛当评委。

电视片《大漠里的男人》配唱主题歌。

赴东山参加苏州电视台拍摄的专题风光片《碧水青山总是情》。

1990 年　50 岁

创作歌曲《姑苏东山美》，万馥香作词，李世纯作曲。为上海电视台和苏州电视台录制的风光片《苏州东山行》演唱主题歌。

创作歌曲《雷锋精神代代传》，万馥香作词，李世纯作曲。在北京人民大会堂演出，北京电视台播出。

全国第三届农民歌手大奖赛当评委；辅导家乡青年民间歌手到北京参赛并获奖。

1991 年　51 岁

入选中国音乐家协会主编的《中外世界歌唱家名录大全》一书。

随中国艺术团赴朝鲜演出，演唱《红梅赞》与朝鲜歌曲《都市姑娘嫁农村》，金日成、西哈努克观看并与演员们合影留念。

参加中央电视台《拥抱太阳》文艺晚会，演出"三代江姐同唱红梅赞"，《北京晚报》载：第一代"江姐"万馥香专访"红梅花儿开，香飘海内外"。

1992 年　52 岁

组织北京高校迎"三 八"妇女节服装表演。

纪念毛泽东《在延安文艺座谈会上的讲话》发表 50 周年，参加中国音乐学院主办的文艺晚会，演唱《江姐》选曲。

参加"92 吴县金秋经济技术合作洽谈会开幕式"，演唱歌曲《姑苏东山美》《故乡是北京》。

全国第四届农民歌手大奖赛当评委；赴江西为全国钢铁企业歌手大赛当评委。

参加中央电视台《正大综艺》节目特邀嘉宾。

医院检查患癌症，医嘱进行手术治疗。

1993 年　53 岁

赴济南参加"春节联欢会"，演唱《江姐》歌曲，1 月 3 日《济南日报》载专访"江姐来到了泉城"。

到母校（东山实验小学），为师生演唱。

参加北京高校迎"三八"妇女节服装表演，获优秀组织奖。本人获演出一等奖。

文化部批准为国家一级演员。

北京医院动手术，医生诊断为癌症晚期。

1994 年　54 岁

11 月 8 日 23 时 50 分，在北京逝世，年仅 54 岁（53 周岁）。

11 月 16 日 10 时，万馥香同志遗体告别仪式在北京八宝山革命公墓第二告别室举行。安葬八宝山革命公墓。

2022 年

3 月 13 日，丈夫李世纯在北京病逝，享年 85 岁。

4 月 22 日，李世纯骨灰入北京八宝山革命公墓，与妻子万馥香合葬。

镌碑文：馥香飘九天，守得万世纯。

万馥香排练《江姐》日记摘录

（1963—1964 年）

1963 年

11 月 20 日　这几天心里有些不安，《江姐》排练中有些疲劳，得注意起来。别以为自己担任《江姐》一号角色，就自以为不得了，绝不能辜负领导一片苦心。还有，准备 28 岁结婚，一切以事业为重。

11 月 21 日　下午导演分析剧本，对第三场有很大启发。我在第三场江姐与双枪老太婆的对话中，自己没有走进去。沈队长指出我的缺点，说我台词、表演都没有到位，有什么思想？我吃了一惊。平心而论，自己松动了，以为自己没这个能耐，看人家演，自己模仿一下就行了，这种想法使自己退步了。陆政委说："这么好的机会，为什么不抓紧呢？"对呀！能出劲出力的时候，为啥不全力以赴呢？白吃白喝，不肯下苦功，难道光想养肥自己吗？

11 月 22 日　今天连排三场戏，成绩仍不理想。第三场表演似乎感情上对头了，但感到一下又不能正确表达出来。第四场要好一些。一二场必须好好下苦功练。陆政委和同志们都在期望，失败是成功之母，一定要奋起直追。蒋老师（蒋祖缋）的表演是有进步的，特别是第六场比以前好多了。蒋老师的台词、唱词非常清楚，舞台上的表演也沉着，有分量，我得好好请教她。晚上，第一机部办公厅吴主任来讲《江姐》，他是与江姐

1947年一起办《挺进报》的老革命，以后又同去川东根据地，一起工作有两年，讲得很生动，让我们很感动。

11月24日　上午团里召开会议，会上队长当众批评我，说我在《江姐》排练中，碰到困难想撂担子，这种思想是要不得的。这次吃批评，是我到空政文工团的第一次。吃批评，加油！只有这样，才能把《江姐》演好。别小孩子气，要珍惜这大好的机会。

12月2日　我从小就有长大想搞文艺工作的愿望，1959年实现了。我从学生时代起就想当解放军，现在不但当上了解放军，还是空军部队，只要自己肯努力，目标是会实现的。

12月2日　上午听陆政委报告，总结这次汇报，并提出一二队合并在一起，下午就加入了我们阵营，增加主演"江姐"5个人员。导演要求我们对陆政委提出的"创新"，做到心中有底。晚上刘司令员来了，他叫我小万，先给我打招呼。我连忙敬礼，帽子也戴歪了，紧张得出了洋相。刘司令员微笑着替我把帽子戴好，说："演出时这样紧张可不行！"我红着脸说："是，司令员我记住了。"

12月3日　下午去煤矿文工团听陈之俊同志的报告，介绍江姐的一些情况，比上次吴主任讲得更生动和具体。她也是1947年与江姐一起办《挺进报》的老同志，她说江姐是一个秀气、沉着，对人和善、虚心，说话很有分量的人。听了她的报告，我觉得今后在排练中要把江姐的这些特点表现出来，

12月4、5日　晚上参加会议吸收意见，大家对我提出许多不足之处。其他还过得去，主要是气质不够，说我一出场，步子有点飘。孙维敏老师说，我唱的音都在嗓子眼里，没有到前面来。芦老师说我一是台词；二是台步，要我千万注意。我一定要抽时间反复练，别让同志们觉得，小万没有下功夫，这样影响不好。孙维敏老师还对我提出，对人要虚心、要真诚，有什么说什么，不懂就问。

12月12日　今天最大的喜讯是苏州专区领导同意我来这儿了，并且

还寄来了介绍信，我真高兴，这下可以确定下来，再也不是空政的"编外"人员了。吴助理马上给了军人登记表让我填，并问我要不要回家去一次。我很想回去一次，久未出远门，很想家，但我目前担任了《江姐》中主要角色，怎么办？只能服从大局，不回家了。

12月13日　早操后练合唱，感到有点头昏，原因是我的识谱能力太差，得加油！下午练习舞蹈，到空政文工团后，我跳起舞来是比较认真的。上午孙老师给我上课，她给我订了星期二与星期五练声乐，讲很多声乐上的问题，可我一下消化不了，真急死人。

12月16日　星期天，一天没出门。晚上孙队长讲"阶级斗争"课，心情很激动，我坐不住了，在会上发了言。自己从小学到初中，从技校到剧团，能成为一名文艺工作者，是党对我的关怀，学费全免，技术上培养我，政治上入了团，我是多么幸福。要紧跟党，依靠群众，彻底改造自己，争取早日成为一名无产阶级先锋队战士。

12月20日　下午，开全团会议，对《江姐》提意见，我是旁听，没有发言。大家说我最大的不足之处是在声音方面，普通话咬字不准，演唱第二场第九曲"革命到底志如钢"时与乐谱还有些差距。自己感到很苦恼，没能解决好这一唱段。感到这是自己事业心不强的表现，"懒汉是不能搞文艺工作的"，我要千万记住这句话。

12月23日　昨日晚上（22日）演出，陆政委陪刘司令员等首长来看戏了，陆政委还拍打了一下我的肩膀，说："小万，替你打官司，你知道吗！"我连忙立正敬礼说："谢谢陆政委关怀。"今天排演格外认真，自己也还满意。

12月24日　上午开演员会议，会上又吃了批评，唉，怎么办？你不是1964年再争取入党吗，一定要严格要求自己。晚上开分队会议，我讲了讲自己存在的问题，作了检讨。杨老师找我谈，安慰我，鼓励我。不谈还好，一谈急得我哭起来。傻瓜，哭有何用？谁叫你任务完成不好？平时抓得不紧，关键时候拿不出来了，得咬紧牙关加油才是。

12月25日　今天细排第一场，比前几天有进步。表演上有些杂乱无章，经蒋老师指教，改掉了一些。情绪也好一些，与杨老师配合也好一些，心里舒服了。

1964 年

1月1日　新的一年来了，我一定要摆脱"业务愁""婚姻愁"的思想，全身心投入到事业中去。一切在于自己，一切从头做起。在新的一年中，每天坚持练功 1 小时，练唱 1 小时。少出门，有时间多看看书，这样才能学好艺术，否则还是回家去。每个星期日抽两小时练弹琵琶。

1月5日　苏州张吟生指导员来信了，很高兴。指导员很有修养，在苏州歌舞团时，对我们每个人都很关心，我不会忘记他老人家对自己的关心。花了 7 元钱，把照片取回来，寄了一张给张指导员。

1月8日　下午分析《江姐》1—4 场排练中存在的问题，这次导演讲得详细周到。指出我的弱点：普通话、台词不太准，人物刻画还不深入，比较轻，要我向孙维敏老师请教学习。还要我多看书、革命故事等，从中吸取精华，加强对人物的塑造。

1月13日　上午又开始排练了，我不能再昏头，必须以"情"来带动各方面的进展。陆政委说，要我们拼命干，多动脑子，准备身上掉几斤肉。实际上我何尝不想把戏演好呀。我要多问、多练，自己动脑子，才能记得更牢。条件是人创造出来的，我相信我条件差一点，但我是一个青年人，我要好好地干，别忘了自己是个共青团员。

1月15日　傍晚，听到郭莲美老师的歌声，声音响亮，又感到非常亲切。我就喜欢这种嗓子，她的位置与共鸣都很统一，出来声音都在口与鼻前面。我请她今后多帮助我，郭老师同意了。我真高兴，遗憾的是自己条件太差。

1月25日　今天连排了第六、七场。第六场是重头戏，星期日没准备充足。第七场也就看了一遍。导演说，第六场的气概还未出来，要"理直气壮，大义凛然"。因我理直气壮不够，表演时出现上句不接下句。我觉得江姐讲真理永远是我们的，我们必胜，自己必胜。第七场，排得有点头昏脑胀，糊涂了，精力也有些不够。导演也够累的了。任务重，时间紧，我想我会瘦下去的。只有在紧张的工作、生活中才能锻炼人。要想在业务上有长进，要学的东西学不完啊。24岁了，只当14岁吧，一切从头学起来。

1月27日　上午《江姐》去空政舞台合成排练，开始排时，心里一点儿主心骨也没有，似乎排演场的一切，身上穿的、戴的都与自己无关，没有进入角色。排练只是在赶快走过场，机械地做一遍而已。每一场排3遍，我参加排演了2遍。下午再排，就熟悉多了，但进入角色还是个问题，虽然我尽了最大努力，效果仍然不理想。一天过得很快，也很紧张，心里是高兴的。

1月29、30日　两天讨论剧情，弄得有点昏头昏脑，自己问题最大。总团领导也来了，各分队都汇报了修改意见，交给大家讨论，出点子。队员们谈到我扮演的江姐，还是太轻、太浮躁。陆政委说我演得毛毛草草，惊慌失措，没有身份，不够稳重。

2月2日　下午大队长找我谈话，要我勤奋刻苦地排练，以共青团员的标准要求自己，以实际行动带动大家，作出榜样。

2月3、4日　这两天讨论"江姐"，导演说，我一二场表演有点惊慌失措，而五六场表演有点毛躁，没有身份，太幼稚，对同志不亲，对敌人不恨，有些拿架子，不够稳重。今天排第五场，觉得有点好转，心里比较舒服，自己也感到有信心了。

2月5日　上午排了《江姐》一至三场戏，导演结束时表扬了我，说我大有进步，我觉得很舒服。下午排第四场，效果也不错，就是进度慢了点。

2月10日　晚上排《江姐》第五场，我先排，由于隔了几日未排，感到有点生疏。导演对剧情作了不少改动，一上场台词说得特别快，控制不了，自己得好好复习。

2月16日　晚上王副政委来宿舍看望我们，闲聊中说我胖了，饮食要节制。胖了不能唱歌剧，可瘦了唱歌也不行，这是矛盾的。我也想少吃一点，可肚子老叫唤。从今天起一定要节食，不能再胖了，否则自己怎么演好江姐！

6月9日　今天是我一生中三件值得庆贺的大事（入团、入伍、提干），入伍一年零七个月就提升空军干部，晋升中国人民解放军空军少尉军官。9点，大会演奏军乐，一批批人上台接受空军首长受衔，心头像沸腾的水一样激动，自己站在台上，伸手接过军衔时，手里都是冷汗，人变得那样笨拙，真是可爱又可笑。

附录 3

万馥香及亲属、同事、朋友等人回忆

万馥香、何兆钧、陆志本、杨玲梅、顾月娥（口述、回忆录）

杨维忠　采访整理

采访一　万馥香女士的采访记录

1990 年 5 月下旬，上海电视台至东山拍摄《姑苏东山美》，叶惠贤主持节目。以故事片形式入题，讲一位上海游客至东山游览一天中的所见所闻。万馥香应邀回东山，配唱她与李世纯创作的《姑苏东山美》主题歌。

1990 年 5 月 26 日下午，东山洞庭宾馆荷花亭，在场邱玉林、贾竞于。

我去北京"空政"的经过

1962 年初夏，苏州地区歌舞团解散，原则上是哪里来回哪里去。我是苏州戏校出来的，应该回学校。组织上分配我去省文化局报到，然后去省昆剧团接老演员的班，我心里不愿意去与这些老先生为伴。恰巧，这时北京空军政治部文工团来苏州招演员，歌舞团在苏州小公园新艺剧院"摆地摊"（注：意为综合文艺演出，请各剧团挑选骨干）时看中了我，但组织上不同意。空政人员多次来团里找我，明明我就在团里，可团领导说我不在，不让他们同我直接见面。后来苏州地委宣传部尹部长把我叫到他家中，做我的思想工作。他知道我已与空政招兵干部接触过，尹部长说，他也赞成我去"空政"，因为到了北京能得到更多的培养和锻炼，才华能更好地施展、发挥。但他又很为难地说，省里已决定了，你可以随便选择到哪个省剧团报到，就是不同意你参军。如果你不服从分配，很可能要受到组织处分，把你退回东山。

团里同事帮我发了封电报给"空政"来苏州的招兵人员，问他们到底收不收万馥香？对方回电："你来我们欢迎，一切由你自己决定。"也是模棱两可的，没有说一定接受。当时我的压力很大，万一去北京后对方不收，苏州工作的歌舞团又解散了，只能回东山跟母亲踏缝纫机。4天之后，我在一位同事的帮助下，在一个细雨蒙蒙的下午，带着简单的行李，乘黄包车到了苏州火车站，买到一张夜里11:30到北京的火车票。当时心里很害怕，在候车室等车时心里七上八下的，怕苏州文化部门有人来阻拦，直到上了火车，一颗悬着的心才定下来。

到了"空政"部队，因我什么手续都没有办，虽然穿上了军装，却无帽徽领章，成了文工团里的一个"黑户"，随时有被退回苏州的可能。为了能成为团里的正式一员，我重活累活抢着干，如打扫大院、食堂挑运煤球、生炉子等活几乎我全包了。这一令我担心的情况延续了很长一段时间，后来经过领导关心和自己多方努力，才补齐手续，真正成为中国人民解放军的一员。

演出《江姐》前后

我进入空政文工团时，团里正在酝酿上演歌剧《江姐》等大戏，挑选主演江姐的演员十分认真。全团有500多人，仅演员就有450来人，都是从全国各地千里挑一选上来的文艺精英，我也没有想到自己会被选定为主演江姐的演员。经过紧张、严格的排练，歌剧《江姐》于1963年10月在北京公演。空政领导对这部戏极为重视，天天印发演出简报，通报情况；还叫不参加演出的人员坐到剧场里去收集观众反映，在演到江姐爱人牺牲、江姐唱《哭人头》时，看身边有多少人落泪……此后，这部戏又边演边改了多次。

1964年10月14日，一整天紧张排演，说晚上有中央首长要看演出，也不知是谁。晚饭后，团里又集中召开紧急会议，强调所有参演人员不准带水果刀和带尖刺的东西，甚至连钥匙也不能带。大家心中都隐隐感到可能是毛主席来看戏，但嘴上谁也不说。到了上台演出时，才知道真的是毛主席、周总理等中央首长来了。我演上半场，紧张得要命，心里暗暗叮嘱自己不能出差错，可演唱中出了几次错，好在毛主席老人家他们没有听出来。合影留念时，毛主席招呼我过去，站在他的身旁，我激动得哭了，连双手放哪里都不知道了，是旁边周总理对我说："小万，快拍手！"我这才猛然醒过来，跟大家一起拍手。

在毛主席看戏之前，据说江青曾提出不要让主要英雄人物江姐牺牲，使江姐的"生死"一直悬而未决、颇有争议；后来征求毛主席的意见，毛主席说："人死就死了吧，革命总是有牺牲的嘛。"这样才得以维持原状。还有社会上曾传言，毛主席说我演得好，要叫我演《江姐》全场。这是没有的事，据我所知，毛主席看后没有那样说过。

动乱年月的一些事

"文革"时期，在极"左"路线的干扰下，空政文工团内部开始批判"三名三高"，组织者要找典型。一天，歌剧团负责人找我谈话："小万，批判'三名三高'要找典型，我们想来想去，这个典型别人没资格，只能是你，希望你能起个带头作用。"我答应了，还天真地想，是啊，团里属我最出名，当典型就当典型吧，斗私批修不是坏事，严格要求自己嘛。我糊里糊涂当了一回批斗的"靶子"，心想批一回也就结束了，但事情远远没有我想得那么简单。

一次，团里的一个群众组织召开深批军队文艺"黑线"的批斗会，动员我参加。在这场运动中人人都要口诛笔伐声讨"黑线"，还要联系实际进行"斗私批修"，于是就去参加了。会议开到一半，组织者突然点名要我上台，检举揭发罗瑞卿指使我破坏革命样板戏的"罪行"。我一头雾水，罗瑞卿是国务院副总理和解放军总参谋长，我连罗总长的面也没见过，他怎么"指使"我破坏样板戏？会议组织者多次诱导暗示我，可以随便说几句给罗瑞卿上纲上线的话，就能让我下台。我坚持不说假话，在台上足足站了近两个小时，直到批斗大会结束。回到空政文工团大院，战友们都围上来说："小万，你真傻，这样的会你怎么能去参加呢！"

采访二　　何兆钧先生的采访记录

何兆钧，万馥香弟弟。1950年生于苏州东山。1957年随祖母迁苏州读书。1968年10月，至太仓县浮桥公社东风6队插队落户。1977年5月上调苏州横塘粮管所工作，工会主席，大学学历。1981年加入中国共产党。

第一次采访：2020年5月7日上午，苏州东吴南路137号阳光水榭。

家庭介绍

我们的家庭有些特殊，姐姐姓万，是母亲万莹的姓；我姓何，是父亲何逸群的姓。我俩是同母异父姐弟。姐姐万馥香的生父名李海良，她还没有出生，生父就去世了，姐姐是个遗腹女。李海良是一名汪伪"和平军"（即"忠救军"）的连长，史料上说他是在日伪军"狗咬狗"的争斗中丧生，实际上是被日本人杀害。李海良是个有正义感的爱国军人，因不满日军在苏南"清乡"中的暴行，对部下说了些对日军不利的话，被手下人向日军告密而被害。也有说是向新四军太湖游击队送了情报，日军侦悉后而被杀。据姐姐的一个同事说，姐姐同他讲过，李海良被枪杀后，人头还被日军挂在吴江城头上示众。

母亲名万莹，是杭州人，后来她随父母迁到浙江南浔生活，成年后迁居木渎镇。前夫李海良去世后，她带着未成年的姐姐艰难生活。1944年，与父亲何逸群结婚，迁到东山西街殿渎里生活。母亲受过中等教育，普通话讲得很标准，解放前在上海当过亚美麟记广播电台的播音员。她有一手裁剪衣裳的好手艺，解放后在东山缝纫社工作。在"文革"中不甘受辱，1966年9月1日夜跳井自尽，年仅48岁。

母亲万莹有姐弟3人，她是长女，弟弟名万正伟，妹妹名万萍。母亲家原是经商的，生活原本还可以，但后来外公（外祖父）吸食鸦片，败尽家财后又把小姨卖给苏州一户人家当童养媳。万正伟后来至浙江义皋镇学生意，遂定居义皋镇。中华人民共和国成立后，万正伟参加中共党组织，任过供销社主任，儿子万国荣还参军当过兵。母亲成年后，曾把小姨万萍领回家生活过一段时间。小姨后来嫁给了苏州一个拉黄包车的苦力，住在平门桥，日子过得很苦。母亲去看过她几次，给她点钱就走了。后来，小姨沦为乞丐，不知所终。

　　父亲名何逸群，小名何阿四，吴县东山吴巷人。我的曾祖父名何霖，曾在盛宣怀的轮船公司做事，在长江上跑运输，收入颇丰。何霖长房在苏州经商，可婚后较长时间没有生孩子。我的祖父何锦旗是何家二房所生，共6个孩子（4男2女），父亲何逸群排行老四，4岁时嗣于何家大房。后来大房生了三个孩子（2男1女），认为是我父亲带来的，所以待我父亲一直很好。我的大叔叫何伯良，1945年参加新四军，当团长，解放后转业到上海虹桥机场工作。小叔叫何兴福，在南京工作。

　　父亲坐过日本人、国民党政府的监狱，解放后又吃了28年官司。父亲是起义投诚人员，1950年人民政府镇压反革命时，追究他的历史问题，被判无期徒刑。他一直向上申诉，要求法院调查后重判。父亲入狱时，母亲还只有30岁，为了我和姐姐，她一直没有改嫁。1966年母亲去世后，我们一直没有把这个消息告诉父亲，目的是要他在狱中好好改造，争取早日回来。1978年父亲刑满释放后回到东山，才得知妻子28年前已去世。他在日本人、国民党的狱中受尽酷刑，没有掉过一滴泪，那次跪在母亲坟头痛哭一场。1987年，吴县人民法院撤销（85）吴法刑申字第13号刑事判决书，对何逸群的历史问题不再追究刑事责任。父亲晚年享受起义投诚人员待遇，在东山敬老院生活。2011年9月1日安祥离世，享年91岁。也许是巧合，父亲和母亲去世的日子都是9月1日。

　　父亲何逸群的历史问题，给姐姐和我的生活与工作带来极大的麻烦。

因家庭出身，当年姐姐参军到空政文工团当演员差点没去成，后来她多次写入党申请，一直没有批准。1986年，姐姐加入了中国民主促进会。我与父亲只一起生活了8个月，是大叔何伯良和姐姐万馥香抚养长大的，可在那个一切讲成分的年代，参军还是不行。

家庭搬迁

1950—1953年，母亲带着姐姐万馥香和我住在东山西街诸公井旁。这是一座朝南的三进宅院，第一进沿大街，一家渡村人开了个小酒馆。第二进是客堂，两边厢房，放置家具，过小天井，第三进3间，东面住祖母，西面住我家3口人。这座房子是何家远房亲戚的，其实一点不远，是何家长房的。殿渎里对面是一家点心店，童年时代，姐姐经常抱着我站在店门前，看人家买点心，嘴里直流口水。

1954年春，何家把这幢房子卖掉了，搬到了苏州去住。我家只得另租地方，搬到响水涧北面的尊德堂住。尊德堂是一座清代老宅，有前后两幢楼，后进二楼有2间房子是分给大叔何伯良的。何伯良早年参加新四军，土改时分到楼上1间，楼下1间（作灶间）。祖母（何逸群伯母及养母）原来就住在那里，为了照顾祖母，母亲就在楼上租了一间西厢房居住，两家合用楼下一间厨房。那时吃饭很有意思，虽说在一间灶间，母亲和姐姐一起吃，我和祖母一起吃。姐姐的少年和我的童年时代就是在尊德堂度过的。

1957年，也不知什么原因，母亲带着姐姐和我又搬了家，在阁老厅后玉树堂二楼租房居住。这一年，母亲为了使我能接受更好的教育，让祖母带着我到苏州读书，住在西美巷1号。1958年，姐姐考取震泽县卫生学校，第二年转入苏州戏校，我们姐弟就分开生活了。

第二次采访：2020年10月2日下午，苏州东吴南路137号阳光水榭。

姐姐的关怀

1950年，我还不满周岁，家庭发生了重大变故，父亲因历史原因远离了我们。母亲、姐姐和我一家 3 口，就靠母亲含辛茹苦帮人缝纫衣服为生。特殊的家庭境遇，使姐姐自少年时便担起姐姐、"母亲"的双重角色。少年时的姐姐就很懂得照顾家庭，力所能及帮助母亲做些家务。姐姐经常一清早就拿着捉柴镰刀出门，戴着草帽上山捉柴，然后回家取书包上学。傍晚放学后，她又将晒干的茅柴用大竹筐背回家。家里没菜下饭，她就到河里摸些螺蛳炖着当饭菜。洗衣服、做饭、种菜等活她也争着帮家里做。她对母亲说："姆妈，我已经 10 岁了，你一天到晚踏洋机太辛苦，有些家务就让我来做吧！"

为了照顾我这个小弟弟，姐姐曾休学两年看护我，但她毫无怨言。夏天夜里，姐姐捉了许多萤火虫，装在一只小瓶里当灯笼逗我玩，萤火虫一闪闪地发着绿光，既好看又神秘，我高兴极了。1957 年，母亲把我寄养到苏州亲戚家念书。当时国家正遭受严重的自然灾害，大家生活都很困难。在苏州专区歌舞团工作的姐姐，常常半夜演出结束后，把她那份点心省下来带给我吃，自己饿着肚子上床睡觉。

1962 年，姐姐调入北京空政文工团工作，当祖母去世，原来抚养我的叔叔因自己成家有了负担，去信征求姐姐的意见时，姐姐回信说："抚养弟弟是我义不容辞的责任，叔叔你放心吧。"在空政文工团，开始姐姐每月工资只有 16 元，她每月寄 5 元给我苏州的姑母，负担我的生活费。姐姐不但生活上关心我，在学习上对我也严格要求，她虽远在北京，经常写信给我的班主任朱老师，询问我的学习情况，还寄一些课外读物给我。

1968 年，我初中毕业插队落户到太仓，姐姐又勉励我好好劳动，多学点技术，并寄来琴弦、乐谱等资料，嘱咐我用小提琴为村民们演出。姐姐曾两次到我插队的地方来看望我，关心我的生活与劳动。姐姐是那么无微不至地关心我，爱护我。为了照顾我，甚至宁愿转业回苏州当工人。当时组织上已替她联系好了苏州一家汽车修理厂，因北京的单位不批准才未调动工作。

第三次采访：2021年10月12日下午，苏州东吴南路137号阳光水榭。

姐姐的婚姻

姐姐聪明漂亮，肯吃苦，很能干，又乐于助人，但她的婚姻非常坎坷。她的初恋男友姓吴，两人从幼儿班起到初中毕业，一直是同班同学，青梅竹马，感情很好。后来吴姓青年参军入伍，姐姐到县卫校读书，两人想确定恋爱关系，可因姐姐的家庭出身，遭到男方家庭的反对，两人只得忍痛分手。在苏州歌舞团时，姐姐有个姓陆的男友，两人一起演出，相互帮助，关系很好。姐姐到空政文工团后，两人还经常通信与互寄东西。1964年年底，歌剧《江姐》在上海演出，姐姐饰演江姐，她唱的《红梅赞》传遍全国。陆姓男友也赴沪来观看，演出结束后，两人作了一次长谈。那时《江姐》正当红，演出任务繁忙，首长也对姐姐寄予厚望。姐姐面临艰难的选择，要么同陆姓男友回去结婚，要么为了事业放弃这段感情，姐姐选择了后者。

随着年龄的增长，尤其是我们那个家庭出身，姐姐的婚姻成了大家关心的事。60年代中期，同事给她介绍了个对象，姓管，是地方军事方面的技术人才。1966年我去北京还见过他，他到上海来出差，还去看过在国棉一厂车间任主任的三叔何英培。可因我姐姐的出身问题，两人只得分手。后来，她的战友又给她介绍了一位姓李的部队军事教官，两人谈了3年恋爱，准备结婚时男方组织上通不过，又是姐姐的家庭问题拦了路。70年代初，姐姐已30多岁了，大叔何伯良给她介绍了一个对象，是上海一所中学的外语教师，我还陪她一起去上海见面。男方相貌、工作、家庭条件都很不错，可他有个亲戚在台湾，姐姐感到自己是个部队军官，找个有台湾关系的配偶不妥……一直到1974年，姐姐34岁时才找到了自己满意的另一半，有了一个幸福的小家庭。

采访三　陆志本先生的采访记录

陆志本，生于1942年。苏州太仓市政协委员。1960—1963年，苏州歌舞团演员。后从医，为企业经理。

第一次采访：2020 年 9 月 22 日，苏州常熟清枫和院。在场的有何兆钧、李福康、唐文俊、周成玉、熊凤英参加。

万馥香在苏州歌舞团

1960 年 8 月 18 日，苏州地区文化卫生处，以 1959 年建办的苏州地区戏曲学校、黄梅戏班为骨干，再从苏州市工人文工团和苏州地区（常熟、江阴、吴江、昆山、太仓、无锡）各县师范及高中学校中挑选文艺骨干，组建"苏州专区歌舞团"，地址在苏州观前影剧院。歌舞团有 70 多人，分戏剧、舞蹈、器乐 3 个团。指导员张吟生，团长陆素娟、朱玉英。戏剧团有 20 多人，都是从无锡、江阴挑选来的年轻姑娘和小伙子。团长陆志本、李有声，副团长万馥香。党支部书记称指导员，过军事化生活。有黄梅戏《女驸马》《夫妻观灯》《打豆腐》，歌剧《红霞》《红珊瑚》《三月三》，有声乐演唱、民间舞蹈、器乐演奏、苏州评弹、浦东说书等。外出演出自搬道具、自背行李，吃大锅饭，睡大通铺。经常深入集镇、农村演出，还到工厂、部队演出。演出的地方有草棚、广场、田头，很受观众欢迎。

在歌剧《红珊瑚》中，万馥香演主角珊妹，我（陆志本）演珊妹父亲；在《红霞》中，万馥香演红霞，我演青山大叔。黄梅戏《天仙配》中，熊凤英演七仙女，卫坤如演董永，万馥香演大姐；在《女驸马》中，万馥香演女驸马、熊凤英演公主。演出时，歌剧《红霞》《红珊瑚》《三月三》与一些其他歌舞节目合演成一台戏。一次，去宜兴解放军部队演出《红珊瑚》，万馥香演时裤带断了，附在陆志本耳旁轻声说，我的裤带断了，怎么办？陆说赶快到里面去换，假意踢了她一脚。万馥香假装倒地，翻滚到里面，换好带子，又冲出来继续演戏。在歌舞团，开始每人每月工资 18 元，后来增加到 20—30 元。万馥香工资最高，每月 30 元，因她是主演。我（陆志本）第二，每月 26 元。

1960 年，苏州财政经济遇到困难，解散了歌舞团。当时苏州地区有三家剧团：歌舞团、锡剧团、京剧团。除歌舞团外，另两家剧团中老艺人多，演员工资高，大多拖儿带女的，转去地方难以接受，只得解散年轻人较多的歌舞团。歌舞团人员中，凡是被其他剧团挑中的，就转过去。年龄较小的回戏校继续读书。农村户口的回农村，城镇户口的安排文化或企事业单位。万馥香几年来从锡剧、黄梅戏到歌剧，演的全是"女一号"，文化局领导有意把她留下来，安排她到江苏省文化局报到，主演昆剧。

第二次采访：2021 年 11 月 23 日，苏州常熟枫林路 109 号（枫林宾馆），在场有何兆钧。

我知道万馥香的一些事

万馥香的母亲万莹长得很漂亮，身高约 1.6 米，人微胖，圆面孔，很端庄，长得很福相。她很爱美，每 3—4 个月，就要到苏州石路理发店烫一次头发。万母待人说话很和气，也乐于助人。一次，我陪万莹去石路一家理发店烫头发，她无意中同我说起，万馥香的生父是被日本人以私通新四军太湖游击队的罪名而杀害的，人头挂在吴江城的西门。后来我想，万馥香在演《江姐 》时，江姐丈夫彭咏梧被敌人杀害，人头挂在城头时，她也一定想到了他的亲生父亲。

在苏州歌舞团时，团里派我们 6 名骨干到上海音乐学院学习一年。万馥香、龚涛、朱虹 3 人到上海音乐学院韩迪文老师处学习声乐；我和唐文俊、杨振华 3 人到黄钟鸣教授家中学习。每周去一次，每次 2 个小时，主要学习气息、共鸣、发声、音乐及口腔的位置等基础知识。当天一早赴沪，下午回苏州。这一年的声乐学习，对万馥香后来的成长起了重要作用。

苏州歌舞团解散时，政策是哪里来回哪里去，不少人回了农村。万馥香调入江苏省文化局，是全民所有制单位，可她不愿去报到。一次，团里开会，不点名地批评万馥香和我不服从分配，忘了组织的培养。万馥香坚持要到北京去，拍了封电报给羊鸣："我决定来京。"对方电报回复："我们态度不变，一切由你决定。"就这样我从东万巷把万馥香送到火车站，坐半夜11点的火车到北京，我们戏称是"偷渡"国境。

万馥香是在人生和事业最困难的时候与李世纯结婚的，他们志同道合，婚姻很幸福。她们北京结婚的房子是李世纯妹妹李玲让出来的，婚后她们还布置了一间琴房，整座房子像一条弄堂。

采访四　　　杨玲梅女士的采访记录

杨玲梅，生于1941年，原苏州工人文化宫文工团演员，1961年入选空政文工团。主演过京剧《女飞行员》。后转业回苏州工作。万馥香战友。

第一次采访：2020年5月14日，苏州东采莲巷家中，在场有何兆钧。

万馥香来"空政"

我是1962年，从苏州工人文化宫文工团招到北京空政文工团的，原来万馥香也是一起选上的，就是因家庭出身问题没去成。后来，陆友政委说："万馥香是一棵好苗子，就是成分问题，太可惜了。"

1962年年底，万馥香拎了一只破皮箱，穿了一双破皮鞋，一个人来到了空政文工团。万馥香成分不好，开始团里不肯接受。我找到陆政委说："四川刘文彩双胞胎女儿能来，万馥香为啥不能来？"陆政委说："不着急，慢慢来，让我来想办法。"万馥香来文工团后，开始在食堂中做些买煤球、烧炉子和洗菜等体力活，她很能吃苦，力气也大，能挑100多斤煤球上楼。约近一年后，她才填入伍登记表，正式成为空政文工团演员。万馥香刚来时，我们两个人睡一张床。我怕冷，她是农村出来的，体热重，我借她的体热取暖。她每天早晨5:30提前起床，生煤炉和打扫大院内卫生。

我们当时月工资都是16元，万馥香寄5元回苏州抚养弟弟，剩11元钱不够开销。我们两人工资就合在一起花，加起来27元还是很紧张。我哥哥在苏北一所学校当教师，工资高一些，每月寄10元钱来，补贴我们的生活，一直寄了3年，我嫂子不知道。万馥香会裁剪、踏缝纫机，军装是发的，衬衣衬裤全是自己买了布，万馥香做的。

万馥香确定演江姐后，团里领导要她注意体型。她喜欢吃红烧肉，领导批评她，吓得她在宴席上不敢吃肉。我大大咧咧的，才不管那么多呢。一次，人民大会堂演出结束后，邀请单位招待演出的演员，一只转动的大圆台可坐10多个人。万馥香看到一大盆红烧肉眼睛直瞪瞪的，可能流口水了，就是不敢动筷子。圆盘转到我面前时，我用筷子夹了一大块五花肉，瘦的自己吃，肥的给万馥香吃。

1966年"文革"开始后，团里召开批判会，要万馥香批判她的生父。万馥香站在台上不说话，半个多小时不让她下台。我说，她还在娘肚子里时父亲就死了，连生父的面也见过，叫她如何批呢？旁边有人提醒我："杨玲梅，你是培养入党的积极分子，不能替万说话，要与她划清界线。"我们是睡一个房间的，又是好姐妹，这个界线怎么能划清呢？结果我没有被批准入党。

第二次采访：2020年10月29日，苏州东采莲巷家中，在场有何兆钧。

与万馥香共享叶帅送的礼物

叶剑英元帅喜欢听苏州评弹，每周让工作人员用小车来空政接我去唱评弹。一曲评弹《蝶恋花》5分钟唱完，叶帅总是带头鼓掌，然后端糕点、糖果出来给我品尝，当着叶帅家人的面，我怎么好意思吃呢？吃好晚饭，我临走时眼睛的余光朝糖果瞄了瞄，心想要是能让我带回去就好了。谁知叶帅好像看出了我的心思，亲自把糖果、糕点都放入我军大衣的口袋中。回到文工团宿舍，我与万馥香两个人钻在被窝里吃，第二天一清早，把糖果纸扔到营房外的一只垃圾箱里。

万馥香也会唱评弹，虽说弹得没有我好，但唱得比我好。我私下同她约好，下次两人一起去，我弹为主，她唱为主。可团里领导不同意，说中央首长家不是谁都能去的，要通过严格政审。后来才知道，还是因万馥香的家庭出身问题，团里不让去。后来，我每周六晚上去叶帅家唱评弹。叶帅老规矩，准备一盆糖果，一盆点心，走时让我带走。带回家后，有时我们两人在被窝里吃，有时躲到外面去吃。一次，晚饭一盆猪蹄没吃完，叶帅也让我带回家吃。同宿舍有4个人，只有3只猪蹄，一个哈尔滨的小李没有吃到，向上告了密。万馥香是团小组长，我们两人被领导狠狠批评了一顿，从此叶帅送的礼物再也不敢拿了。

万馥香给周总理织毛衣经过

周总理喜听评弹《蝶恋花》。一次，周总理在人民大会堂设宴招待外宾，我去大会堂唱评弹。当歌曲《洪湖水》的音乐响起时，周总理从座位上站起来，说："来，大家跳舞吧！"大家也都站起身来，随着音乐节奏翩翩起舞。我多么想伴总理跳曲舞啊，可邀请总理跳舞排着很长的队，马玉涛等著名演员都在等，我不敢想。我坐到熟悉的叶剑英身旁，给叶帅削苹果。叶帅一下明白了我的心思，把我领到总理面前。周总理微笑着问我："你是小杨吧！评弹唱得不错，来来来，我们跳个舞吧！"我第一次与总理靠得这么近，既激动又紧张，一时不知道该怎么办。刚跳了几步，因心情紧张，不小心踩了总理一脚，不知说啥好。周总理见场面尴尬，看到我穿着一件天蓝色的绒线衫，织得非常漂亮，笑着把话岔开说："小杨，身上的毛衣织得真好，你自己织的？"我一下有了话题，连忙说："总理，是我的好姐妹万馥香织的，她也是空政文工团的演员。"周总理"嗯"了一声。回到团里，我把这件事告诉了万馥香。说者无意，听者有心，万馥香竟在一周之内织了一件新的男式绒线衫，要我下次去时送给周总理，后来没有送成。

第三次采访：2021年9月16日上午，苏州东采莲巷。

与万馥香至天津学唱"北梆子"

1964年上半年，空政文工团派万馥香和我2人，到河北"小百花"剧团学唱河北梆子戏，时间半年，主要是练嗓子。去时黄河队长找我们谈话说："万馥香可能问题不大，杨玲梅你是唱评弹的，学不出来别哭鼻子，要为团里争气。"开始学唱时，教唱的老师一只板胡拉得特别高，万馥香嗓子好，高音一拉就上来，跟得上唱了。可我一时嗓子提不起来，跟不上板胡的高音，哭了一场。没办法，我只得乘车、睡觉也练吊嗓子。一次，在回住地的公交车上，我大声吊嗓子，同车的乘客还以为我有神经病，一齐朝我看。万馥香埋怨我说："在公共场合怎么能这样呢，回家去练。"我一时学不会，反而把气出在她身上。一次，万馥香叫我一起去吃饭，我反而发脾气说："你出去吃好了，干吗老缠着我。"万馥香看我吊嗓不得要领，教了我几招，一下高音吊上来了。临近学期结束，黄河团长等领导来考核，汇报演出是唱一出《蝴蝶梦》片断戏，我和万馥香都得了满分。

万馥香苏州演越剧

1978年，万馥香从北京市东城区一家服装厂归队，上调到文化部属下的红旗越剧团当演员，排了一部越剧《红楼梦》，她在戏中演王熙凤。1981年9月，到苏州吴县第一招待所大会堂连演半个月，她就住在道前街我家里。万馥香患有高血压，经常头晕，可仍坚持每天演出。听说鲫鱼汤能降血压，我每天买大鲫鱼烧汤给她喝。万馥香感动地说："我一生最要好的朋友要算杨玲梅。"住在我家时，我把听到社会上有人冒名万馥香，把原唱《红梅赞》复制，她听了不吱声，一笑了之。

采访五　顾月娥女士的采访记录

顾月娥，生于1943年，苏州歌舞团演员，后转到苏州滑稽剧团工作，在滑稽剧《满意不满意》中任主要演员。万馥香同事及姐妹。

第一次采访：2021年2月19日，苏州江宙路136号家中，在场有何兆钧、计玉堂。

我和万馥香30年的友谊

我和万馥香是30年的老姐妹。1960年，我们一起进入苏州歌舞团，两人关系很好，形影不离。剧团里的人说我们一个是小生，一个是花旦，是天造的一对。歌舞团解散后，万馥香去了空政歌舞团，我转到苏州滑稽剧团当演员，虽一个在北京，一个在苏州，但我们30年间联系从未间断过。我多次到北京去看望过她，她来苏州时总要来我家。

万馥香很勤劳、性格开朗，为人大方，也乐于助人。我年轻时人生得较瘦弱，性格也较懦弱。万馥香比我大2岁，在苏州歌舞团时，她总像个大姐姐一样关心我，照顾我。三年困难时期，团里发了点糕饼券，在观前街买糕点要排队，万馥香总是抢在前头排队买点心。一次，我被一个男青年插了队，发生争吵。万馥香很生气，跑过来说："怎么，欺负人，插了队还想打架？"那个小青年不响了。万馥香说："今后，要是再遇到这样的事不要怕。"有一年冬天，剧团40多人赴昆山演出《红珊瑚》，快到昆山时船进了水，船上道具、被子全被淹湿，大家只好跳下水把东西捞上岸。我跳下船时不小心差点掉在河里，万馥香一把拉住了我。那时团里演出追求数量，有时一天要演二三场戏。大多数人演第一场是认真的，演第二、三场戏只是应付。万馥香却每场戏都演得一丝不苟，始终保持旺盛的精力，是个各方面都很优秀的演员。

20世纪90年代初，苏州滑稽剧团第一次进北京演出滑稽戏《快乐的黄帽子》，我们在京人地生疏，万馥香出了不少力。剧团30多人的吃住，演出场所都是她安排解决的。她还请来了文化部的领导（部长高占祥）和不少名导演、文艺界的名人看戏，使剧团获得荣誉。

万馥香追悼会

1994年秋，万馥香病重时，我去她家中看望她。她儿子李霖说，妈妈进了"麻烦医院"。开始我还以为是"模范"医院，进了一家好医院治疗，后才明白"麻烦"的意思。踏进病室，只见万馥香头上遮了一块方巾，人瘦得皮包骨，面孔蜡黄，原来心目中的大美女瘦得几乎认不出来。我放声大哭，万馥香从半昏迷中醒过来，对医生说，这是我最要好的小姐妹来看我。不一会就胡言乱语了。进京时我做了几件衣服，想送给万馥香穿，可惜她已穿不成了。万馥香去世后，我赶赴北京八宝山公墓为她哭灵，结果跑错了灵堂，也哭错了人，还差点被人家误会。后来，万馥香弟弟兆钧在隔壁听到哭声，把我引至墓园。万馥香的追悼会规模很大，也很隆重，空政也来了不少人。彭丽媛送了一只花篮，上面写着"你的学生彭丽媛"。

后 记

苏州东山有"进士乡，教授镇"之誉，历史上所出状元和当代所出的中科院院士、教授与文人逸士为全国乡镇之最。

1976年春，我从部队回来进入东山乡（现名东山镇）政府工作，就知道当代唐人（长篇小说《金陵春梦》作者）、吴茵（中国第一代电影表演艺术家）和万馥香等东山文化名贤，看到万馥香演的歌剧《江姐》剧照。1978年，东山建立"文革"结束后的"复查纠错"办公室，我参与了万莹（万馥香母亲）"文革"中被迫害致死案件的平反过程，看到她"交待"的人生经历，讲到女儿万馥香坎坷的身世。1990年起，万馥香多次回乡探亲与演出，我先后3次采访她，撰写了1万多字的《万馥香和她的故乡》一文，刊登在《吴县市文史资料》第11辑。后此文经过补充修改，更名"吴中红梅万馥香"，结集《名人与东山》一书出版（吉林人民出版社，1996年版）。

2006年，我退居二线后，负责东山方志名人馆的工作。万馥香的继父何逸群回到家乡生活，在东山敬老院安度晚年。方志馆与敬老院距离不远，加上何逸群身板硬朗，他几乎每周都要来我办公室坐坐，谈些他所经历的往事。谈得最多的是他引以为傲的女儿万馥香，他们一起生活过近10年，父女之间感情很深。后来，何逸群送给我一本他自己撰写的《人生回忆录》稿本，约有6万多字，主要讲他早年误入"忠救军"的一些往事，后来参加新四军太湖游击队的抗日故事,文中也谈到不少他和妻子万莹及女儿万馥香的生活片断。

万馥香是一位表演艺术家。20世纪60年代,她是歌剧《江姐》第一个江姐扮演者,被全国广大观众熟悉和喜爱。近些年来,在宣传几代《江姐》主角上,万馥香有些缺位,由此引起一些人没有依据的猜疑,也给该书的资料收集和采写带来一定的难度。有人认为这是件吃力不讨好的事,因为万馥香的亲朋好友大多健在,他们阅读时免不了用像与不像去评判。还有既然是传,对于某些细节应有所描写,知情者是否认可。尽管采访了许多当事人,但因有些情节已隔30—60年,他们的回忆免不了有些模糊不清或张冠李戴。要写成这部传记,难度的确很大,但领导和万馥香的亲朋好友及知情者都很支持,鼓励我该书值得一写。基于此,我尽量"广种薄收",扩大采访面,力求真实。2020年7月,吴中区委宣传部审批了这一项目,并预拨了经费,这说明组织上对撰写该传记是认可的,也给了我很大的信心。

何兆钧是万馥香同母异父的弟弟,是在姐姐抚养和关心下长大成人的。他是个有心人,收藏了姐姐从1962—1994年写给他的全部信件,达200多封;万馥香1962—1965年排演《江姐》的日记;《解放军报》《光明日报》《名人传奇》《上海滩》等报刊杂志刊登万馥香的文章30多篇,还有万馥香各个时期所拍的照片60多张。要是没有何兆钧先生长期积累的大量史料,这部传记是很难完成的。

撰写一部人物传记,采访获得史料是关键。我早年采访过万馥香与何逸群,积累了一定的资料,但这远远不够,仅是基础。2020年1月,我从准备撰写该传记起,至2021年6月,一年半时间中采访了万馥香的亲属、战友、同事、同学、朋友等20多人,撰写采访笔记38篇,达6万多字。8月份开始动笔撰写后,遇到不明之处又边写边采访,重复采访知情者多次。杨玲梅是万馥香在空政歌舞团的战友,转业并定居苏州,两年中先后上门采访了她4次。唐文俊是万馥香苏州歌舞团的同事及一生来往的朋友,先后采访了他(包括电话、微信)近10次。

好在这一大批被采访的对象大多居住在上海及苏州市范围内,虽说他们都已年过八旬，但思维还都清晰，他们忆及 60 年前的往事有声有色，好像就发生在昨天。每次外出采访何兆钧先生都开车前往，陪同采访，使之事半功倍。2021 年 11 月 2 日，在苏州临顿路燕燕馆的一次采访，万馥香的好友顾月娥召集了近 10 人，大家忆及万馥香生前对艺术的追求和助人为乐的点滴往事，都对她由衷地敬佩，使我激动不已，增强了使命感。有人提议，待本书出版时，能否召集万馥香读书和工作过的苏州戏校、歌舞团与黄梅戏班的同事聚一聚，搞个发行仪式。说实话，万馥香离开苏州已 60 年，去世也已 28 年，还有那么多的同事与朋友在思念她，可见她的为人是值得点赞的。

万馥香留在朋友和同事心目中的形象，永远是那样美丽、高雅和勤奋、乐观，充满活力，在困难和挫折面前她是强者。她塑造的第一代江姐的形象也永留亿万观众心中。但万馥香也有脆弱的一面，因为无法选择的家庭出身，使她所承受的压力和坎坷要比同龄人多得多，她艺术上能取得的成就也更艰辛，我也在这本传记中有所反映。

该书能够顺利出版，首先要感谢苏州市吴中区委宣传部，为此书提供了精神和经济基础。更要感谢万馥香的丈夫李世纯先生、儿子李霖先生和弟弟何兆钧先生，他们不仅为本书提供了大量史料，还为之审稿，付出了很大的心血，对此深表谢意。同时，还要感谢万馥香的亲属与朋友、同事及所有对撰写该书提供帮助的友人。

最后需要说明的是，文中不少素材为作者采访所得，属一家之言，恐有误差。如文中所载内容与读者有所雷同，望勿对号入座。时代造成的隔阂，均须淡化。

杨维忠

2022 年 3 月于东园书屋

参考资料

人物传记

《江姐》(歌剧),阎肃编剧,羊鸣、姜春阳、金砂作曲,中国戏剧出版社,1966年版。

《一枝鲜艳的红梅》,电视剧《西游记》人物介绍,北方文艺出版社,1989年版。

《吴中红梅万馥香》,电视专题片(剧本),张更前、范万钧1991年1月稿。

《万馥香与故乡》,杨维忠、薛利华:载《吴县市文史资料》,1995年第11期。

《万馥香同志生平》,李世纯:载《吴县市文史资料》,1995年第11期。

《我的姐姐万馥香》,何兆钧:载《吴县市文史资料》,1995年第11期。

《"梅香永恒"忆恩师万馥香》,周菊坤:载《吴县市文史资料》,1995年第11期。

《人生回忆》(自传),何逸群2000—2021年撰。

《日记》(1963—1965年),万馥香写。

《我的评弹情结》手稿,杨玲梅,1995年12月。

《中国民族歌剧探索》,金砂著,刘尔璎整理,上海音乐出版社,2021年版。

万馥香女士访问录(杨维忠访问、整理)

何逸群先生访问录(杨维忠访问、整理)

何兆钧先生访问录(杨维忠访问、整理)

陆志本先生访问录(杨维忠访问、整理)

唐文俊先生访问录(杨维忠访问、整理)

李福康先生访问录(杨维忠访问、整理)

杨玲梅女士访问录(杨维忠访问、整理)

吴继涛先生访问录（杨维忠访问、整理）

徐鸣先生访问录（杨维忠访问、整理）

顾月娥女士访问录（杨维忠访问、整理）

龚涛先生访问录（杨维忠访问、整理）

沈美娟女士访问录（杨维忠访问、整理）

韩传宝先生访问录（杨维忠访问、整理）

吴永林先生访问录（杨维忠访问、整理）

孟昭明先生访问录（杨维忠访问、整理）

金美琪女士访问录（杨维忠访问、整理）

张继文先生访问录（杨维忠访问、整理）

王雁江先生访问录（杨维忠访问、整理）

俞复仙女士访问录（杨维忠访问、整理）

张秀凤女士访问录（杨维忠访问、整理）

杨其林先生访问录（杨维忠访问、整理）

严伟荣先生访问录（杨维忠访问、整理）

朱耀南先生访问录（杨维忠访问、整理）

刘尔璎女士访问录（杨维忠访问、整理）

报刊杂志

《她在沃野上耕耘》，《厦门日报》，1984年2月14日。

《永远做苏州的好儿女——著名女高音歌唱家万馥香小记》，徐宁：《苏州日报》，1990年4月28日。

《吴中红梅万馥香》，宫常：《吴县报》，1992年2月15日。

《悼念苏州凋零的"红梅"》，沈柳春手稿，1994年12月。

《红梅香自苦寒来——著名歌剧表演艺术家万馥香追忆》，夏福民、戈良：《苏州日报》，1995年2月18日。

《江姐万馥香》，尹平：《姑苏晚报》，1995 年 3 月 13 日。

《第一个"江姐"扮演者万馥香》，冷永铭、李科艺：《解放军报》，1995 年 4 月 1 日。

《一曲红梅传至今——追忆歌唱家万馥香》，武勤英：《光明日报》，1995 年 4 月 3 日。

《从"女驸马""红霞""红珊瑚"走向"江姐"》，陆志本手稿，1996 年 11 月。

《红梅吐馨香——我的姐姐万馥香》，何兆钧：《人民政协报》，1997 年 8 月 27 日。

《"一号江姐"万馥香》，耿耿：《上海滩》，2001 年第 6 期。

《刘亚楼保护万馥香》，《党史博览》，2006 年第 6 期。

《特批"一号江姐"入伍》，耿耿：《北京广播电视报》，2006 年 8 月 1 日。

《歌剧〈江姐〉首演与打入冷宫内幕》，郑源镐摘编：《报刊文摘》，2009 年 1 月 23 日。

《红梅香飘》，周泳逊：《东吴》，2013 年第 17 期。